教育经典阅读丛书

СТО СОВЕТОВ УЧИТЕЛЮ

给教师的建议

[苏] B. A. 苏霍姆林斯基 /著
杨衍春 /译

北京师范大学出版集团
BEIJING NORMAL UNIVERSITY PUBLISHING GROUP
北京师范大学出版社

图书在版编目(CIP)数据

给教师的建议/(苏)B. A. 苏霍姆林斯基著；杨衍春译. —北京：北京师范大学出版社，2023. 5(2024. 12 重印)
(教育经典阅读丛书)
ISBN 978-7-303-28491-7

Ⅰ. ①给… Ⅱ. ①B… ②杨… Ⅲ. ①教育理论—文集
Ⅳ. ①G40-53

中国版本图书馆 CIP 数据核字(2022)第 243836 号

图书意见反馈 gaozhifk@bnupg.com 010-58805079
营销中心电话 010-58802135 58802786
编 辑 部 电 话 010-58806160

出版发行：北京师范大学出版社 www.bnupg.com
北京市西城区新街口外大街 12-3 号
邮政编码：100088
印 刷：北京虎彩文化传播有限公司
经 销：全国新华书店
开 本：730 mm×1000 mm 1/16
印 张：12.75
字 数：228 千字
版 次：2023 年 5 月第 1 版
印 次：2024 年 12 月第 2 次印刷
定 价：48.00 元

策划编辑：伊师孟 责任编辑：王思琪
美术编辑：焦 丽 装帧设计：焦 丽
责任校对：包冀萌 责任印制：马 洁

译者序

苏霍姆林斯基(1918－1970)是著名教育家、思想家。在教书育人过程中撰写过600多篇文章、30多本有关儿童教育的书籍，形成了独到的、以人类学为基础的教育体系。苏霍姆林斯基对每一个孩子都持有一份毫无保留的爱，对孩子给予充分的信任。在教学过程中他尊重孩子们的个性，顺应孩子们的差异，因势利导，循循善诱，培养兴趣，激发孩子内心中的求知欲。他以亲近大自然为主线，将学校的花园、美丽的森林、湛蓝的天空变成课堂，与孩子们一起观察蚂蚁、树叶、花草，然后鼓励他们写出属于自己的故事。这也许就是一位伟大的教育家对教育的理解。

《给教师的建议》是一部提醒成年人不要忘记与孩子一起成长的教育经典之作。该书写于1965－1967年，是苏霍姆林斯基个人教学生涯及帕夫雷什中学教师的工作经验总结。该书涉及了儿童教育过程的方方面面，包括教师的成长，教学的内容、形式、方法及手段，儿童个性的发展，等等。其中的每一条建议都是将理论与实践相结合，以润物细无声的方式讲述出来，体现了苏霍姆林斯基秉承的人文式教育的真谛。

《给教师的建议》对中小学教师的成长与教学具有一定的指导意义。通过阅读这本书，读者不仅能够得知如何成为真正的教师、如何汲取教育的灵感等重要信息，还能找到针对课堂教学、培养学生的正确方法及与家长沟通的实践性建议。

这本书虽然针对教师而写，但对家长也是大有裨益的，因为一个孩子的成长过程不仅仅是在学校，更是在家庭中得以完成的。

为了保证译本的权威性和可靠性，译者以1979年在基辅出版的苏霍姆林斯基五卷本文集第二卷中的《给教师的一百条建议》为译本蓝本。同时，为了保持原版书这部分内容的全貌，译者在翻译过程中遵循原版本排版的形式，包括书中的斜体字等。

译者在翻译过程中尊重作者的教育思想、理念、行文设计及口语式的语言风格，保留了原版书内容的原貌。因原书有些篇章为演讲稿，所以存在与前后文衔接不紧密、缺失一些后文的情形，译者并没有对书中这些情形进行处理。与此同时，在翻译过程中译者注重翻译用语的准确性和时代性，在保持原书语言风格的基础上有所创新。我们将每条建议的标题设计为“如何……”，比如，“如何做一个充满友爱的人”“如何解决工作时间不足的问题”等，标题统一格式，有助于读者通过标题理解每条建议的内容。

最后，我们真诚地感谢北京师范大学出版社的领导和编辑们，正是他们的辛勤付出才使得本书的顺利出版成为可能。

目　录

第一部分◎

1. 如何形成教育工作所需要的才能

与任何一种有职业技能、有目标、有计划、成系统性的工作一样，培养人的工作也是一种职业，是其他任何工作都不能比拟的一种特殊职业。这种工作具有以下一系列特点。

(1) 教师工作的对象是生活中最复杂、最宝贵、有着无限潜力的人。教师的能力、技能、业务水平、智慧决定了其工作对象的生活、健康、才智、性格、意志力、行为和精神面貌。

(2) 教育工作的最终成果非今天，也非明天就能够显露出来，而是需要经过很长一段时间才能渐露端倪。教师为受教育者做的每一件事情，对他们讲过的每一句话，还有给他们传授的思想，也是需要经过五年，甚至十年时间才能看到产生的影响力。

(3) 日常生活中很多人和现象都可能对儿童产生影响，包括他的父母、同学以及所谓的“街边环境”，还有一些成年人根本想不到的书籍、电影，甚至偶遇的某个人都可能深深影响他们幼小的心灵。我们将对于儿童的影响分为两部分，即积极的和消极的。家庭中沉重、压抑的氛围在一个人的一生中会留下涂抹不掉的印记。亲爱的同事们，学校承担的使命和我们需要完成的最重要任务就是为人而奋斗，减弱消极影响，充分施加积极影响。为此，教师的个性必须对学生的个性产生最有说服力、最有效和有益的影响。德·伊·皮萨列夫说过：“人性是如此丰富、强劲、富有张力。人性能够在最压抑、污浊的环境中保持高洁和魅力。”① 当儿童遇到一个拥有智慧、技艺高超且明智的教师，他的人性就可能得到彻底彰显。

(4) 教师工作的对象是处于敏感期、正在形成的个性，也就是儿童的精神生活领域，它包括智慧、情感、意志力、信念、自我意识。我们同样也只能用智慧、情感、意志力、信念、自我意识去影响儿童的这些精神生活领域。教师的言语、美妙的周围世界和艺术之美，还有创造能够表达情

---

① Д. И. Писарев «Погибшие и погибающие». Писарев Д. И Избр. пед. соч. М. Издательство АПН РСФСР, 1951, С. 338.

感的条件，这些都是影响儿童精神世界的重要因素。

（5）教师创造性的最重要特点之一就是他面对的对象，也就是儿童，是不断变化的，永远是新的，今天与昨天都是不一样的个体。教师的工作就是培养人，这样的使命赋予了教师一种特殊的，任何事情都无法与之相提并论的责任。

这就是教育工作的特点。那么，教育工作需要哪些才能呢？培养、确立、发展和磨砺这些才能需具备哪些客观素质呢？

与人打交道是每一个人与生俱来的精神需求。每个人都在与他人的交往中体验着快乐和生活的充实。但因为每个人所处的环境不同，一部分人的交往需求并不突出。而对另一部分人而言，这种需求就好像是天生的性格特点，凌驾于其他特点之上。就像人们所说的那样，一部分人“天性”不合群、孤僻，总是喜欢独处或者只与少数朋友保持交往（当然，这与“天性”没有关系，关键是教育，尤其幼年时期的教育对每个人来说具有决定性的意义）。如果你们与多人打交道时感到头疼，如果你们感觉单独或者与两三个朋友一起工作比与一群人在一起更舒服，那么我建议你们最好不要选择教师这个职业。

教师的职业与人有关，是一项需要随时随地深入到人的精神世界中的工作。在人身上不断发现新的东西，对新事物永远保持一种好奇的态度，见证人的成长，是这个职业的显著特点，也是教育工作需要培养的重要才能之一。我深信，这种才能早在人的童年和少年时期已经存在，在家庭和学校中已经形成。父母、教师等长辈用热爱人、尊重人的精神去关心和教育儿童是这一才能形成的原因。

你是否想成为一名教师？请你检验和考验一下自己吧。你在九年级或者十年级学习时，希望共青团委员会任命你为少先队长或者十月儿童小组辅导员吗？40 个孩子站在你面前，当你第一眼看去时，是否觉得他们甚至连外表特点都很相像？第三天、第四天、第五天过去了，你和学生们一起游览大森林、观赏田野风光，这时你发现每一个学生都是一个完整的世界，每一个学生都独一无二、与众不同。如果你发现了这个事实，如果你在每个学生身上感受到了个性化，如果每个学生的快乐与痛苦都令你为之动容，引发你的思考、关心和担忧，那么请你勇敢地选择高尚的教师工作吧。把这项工作作为自己的职业，你会在其中体会到因创造而带来的喜悦。因为在教师的工作中（我还会再度提起），创造性是从认识人、了解人，为人的多样性和无限性而惊叹不已开始的。

如果你觉得 40 个孩子长得都很像，如果你需要费力地记住他们的面孔和名字，如果每一双充满童真的眼睛都无法让你看到某种极度个性化、独一无二的东西，如果你无法识别从花园深处传来的清亮声音，无法确定是谁在喊叫，声音传递了什么意思，即使过了一周、一个月，你还是无法辨别的话，那么正如人们所说的那样，请你三思之后，再决定是否还想当一名教师。因为任何一条教育规律或真理都不能够普遍适用于每一个学生。实践教育学是知识、精湛的技艺和娴熟能力的一种结合。培养一个人，首先要了解他的心灵，发现和感受他的独特世界。

伟大的思想家阿拜·库南巴耶夫说过："假如我掌握着权力，只要有人说，他无法改正自己的缺点，我一定会割下他的舌头。"① 这些话深深地铭记于我的内心。每当我在思考教育使命时，每当我与年轻教师交谈他们的喜悦与痛苦、成功与失败时，这句话都犹如燃烧的字符在我面前闪闪发光。如果你打算将一生奉献给崇高的教育事业，你需要在内心保持着对人的无限信任，相信他固有的善良。你们要信任在社会主义社会中培养起来的儿童，而不是某种抽象的人，因为自然界中根本就没有这样的人。

教育使命最重要的部分就是深信每个儿童都能够获得成功的教育。我不相信有不可救药的儿童或青少年。我们面前这个人只是刚刚开始了解世界，我们的工作就是不让任何东西去压抑、摧毁、扼杀幼小心灵中的美好、善良和人性。所以，每个决定将一生奉献给教育工作的人，都应当容忍儿童的弱点。如果我们认真了解和思考，如果我们不仅用理智，而且还用心灵去体会，那么这些弱点完全不足挂齿，根本不值得你发怒、愤慨，甚至采取惩罚措施。大家不要认为我在宣扬无限的宽容、抽象的容忍，不要认为我在呼吁教师甘心忍辱负重。这里说的完全是另一种东西：我们为人师、为人父母，要有超强的能力去理解、感受儿童犯错误时最细微的动机和原因。我们要去理解和分析儿童过失的原因。不要将自己与儿童混为一谈，不要对儿童提出一些针对成年人的要求，自身也不要耍孩子气，不要把自己降到儿童的水平。同时，要认识到儿童集体中的儿童行为和关系的复杂性。

如果儿童的每一次淘气行为都让你感到沮丧、心跳加快，如果你觉得这些儿童太"无法无天"，需要采取点特别的对策，需要实施某种"紧急的"措施，那么请你三思是否还要当一名教师。如果你与儿童之间的冲突不断，还是请你不要从事教育事业。你需要学会解决矛盾，懂得自己是在与儿童打交道。这样的一种能力源于教育才能的根部，即理解和体会到儿

---

① Кунанбаев. А Назидание. -В кн. : собр. соч. М. Гослитиздат, 1954, С. 387.

童是经常变化的人。

在我看来，还有一个特点也非常重要，没有它就不可能谈及教育才能。我想将这一特点称为心灵与智慧的结合。或许，你不只有 40 个学生。如果你在高年级上课，就可能有 100、150 个学生。你需要对每一个学生都付出爱心，在自己的心中为每一个学生的喜悦与痛苦找到一席之地。富有同情心，发自内心关心每一个人，这就是教育才能的灵魂所在。教师不应是冷漠寡情的人。冷漠的理性、患得患失地反复考量已经发生的事情，永远担心在执行各种规则时出现纰漏，都会导致儿童对教师产生戒备和不信任，儿童不喜欢过于理性的教师，他们永远都不会对这样的教师敞开心扉。

教师在任何情形下都要按照初心的要求去做，它永远是最高尚的。但同时教师需要善于用理智控制初心的涌动，不要情绪化。当你需要针对学生错误的、莽撞的，就是说，不正确的行为做出处理时，这一点尤其重要。

教师的高超本领和技能每一次都体现在能将心灵与智慧结合在一起。

有时对某件事情的处理，需要搁置一段时间再做决定，让情感“冷静”下来。每当我需要与学生交谈他内心复杂、矛盾的行为时，我总是过几天再找他谈话。请相信我，亲爱的同事们，你们话语中饱含的情感，你们对待学生理智的和内心的情感，将因此而更加充实，因为这个情形下，情感好像因你们理智的判断而得到了陶冶。你们的判断、你们的言语这时已经渗透到学生的灵魂深处，因为这些言语是经过深思熟虑之后说出的，承载着你们内心的忧虑。这是一种能力，是一种能调整自己状态，与学生，特别是青少年学生倾心交谈的能力。这种能力在每一名教师为自己创建的教育方式宝典中都是非常重要的。我们需要培养、创建、完善和锤炼这种能力，将其变得更具有敏锐性、更富有成效性。

当我们培养这种能力时，必须深入到儿童的心灵，仔细理解他的思虑所系，理解他如何看待世界，他如何看待周围的人。

亲爱的同事们，为了成为一名名副其实的教师，你们需要经历这种心灵课堂的培训，在很长一段时间内，用心灵去体验学生的所思所想、快乐与忧虑。这在我们的教育事业中是非常敏感的东西。如果你们牢牢地掌握了这种东西，那么你们就是真正的大师。

2. 如何保持健康的状态，拥有充实的精神生活，发现工作的乐趣

我想起了一件往事。有一次，我应邀参加一场隆重的晚会，欢送安娜斯塔西娅·格里戈利耶夫娜退休。这位教师还比较年轻。她从 20 岁开始工作，到退休那一天也仅有 45 岁。为什么她却退休了呢？所有人都为此困惑不解。而且，就连她本人也不愿意再多工作一天。在退休那一天她的教龄正好满 25 年，这就更让人感到些许遗憾。安娜斯塔西娅·格里戈利耶夫娜对当时还是年轻教师的我们说出了退休感言。她说："亲爱的朋友们，我选择了退休，因为我不喜欢教学工作，这不是我喜爱的事业，而且在工作中我体会不到满足感，工作没有给我带来任何快乐。这就是我生活的悲哀。我每天都在煎熬中度过，我希望快点下课，快点逃脱各种吵闹声，我只想一个人独自静静地待着。你们可能感到吃惊，一个 45 岁的女人就已经退休了。她的身体还很棒呀。不，我的身体很不好，已经垮了。身体不好的原因就是工作没有带给我愉悦。我患有心脏病，我建议你们这些年轻人好好反思一下自己，如果工作无法带给你们快乐，那么还是离开学校吧。在生活中为自己定位，从事自己喜欢的事业。否则，对你们来说，工作就是痛苦。"她的发言解释了我们心中的所有疑惑。

亲爱的朋友们，我们细细品味一下这段忧伤的故事。健康、情绪、充实的精神生活和创造性的工作带来的喜悦及因热爱工作而带来的满足感是密切联系、相互依存的。健康与精神生活之间的和谐是最重要的。健康的体魄对于教育工作者特别重要。如果疾病悄无声息地降临，而且无药可医，那么这将是生活中的一大悲剧。一位从 16 岁就开始从事教育工作，有 25 年教龄的教师给我寄来了一封信。她在信中写道："45～47 岁的教师已经身心俱疲，这种情况并不罕见。刚刚达到教育智慧的巅峰，掌握了教育工作者的技能和技巧中的奥秘，树立了正确的教育理念，但却已筋疲力尽。我非常害怕在 45 岁时就成为'主席团荣誉成员''退役的将军'，那么，我需要如何工作，才能保证有健康的身体？为了工作，为了创作，必须身体好。没有工作，我无法想象自己如何幸福生活。"

我曾经与400名45～50岁之间的教师交谈过。当说到身体状况时，很多人都抱怨说，“心脏出毛病了”，“心脏不大舒服”，“心脏和神经功能紊乱，心衰”。正是这方面的疾病困扰着教师，不仅限制，而且经常彻底终止他们的创造性工作，迫使他们提前走入退休生活。教师在60岁时应当有一副健康的体魄，可以朝气蓬勃地继续工作。如果一个教师感觉自己脑力充足，但体力不支，这对他个人而言就是最大的不幸。

但如何保护心脏和神经系统呢？不要厌恶一切需要付出情感的事情，不要让自己有一副冷漠的态度。首先需要考虑一下我们这项工作的特殊环境。

当我们工作时，心脏和神经都处于高度紧张的状态。简单地说，就是每时每刻都在消耗大量的精力。我们的工作就是要不断去改变那些时而令人高度紧张，时而令人郁闷的状况。所以，善于控制自己，把握自己——这是最必要的能力之一，关系到教育工作者的工作成果和个人健康。不会正确抑制随时出现的紧张情况、掌控局面，会导致教师心烦意乱，神经系统崩溃。

我们要如何培养这种能力？首先，了解自己的身体、神经系统和心脏的情况。一个人的神经系统本身很脆弱，所以教师需要巧妙地回避这种弱点，控制情绪。我培养这种能力的方法就是不允许一丁点儿负面行为出现，包括忧郁、放大别人的缺点、渲染“非正常的”儿童的想法和行为等。一言难尽，但这些确实是我们的修养、教育工作技巧方面的不足。我们对儿童提出了成年人级别的要求，时而将儿童变为一个满嘴讲空话的人，时而又让他成为一个将真理和教导当作耳旁风的人，这就是恶习。我总是尽量做到不让自己情绪激动，不去拱火，而是采取和缓的方式。为此需要做什么？如何避免强压怒火的状态出现？最根本的手段就是，教师和整个班集体共同投入到某项活动中，做到思想统一、集体行动、人人付出、相互交流、看法一致。经验表明，集体活动更能放松犹如绷紧弹簧的神经，控制住人的情绪，抑制怒气爆发。如果不松动这些紧绷的弹簧，如果压抑不住心头怒火，教师就会心绪烦躁、愤怒。这些威胁之所以反复出现在我们的工作中，原因就是意气用事。或者相反，是情感被压抑、被阻塞的结果。

我曾与学生们一起来到一片小树林中郊游。我们班里有一个小男孩，鼻子翘着，一脸雀斑，蓝眼睛，他叫尤尔卡。他聪明伶俐，就像一只小猴一样淘气好动。同学们在林中草地集合后，聚精会神地听我讲要求。我告诉他们，接着要往哪儿走，他们如何做到在林子中不掉队、不迷路，这时尤尔卡却独自跑进了密林中，躲藏在一条沟里。我们还听见他在喊“啊呜”……表面看来，这个孩子这样做的目的是想破坏我们森林郊游的秩序，就是一件坏事。但我对自己说，不能放大孩子的意图，尤尔卡只是一个二年级的小学生，他不可能想那么多。于是，我并不着急，也不生气、发怒，而是将这件事变成一个有趣的游戏。我跟同学们说：“我们不要出声，躲起来，不让尤尔卡发现我们。我们不是去找他，让他来找我们。小点声，千万不要让脚下的小草发出沙沙响声。”我们钻进一个我熟悉的洞穴，藏到了里面。同学们兴奋极了，四处打量着这个藏身之处。尤尔卡喊了几声“啊呜”之后，再也没有声音了。这时，他来到另一个地方，一边走，一边模仿着黄莺的鸣叫声。他离我们刚才坐过的林间空地越来越近。他又喊了几声“啊呜”，但这时我已经从他的声音中听到了恐惧感。他站在林间空地上，不再“啊呜”，也再不模仿黄莺的叫声，而是忐忑不安地呼唤着我们：“你们在哪里？答应一声呀!”

如果不强迫自己抑制住情绪，你就不会发现一种能够从全新角度理解引发情绪变化、令人愤怒的、导致制动弹簧保持绷紧状态的方法。这样一件让人感到不爽和愤怒的事情瞬间变成逗笑的事情，你因此成了班集体中思想和情感的顺势掌控者。

抑制激动和愤怒，松动制动弹簧的第二种方法就是幽默。如果你有幽默感，那么就可以缓解导致你长时间生气的紧张心情。学生们喜欢和尊重快乐、不沮丧、不绝望的教师，因为这种教师是幽默感十足的人。这种教师总是能够在每一种行为中，每一个生活现象中发现笑点，学会善意地、友好地微笑着面对出现的问题，以玩笑的方式支持和鼓励积极向上的东西。这就是一名优秀教师和优秀班集体的重要特点。

如果教师缺乏幽默感，师生之间就将筑起一道相互不理解的高墙：教师无法理解学生，学生也不能理解教师。教师意识不到，为什么学生不理解他，惹他生气，而且他也无法从中找到解决问题的办法。亲爱的同事们，请你们相信，约一半的制约学校活跃氛围，扼杀学生活力的矛盾都是因师生之间相互不理解而引起。

教育工作的特点就是周期性高强度的探索活动与周期性相对平静期之间相互交替。多年实践表明，教育工作者的心脏和神经系统需要有一段时间平静下来，停止神经绷紧的状态和耗费精神力量。必须蓄力，蓄力的必要条件就是合理地利用休息时间。尤其在夏天和冬天更是如此。正确的休息方式可以修养和强化神经系统，有助于教师培养克制力、沉稳性和理智超越情感的能力。很多经验丰富，拥有三四十年，甚至更长教龄的教师都说过，他们因与大自然接触，养成了克制力和平静的心态。在大自然中，身体紧张得到舒缓，与思考、观察相得益彰。

与此同时，教师在每天的工作中还需要学会爱惜自己的神经系统，这也是拥有健康心脏和乐观精神的重要前提。

3. 如何在日常工作中预防神经衰弱

教师的工作是与儿童的世界打交道，任何时候都不要忘记这一点。这是一个特殊的世界，任何一个世界都无法与之相比拟。我们需要了解这个世界，但仅了解，还远远不够。我们需要深入到其中。我们希望，每一个教师身上都能闪烁着儿童思维的小火花，永不消失。

究竟什么是儿童的世界？在这里我只是给教师提出一些实践性建议，并不奢望从科学角度对儿童的心理特点给出定义。我认为，儿童首先是从情感上认知周围世界的。这个时期的儿童首先用心去认识周围的事物，解读自己的所作所为。他们的内心生活充满阳光，他们朝气蓬勃、感情丰富，情感及情绪的变化不定。这就是儿童，就是我们教育工作的对象，也是我们的工作领域。

儿童的内心生活每时每刻都可能给我们带来满足或者失落，让我们去感受快乐与痛苦，体验欢乐与忧郁、惊讶与困惑、宽慰与气愤的情感。儿童的世界带给了我们如此广阔的情感体验，吟唱出愉悦与痛苦、快乐与忧伤的曲调。我们在教育工作中获取充沛的精力，对于我们来说，取得成就的最重要条件就是善于理解这种和声。如果学生们与教师的交往只能带来痛苦、怒气、愤慨，那么这样的交往不仅会给教师自己留下心理阴影，而且还破坏身体器官的正常功能。如果教师不善于发现和感受儿童世界及其复杂的情感和声，常常容易招致自身神经系统紊乱，而最令人难受，通常也是最恐怖的结果就是神经衰弱。

来自坦波夫地区的莉吉娅·娜在信中写道："我一天总共才三堂课，但我下班回家后已经浑身酸软。我没有力气备课或者读书，甚至都不愿意思考。这是怎么回事？我在学校上班时就像一根紧绷的琴弦。学生的淘气行为让我无所适从。我感觉每一个小男生都在琢磨如何给我制造麻烦。我发现费佳在我讲课时捅了一下瓦尼亚的腰部，瓦尼亚回击了费佳。他用尺子打了一下费佳的头……同事们说，这些都是小事。但我却无法平静地对待这一切。我感到浑身热血沸腾，心都快跳到嗓子眼，手脚发麻。我告诉学生们，我想安静一下，我的声音在颤抖，学生们已经注意到我的变化。我觉得他们在笑我，还故意搞出新的古怪行为气我。我该怎么办?”

这位教师就是神经出问题了，原因就是她无法理解儿童世界。我亲爱的同事们，总体而言，这个世界真的很美好。如果你们了解它，如果你们在这个世界中体验自己的存在，那么这个世界带给你们的积极情感和状态远多于负面情感。所以，你们首先要学会用心去倾听儿童的音乐，认识、感受清脆高昂、乐观向上的曲调。你们不仅在倾听、欣赏儿童的音乐，你们还在创作这样的音乐，你们是作曲家。你们要创作出最清脆的、活力四射的儿童音乐旋律，这关系到你们的健康状况、精神力量和内心状态。你们用于弹奏的钢琴和记录的儿童音乐乐谱，你们用来指挥旋律的指挥棒，这些既简单又复杂的东西就是乐观主义。请你们记住，儿童或青少年不是预谋犯，当然偶尔也会出现这样的人，但出现的概率是千分之一，甚至万分之一。如果罪恶造就了这样的人，那么我们就用善良、人性，还有那把神奇的小提琴、那根魔幻般的指挥棒，即乐观主义去医治他们。

教师不需要严厉地对待儿童的每一个行为。如果儿童的心灵有缺陷，那么我们首先需要用善良将这样的恶根拔出。我并不是在宣扬与罪恶妥协，我是在表达对儿童世界的一种真实态度。我痛恨那些针对儿童发出的喋喋不休的质疑声，无法容忍形式主义的条条框框。我不是在鼓励玩忽职守的行为和自由教育的方法。我们要相信，善良、厚待和仁爱对于儿童而言不是抽象的，而是充满人性的、饱含信任的、现实的。这是能够在人身上发现一切美好，并将这种美好变为现实的一股强大力量。我不相信，一个受到正规教育的儿童能够变为一个流氓、寄生虫、无赖、爱说谎的人、浪子。

乐观主义和相信他人是教师和学生的创造力、神经力量、身体取之不尽的源泉。不要让不信任和疑虑的种子在你们的心中生根发芽。不信任人的态度也许起初表现得不明显，但它会扩散。因为我们是在谈身体健康和精神健康，所以我称不友善是“恶性肿瘤”。不友善的态度是一种危险的心灵疾病，它表现在心脏和神经系统中。这种疾病用罩布遮住了教师的眼睛，以至于教师看不到学生身上的优良品质。不友善态度是一幅奇特的眼镜，镜片将人身上的优点最小化，缺点最大化，遮掩了人性的细腻特点。青年朋友们，教师的健康问题始于不断膨胀的不友善态度，是教师本人具有了某种与乐观主义、信任人的态度完全相反的想法和行为，是不友善态度不断强化的恶果。不友善态度是暴怒之源，而暴怒，形象地说，就是一根尖刺，不停地刺痛内心最敏感的部位，带来身心疲劳，导致神经衰弱。

你尤其不要幸灾乐祸。假如，但愿永远都不会发生，你责骂了一名学生，触及他的自尊心。你把他的违纪行为记到了学生日记中，此时在你的潜意识中掠过一丝快乐：“你的父亲可是一个很严厉的人。如果他读到我的记录，一定会收拾你的。”你看着这位同学充满悲伤的眼睛，不但没有感到一丝担心，反而内心平静如水。亲爱的朋友，你知道吗，从那一刻起，你已经大难临头，因为幸灾乐祸已经驻扎在你的内心。它起初看似不起眼，貌似一只无辜的小动物。实际上，它就像一条毒蛇，已经在伺机等待。幸灾乐祸首先让你失去耐心。你的内心因幸灾乐祸而变得麻木，无法捕捉到儿童心灵的细腻感受。幸灾乐祸的教师总是把儿童的一般淘气行为视为作恶的、不怀好意的。如果你不能容忍学生的淘气和恶作剧，你将因此变成一个冷漠的、自以为是的说教者，你就是学生憎恨的督导。学生们因为这些不足挂齿的吹毛求疵的行为，开始伺机报复教师。他们试图激怒教师，搞出一些不愉快的事情。当这种情形开始出现后，因为你每时每刻都要压抑住怒火，你的心脏逐渐变得不正常。朋友们，你们应远离这种巨大的不幸。如果你们没能幸免，就会变得易怒、狂躁、忧郁，对你们而言工作就变成了苦役，你们因此会患上各种各样的疾病。

友爱的精神、理性的善良，这就是儿童集体生活应有的氛围。师生相互关系的主要特点就是友爱，这是多么美好的字眼，同时这又是多么复杂多样的人际关系。如果友爱是相互的，那么人与人之间就需要敞开心扉。

我无数次重复过，我至死都要反复地说，师生之间的相互友爱就是连接无数颗心灵的细线，这些细线让你们意识到了人与人之间无须语言就可以相互理解，通过这些细线，一个人可以感受到另一个人内心的细微变化。这一点在教育工作中非常重要。多年在学校工作的经验使我悟出了一个道理，如果对学生充满友爱，培养他们拥有这种品质，他们会爱惜我的心脏和神经系统。当我内心苦闷时，甚至当我说不出话时，他们能够理解我。当他们感觉到我的身体状态不好，发现我很痛苦时，他们甚至连说话都轻声细语，避免发出噪声。无论是上课，还是课间休息，他们都尽量为我营造出安静的环境。亲爱的同事们，身体健康的关键就是能相互感受彼此的内心，能够读懂他人的内心。我们涉及学校生活中的一个完全特殊的领域，很少有人讲到这个领域，但事实上我们需要多讲，而且还要理智地去讲。我指的是友爱的本质，这是情感教育最重要的方面。

4. 如何做一个充满友爱的人

这个建议通常被人们视为教育修养的基础，具体归类于教育修养的情感部分。做一个充满友爱的人，意味着你要像对待自己的孩子那样对待学生。一个小学生成绩不好，落在了后面，他很难像同班其他同学那样去学习。一个小学生或者中学生实施了流氓行为，这都是糟糕透顶的事情……如果是你的孩子落到这样恶劣的情境中，你会怎样做？你很难提出开除这个孩子或者降低品德行为分数的建议……当然，理智告诉聪明的父母必须这样处理，而你的内心却提示另一种拯救自己孩子的必要办法，因为靠惩罚不可能拯救一个人。你的内心呼唤采用另一种能够在孩子心灵中树立起纯洁而美好道德的方法，使你的孩子成为一个真正的人。这种源自内心的愿望就是友善。防止学生变坏，迈出错误的一步，这就是教师应有的友善。你要像他们的父母那样善待他们，这意味要阻断罪恶潜入学生内心的路径，让罪恶远离学生。如果你总是在心中惦念着每一个学生，如果每一个学生对于你不仅仅是班级日记上的一行字和一个数字，而是活生生的人，一个个体，一个不可复制的世界，那么，可以相信，当学生遭遇到这样的恶劣错误时，你的内心将指示要如何做。这是源自内心的叮嘱，是付之行动的友爱。

“做一名充满友善的人”，说起来容易。友善需要培养，只有当这种心灵状态是相互的，也就是说教师善待学生，学生热爱教师时，才能够培养出这种品质，这就是微妙而和谐的学校生活。相互友善是在大的情感文化氛围中培养出来的。我始终认为，教育的最重要任务之一就是教学生用心去认识世界，用心感受一个人的心态，不仅是亲人，还有每一个在生活路上遇见的人。教师要教会学生去感受所遇之人内心的沉重，他的痛苦，这是教育技能的巧妙之处。我想分享一下自己的经验，谈谈教师如何培养自己的这种能力，如何培养学生的情感感知，如何将这种修养变为相互友爱的基础。

春天来临，我们的校园旁边有一片田地，一群农场的女工在甜菜种植园里劳动。每天清晨，当一轮红日从地平线升起，这些女工三五成群地来到田里，准备开始一天的工作。这时，我的一年级同学们也准时来到校园的苗圃，这是属于我们的“美丽角”。我们在碧空下的绿色教室里迎接冉冉升起的一轮红日。这是一座面积很大的绿色棚子，浓密的葡萄藤叶为我们遮挡了刺眼的阳光。农场的女工们三三两两地从距离我们两三米的地方走过。我们看见了她们，看到了她们脸上的每一个特点，还有她们的眼睛。如果我们静坐，屏住呼吸，甚至可以听见她们的呼吸声，而她们却看不到我们。我告诉学生们，让他们观察这些妇女的眼睛，学习体会和理解她们每个人的内心世界，是无忧无虑的宁静，还是乌云似的苦恼。每天我们都在观察这些妇女。我们已经看惯了的一位蓝眼睛，淡褐色头发，梳着两条辫子的年轻妇女，她已经是两个孩子的妈妈了。在上班的路上，她一边走，一边哼唱着着各种歌曲。她常常面带微笑地站在山丘上，仰望着蔚蓝色的天空，陶醉在云雀的美妙歌声中。我对学生们说：“她非常热爱生活，她是一个很幸福的女人。”当我们看到别人幸福，自己也会感到开心。另一名妇女已经拐到一条田间小路上。她每天都要采摘一些长在田边地头的野花，我们在她的眼中读到了她在憧憬着幸福和快乐。两名妇女走近了静静地流向草地的泉水边。她们看着泉水，把水面当镜子，一边照着，一边梳理着头发，醉心于自己的美丽身影。“同学们，你们看，她们的眼神蕴含着满满的快乐与理想。你们再看这位黑眼睛的妇女，她不仅采了一束野花，还坐在了树根上，编起了小花环，当然是给小女孩编织的那种小花环。亲爱的同学们，你们仔细看看她的眼睛，从中是否能够感受到浓浓的母爱？同学们，仔细看看这位白发妇女。你们看她，满眼的忧愁和悲伤。她的眼神透露出无数的痛苦与忧伤。她停下了，瞅了一眼太阳，然后她的目光投向了隐没在绿色花园的村庄，然后深深地叹了一口气。你们看到了吗？她没有走在田间小路上，而是走向一条通往村子中心的大路。她在路旁采摘一些野花，走到与法西斯战斗中牺牲的战士纪念碑前。她把野花放到一座墓前，你们看到了吧，她在默默哭泣。同学们，你们看到了世界上最大的人间痛苦，这就是母亲的悲伤。她马上还会从我们的‘美丽角’旁边走过，你们再仔细看，看看她的一双眼睛。”

同学们屏住呼吸地静坐着，树叶、小草不再刷刷作响，万籁俱静。他们看到一位母亲充满悲痛的双眼，听见了她沉重的呼吸。她又一次回头，看了一眼战士纪念碑……

不需要任何言语和解释，同学们已经明白了，这位母亲的儿子在战争中牺牲了。我给他们讲述了她承受的巨大悲痛，因为她的两个儿子和丈夫都牺牲了……

后来，我们连着上了几堂课，上课的内容越来越新。我告诉学生，希望他们用心灵去认识人。我们放飞田野，静坐在乡间小路上，观察着时不时从我们旁边走过的人们。

同学们看着每一个路人的面孔，观察他们的眼睛，体会他们的内心世界。一个人因为还活着而感到无比开心，另一个人幻想着有一件珍贵之物，他无法平静下来。第三个人只是因为累了，看上去是一副懒洋洋的样子。不，这个人的心里也不是很痛快。第四个人看上去满脸忧虑，或许他在为一些日常生活琐事而烦恼，或许他正在为某件大事而忧心忡忡。“这个老爷爷也很痛苦。”同学们听到我的话后，精神一振，马上留神起来。他们从来没有在人的眼中看到这样的痛苦。同学们说：“他很痛苦……他肯定是遇到了天大的不幸……需要问他一下，如何才能帮到他……”

他们走近老爷爷，问道：“我们如何才能帮到您呢?”老爷爷用一只温柔的手抚摸着小吉娜的浅色头发，然后深深叹了口气，说道：“可爱的孩子们，你们帮不了我……我的妻子刚在医院离世……我现在去找车……我们共同生活了 47 年……不过，你们虽然帮不了我，但我还是感到轻松一些了，你们是好人呀……”

情感修养就是这样培养出来的，这是非常细腻长久的过程，需要教师把握分寸、细致、善解人意、深刻了解每一个学生的内心精神世界。

一个能够用心感受他人情感的学生，一定会变得仁义友善。还有一点很重要，他对来自教师的友善很敏感，因为他能感觉到，他要以善心回报教师的善心。在教育工作中无论怎样评价这种情况的重要意义都不为过。学生的心灵已经准备好接受用抚爱、善良、真心给予的教育。你大概听到过有些教师在抱怨（或许，你自己也表达过这样的想法）：“怎么办? 学生根本听不进去好话……我好心对他，敞开心扉，而他一副事不关己的样子，还嘲笑我的善良。”很遗憾，这种情况确实时常发生，这种无同情心的根源正是情感教育不到位所致，是因为他在童年的早期阶段没有学习用心认识人的结果。

如果你们教会自己的学生将心比心，你们的友善就能创造奇迹。教师的友善体现在哪儿呢? 首先体现在学生的探索活动上。教师希望学生在探索活动中表现突出，这就意味着需要理解学生的优势与劣势，感受探索活动的细节之处。你们的友善作为一种强大的教育手段将一直发挥作用，直到你们的学生愿意做好人，直到他产生自尊心，而且愿意发展它为止。正如我们所见，在教育事业中现象和事实之间存在着非常密切的联系。学生的成绩反映在精神状态上，而学生的精神状态影响到教师的精神生活和身体健康。如果学生有愿望成为好学生，想掌握知识，这表明你们的工作已经成功了一半。

学生的自尊心取决于他的学习成绩。成绩的好坏与教师的友善与否有关，当然学生的心灵在多大程度上做好接受教师友善的准备也很关键。请你记住，你在创造性工作中获得快乐的基础是就学生的学习成绩和他的自尊心。你将体会到精神生活的充实，体会创造带来的快乐。

但是，又有个问题出现了。教师如何做，才能使学生一直保持很好的学习成绩？如何培养他的自尊心？如何用这股巨大的精神力量，也就是成为好学生的愿望去鼓励他？

5. 如何理解抽象的学生是不存在的

为什么在一年级就会出现后进生，而在二年级和三年级常见到不可救药、教师也放弃的后进生？因为在学校生活的最重要领域——脑力劳动领域没有针对儿童的个性化方法。

你可以想象一下，如果你要求所有刚上小学的 7 岁儿童完成同一项体力劳动，如提水。一个学生提了 5 小桶水之后，已经累得上气不接下气，而另一个学生却可以提 20 小桶水。如果我们迫使身材弱小的儿童也去提 20 桶水，就一定会使他体力不支，等到第二天，他什么事情都做不了，还有可能躺到了医院里。同样，儿童完成探索活动需要的力量也不一样，一个学生对学习内容明白、理解之后，能很快记住，长时间牢牢地保留在记忆中。另一个学生完全是按照另一种方式完成探索活动，对材料理解很慢，也不能长久牢记知识点，而在后续的学习中，相比之前那个在最初学习很好的学生，这个学生在学习和智力发展中却取得了更大的成绩。这样的情形并不罕见。所有学习和教育规律不能机械地套用到一个抽象的学生身上。没有能使全体学生在学习上取得好成绩的统一的先天条件。学习成绩这个概念本身具有相对性：对一个学生而言，“5 分”就是好成绩，而对另一位同学来说，“3 分”就是很好的成绩。正确判断每个学生在哪方面擅长，将来如何培养他的智力，这是教育智慧极为重要的组成部分。

教师如何对待学生的学习成绩关系到每个学生的自尊心的保护和培养。

教师不能要求学生去做他做不到的事情。任何一门课程的教学大纲，只是代表学生的一定水平和需要掌握的知识范围，而不是生性活泼的学生本身。为了让每个学生都达到这个水平，掌握这些知识，教师需要对每个学生采用不同的方式。某个学生在第一学年时已能独立读懂习题、解答习题。另一个学生也许到了第二学年末，甚至第三学年时才达到这个水准。教师应当善于判断，学生是通过什么途径，需要多长时间，需要克服哪些困难才达到大纲规定的水平，如何在每个学生的智力成长中具体实施大纲。

教学和教育的技巧及艺术就是发挥每个学生的能力和潜力，让他们在思维活动中感受获得的快乐。这意味着在教学中应当包含个性化的内容，不仅体现在思维活动的内容上（作业的目的），而且还体现在时间上。经验丰富的教师一堂课给某个学生布置了两道题、三道题，有时四道题，而却只让另一个学生完成一道题。一个学生需要完成难度高的作业，另一个学生只需要做完最简单的习题就可以。一个学生在语文课上完成创作型的书面作业，如写一篇作文，而另一个学生只需要研读文学作品。

这样的方法使得所有学生都在进步。一部分学生快一些，另一部分学生略慢一些。学生们从教师对作业的评价中看到了自己的付出和努力。学习给他们带来了精神的满足和获得知识的喜悦。此时师生之间相互友爱与相互信任的情感交织在一起。学生不再把教师视为严厉的检查者，不再将评价视为棍棒。他会坦诚地对教师说："我没有做好这件事情，我遇到了困难。"这表明他的内心很敏感，他不愿意抄作业，也不想作弊。他想拥有自己的尊严。

形象地说，学习成绩只是一条小路，一直通往学生内心世界的某个角落，那里燃烧着做一名好学生的愿望火焰。

我有一个朋友，他是一名优秀的数学老师，他叫伊·格·特卡琴科（在基洛夫格勒旁边的博格达诺中学教书）。他这样描述备课过程："我认真思考每一个学生都将做什么。我为所有学生挑选一项能够给他们带来成就感的作业。如果一个学生在掌握知识的过程中一点进步都没有，那么对于他而言，这堂课白上了。无效果的教与学未必不是埋伏在学生和教师前进路上的巨大障碍。"

请你们看一下帕夫雷中学教师阿·格·阿里申科和米·阿·雷萨克的数学课。在解题时（解题占90%的时间），他们的班级被分成几个组。第一组是学习成绩好的学生，他们能够轻而易举地，不需要任何帮助解出任何一道题。在这一组中一两个学生甚至不需要笔算，口头就能得出答案，教师还没读完条件，学生已经举手示意。对于这个组的学生，除了大纲规定的习题之外，教师还选了些超纲题，需要让这些学生承担一些力所能及、但又不简单、需要努力才能完成的作业。有时需要给学生布置一些学生无法独立解决的难题，教师的帮助仅限于提些小建议或者给出暗示。

第二组同学勤奋、努力刻苦。他们需要完成紧张的思维活动，探索、克服困难才能出色地完成作业。就像教师们所说，这些学生是靠勤奋、刻苦取胜。他们的学习成绩优秀，因为他们努力、坚持不懈。

第三组同学不需要帮助可以解出中等难度的习题，但难题有时解不出来。在教学工作中帮助这些同学需要高超的教学技艺。

第四组同学无论是理解题目，还是解决问题都很慢。他们在一堂课上做题的数量是第二组和第三组同学的一半或者三分之二。但教师千万不要催促他们。

第五组的同学比较特殊，他们通常甚至无法解决中等难度的习题。教师需要为他们挑选一些专门的习题，希望他们能够有一点小小的成就感。

这些组别的同学并不是一成不变的：探索活动给他们带来了可喜的成绩，结果就是他们的能力得到了提高。

请在每一个学生都能体验到成就感的教师课堂上去仔细观察一下学生的思维活动状况。这里洋溢着之前提到的相互友爱气氛，散发着智力的灵性。每一个学生都致力于通过自己的努力达到目标，在学生的眼中时而看到聚精会神，时而看到快乐的火花（找到了正确之路），时而看到他们在沉思（“从哪个角度解题呢”），教师在这样的氛围工作是极大的享受。我亲爱的同事们，请相信我，在这样的课堂上教师的工作量很大，他需要时间休息，否则很难连着上完四五节课。

几年前，我承担了5～7年级数学教学工作。数学课与文学、历史课交替进行，说真的，这些课对于我而言是真正的休息。在课堂上每一个学生都因为取得成绩而感到与众不同的快乐。这样的课堂不会让教师心绪烦躁、筋疲力尽：他体会不到生怕不愉快事情出现的紧张心情，他不需要盯着那些机灵不安分，因为无事可做而时不时地用恶作剧“犒赏”教师的学生，因为在这样的课堂上学生的精力用在了正道上。如果教师能够“驾驭”淘气包和顽皮鬼们，使他们力所能及地完成学习任务，而且能给他们带来有成就感的思维活动，他们就会刻苦、集中注意力地学习。他们在紧张的学习中彰显出积极向上的态度。他们变得让人认不出来了，因为他们把所有的精力都放在如何更好地完成学习任务上了。

某些教师抱怨说学生在课上捣乱、搞小动作等，这些牢骚话总是令我遗憾和费解。亲爱的同事们，如果你们真正去思考如何促使每一个学生全神贯注地学习，那么就不可能有这样的抱怨。

我只是在谈论我们工作中的部分尖锐问题：我们如何做，才不会因教学工作而疲惫，神经和心脏也不会因此紧张。这些疲惫和紧张有可能是在某一个场合或时而出现“突发事件”，或时而出现“无恶意的淘气行为”所致，虽然都是些很小，甚至微不足道的小事，但如果积少成多，就可能导致你们既无法好好工作，也无法正常生活。

6. 如何解决工作时间不足的问题

我引用克拉斯诺亚尔斯克市一位教师来信中的一句话：“是的，没时间。”这是教育工作的祸患。这种祸患不仅危害教育事业，而且还伤及教师的家庭生活。教师也与所有人一样，需要有时间顾家、教育孩子。我掌握的一份准确资料表明很多中学毕业生害怕报考师范院校。他们认为，虽然从事这种职业的人有很长的假期，但事实上根本没有闲暇时间。

我还了解到几个有趣的数字，500 名教师的子女考入了高等院校。有人问他们：“你们的子女就读于哪所高校，哪个系？”只有 14 名教师回答，“在师范学院”或者“在大学学习，准备当教师”。接着又提出一个问题：“为什么你们的儿子不想当一名教师呢？”486 名教师这样回答：“因为他看到我们的工作非常辛苦。没有一点闲暇时光。”

“教师是否因这样工作，以至于都没有了闲暇时光？”这个极端棘手的问题常常以这样的形式表现出来。实际上，有关部门对此已经出台过相关规定。语言、数学教师每天工作三四小时，备课、判作业的时间应不少于五六小时。此外，教师每天参加课外活动也应不少于两小时。

如何解决时间不足的问题？这是学校工作面临的诸多问题之一。这个问题与学生智力发展问题一样，完全与在学校做的事情有关。

解决问题的关键就在于教育工作的风格和性质。一位有着 33 年教龄的历史教师上了一堂公开课，题为“年轻人的道德理想”。区培训班的学员、区国民教育处的巡视员观摩了这次公开课。课讲得非常精彩，教师们和巡视员本打算在上课过程中做记录，课后给这位教师提出意见。他们一动不动地端坐着，就像学生一样，完全听入迷了，竟忘记了手中的记录本。

课后，邻校的一位教师说："是的，您已经将心奉献给了学生。您的每一句话都产生了巨大的思想威力。请问，您需要多少时间准备这堂课？恐怕不止一小时吧？"

这位教师回答说："我一生都在备课。我用一生在准备每一堂课。嗯，我在准备这个题目时，可以说，在内心只用了 15 分钟。"

这个回答揭开了教育艺术奥秘的冰山一角。我知道，在这个区还有约 30 位像这位历史教师一样的教育工作者。他们并不是一味地抱怨时间不够。每一位教师在谈起自己上的每一堂课时，都说自己是在用终生备课。

这种备课方式的关键点是什么？这就是阅读。人在生命中的每一天都要与书为友。阅读是一条注入思想长河的潺潺小溪，永不停止地流淌着。阅读并不只是为了明天的课堂，而是出于机体的需要，是对知识的一种渴望。如果你们希望有足够多的时间，如果你们不希望备课变成千篇一律、枯燥地照本宣科，那么请你们阅读科学文献吧。你们要把阐述科学基本理论的教科书当作基础。当你们给学生讲解时，如果教科书的内容只是你们脑中知识海洋里的一滴水，那样，你们备课就无须再花几小时的时间了。

优秀教师的教育技艺不断完善，这与他们经常阅读，不断充实知识的海洋不无关系。如果在教育活动初期教师掌握的知识与需要传授给学生们的最低知识量之比是 10∶1，那么当你们工作满 15 年、20 年时，这种比就变为了 20∶1、30∶1，这一切都是阅读所赐。在教师的知识海洋里，随着年头的增加，教科书这滴水变得越来越小。问题的关键并不仅是教师理论知识在数量方面有所增加，最终量变导致质变。教科书就像万丈光芒中的一缕细光，其背景越宽阔，创建教育技艺（讲解、上课）的学科基础就越稳固。这是教师在课堂上讲解材料时分配注意力的一种能力。比如，教师在讲解三角函数时，他的主要精力并没放在函数上，而是集中在学生们身上。他在观察每个学生，看他们如何学习，哪些学生在理解、思维、记忆中碰到了难点。他不仅在教课，而且在教学过程中运用智慧培养学生。

教师的时间问题与教育过程中一系列其他元素和方面密切相关。这就好比小溪，源源不断地流入大河中。这里的大河就是指教育工作和创建技艺的时间。如何让这些小溪永远在流动，哗哗作响，我也想给出一些建议。

7. 如何处理工作时间与教学各阶段之间相互依存的关系

这个建议首先是针对小学教师提出的。尊敬的同事们，小学教师们，你们如何工作，直接关系到初中和高中教师的时间分配。如果你们认真地观察中学的第二阶段（6～8 年级）和第三阶段（9～10 年级）的教学过程，你们可以看到，无情吞噬教师时间的祸首就是不断地、毫无结果地去“拉尾巴”。教师还没有来得及讲完新材料，他就已经意识到，部分学生还没有掌握讲过的旧材料内容。于是，他不得不考虑如何解决部分学生跟不上的问题（有时教师不得不拉上全班一起给这部分学生补课）。他没有时间思考如何继续在知识的小路上带领学生们前行。这样一来，教师在学校和家里的时间都被占用。

教师需要应对很多学生跟不上教学进度，影响了教学进程的现象，看来这是一项不可避免的工作。那么出现这种现象的原因是什么？

我想向小学教师们提点建议。

亲爱的同事们，请你们记住，你们的做法关系到初中和高中所有教师的时间安排。你们是教学和教育过程中创造精神的缔造者。在小学阶段你们面临着诸多重要任务，其中第一就是教会学生学习。你们的主要任务之一，就是在小学生需要掌握的理论知识容量与实践能力及习惯养成之间确定正确的比例关系。

你们要记住，在初中和高中阶段有些学生跟不上学习进度，主要是他们不会学习、不会掌握知识所致。当然，你们需要重视儿童的一般性发展，使儿童的一般性发展达到很高的水平，但你们首先需要教会学生阅读和书写。如果他们不会快速、有意识且富有表现力地朗读和理解读过的内容，快速、无错误地书写，那么在初中和高中阶段，他们的学习成绩不可能很优秀，在这一阶段的学习中教师还需不停地“鞭策”后进生。当儿童还在小学阶段时，你们就要教会他们阅读，让他们学会边阅读边思考，边思考边阅读。他们学会阅读，达到无意识程度，做到通过视觉和意识理解的东西大大超越于发声才理解的阶段。学生的这种超越行为越明显，他们在阅读时思考的能力就越强。这是成功学习和智力发展的唯一重要条件。我深信，学生能否在初中和高中阶段顺利学习，首先取决于他是否具有有意识地阅读，也就是边读边思考、边思考边阅读的能力。所以，小学教师需要认真地研究，究竟如何培养每个小学生的这种能力。30年经验让我明白了，善于博览群书的习惯决定一个学生的智力发展。一个会边阅读边思考的学生更能快速、成功地胜任每一项工作，他的能力超过了没有掌握这看似简单的快速阅读能力的学生。他在从事思维活动时，不需要死记硬背。他在阅读教科书或者其他书籍时，完全不同于没有学会边读边思考的学生。他读完书之后，能够想象出阅读对象的整体与各个组成部分之间的相互依存、相互制约关系。

如果学生善于边阅读边思考，他就不会成为后进生。如果没有后进生，教师工作起来就很轻松。实践表明，当阅读书籍成为学生了解知识世界的最重要窗口时，教师就没有必要花很多时间去给他们补课。教师有可能找某些学生进行单独谈话，但这些谈话并不是补课，而是给予他们指导和建议，告诉他们如何独立掌握知识，避免学习成绩跟不上和掉队现象的出现。如果学生并不清楚他在哪方面没有学明白、还需要哪些帮助，这时教师就要单独约谈他。

初中和高中学生的有效学习还与他在小学阶段习得的快速和有意识的书写能力有关。与阅读一样，书写是学生掌握知识的工具。优异的成绩和合理利用时间与工具密切相关。我对小学教师的建议是设定目标，当结束四年级的学习时，小学生已经能够掌握快速、半自主书写的能力。只有在这样的前提下，学生才能够富有成效地学习，教师再也没有必要经常去解决落后现象问题。教师需要让每个学生都学会边写边思考的能力，而不是将主要精力只放在字母、音节、词语的书写上。教师需要给自己提出一个更具体的目标：当你给学生讲课时，他们要会边听边思考你讲课的内容，并且进行记录，简单地表达自己的想法。当学生还在三年级阶段时，你就需要教会学生掌握这种能力。如果你能够成功地达到目的，我可以告诉你，你的学生永远不会成为后进生，因为他们已经具备了获取知识的能力，他们一定会珍惜初中和高中教师的时间，爱护教师的身体。

8. 如何帮助学生夯实基础知识

从教30年的经验为我揭开了一个在我看来十分重要的秘密，这是一条独具特色的教育规律：在初中和高中阶段出现后进生和成绩不佳的学生，主要是因为在小学阶段的学习过程中没有牢牢地记住基础知识，没有达到终生不忘的程度。在小学阶段学习的知识都是基础。我们可以想象一下，一座建筑物的水泥地基很不牢固，灰浆不断脱落，砖块滑落。人们每天都在修补，但总感到建筑物随时都有倒塌的危险，有些四年级到十年级的语言和数学教师就是处于这样的境况中。他们在建造大楼，而地基却在摇摇欲坠。

小学教师们，你们面临的最重要任务就是打造一个夯实的知识基础，使它足够结实，足以让在你们之后承担教学工作的教师不需要考虑打基础的事情。当你们从事教学的对象是一年级学生时，你们首先需要找到四年级，甚至五年级的语言和数学教学大纲。当然，你们还要拿来用于阅读的历史、自然、地理读物及在四年级这些科目的所有大纲，进行对照和比较。你们需要好好想一想，三年级的学生需要掌握哪些知识，才能在四年级、接着在五年级和六年级达到学习成绩优异的目标。

首先，请你们重视基础识字部分。在语言中，2000～2500个单词组成识字和获得知识的架构。经验表明，如果在小学阶段学生牢牢地掌握了这些单词，他就会成为一个有文化的人。但问题的关键并不在于此，学生在小学阶段认识的单词是初中和高中阶段掌握知识的工具。

我在教小学生时，总是随身携带一份主要单词表，这是一份特殊的基础识字大纲。我把2500个单词进行了分配，要求学生每天书写3个单词。学生们将这些单词抄到笔记本上，然后记住。每天，我们只需要几分钟，就可以完成这项工作。童年的记忆很灵活、很敏锐。如果你们善于运用它，不要让它负压太多，它会成为你们的忠实助手。学生永远都不会忘记在最初几年记忆的东西。考虑到这种情形，我采用了如下管理记忆的方法：在开启一天教学工作之前（第一堂课前），我将今天需要记住的三个单词抄在黑板上，如“草原”“温暖”“沙沙作响”。同学们进班以后立刻将这些单词抄在他们需要随身携带3年的本子上。他们还需要思考一下这些单词，在这些词语的旁边写出几个同根词。完成这项工作只需3～4分钟。学生逐渐习惯了这项任务。

而且，这项任务还具有游戏性质，能体现出自我教育、自我检查的元素。我对同学们说："你们走在回家的路上，要记住我们今天抄写的这3个单词及书写形式。在脑海中想象一下这些单词的样子。当你们清晨醒来时，立刻回忆一下这些单词的写法，根据记忆写到笔记本上（这里指普通笔记本，作为第一个单词本的备份）。"如果教师从一年级就开始这个游戏，并相信这项工作的成效性，如果他是爱学生的，如果他在生活中没有厌恶过学生的所作所为，那么没有一个学生不喜欢这个游戏。

学生在每堂课上做各种类型的练习，就是为了记住、系统地复习和运用这些单词。我认为，最重要的一种练习形式就是记住400个修辞短语。在我看来，这些短语也是言语修养的特殊基础架构。学生需要在小学阶段记住这些短语，因为由于各种日常实践的影响，学生在使用这些短语时，常犯一些典型的错误。

我再一次强调，游戏元素在教学过程中具有很重要的意义。我准备了600个在童话中常使用的单词。在小学阶段的四年间，我和学生们一起手绘了几十幅与童话有关的图画。学生们在这些图画的下面做注释，包括了这600个单词。这是巩固记忆最低词汇量的有效形式之一。

学生们在小学阶段学习数学时，因为经常复习的缘故，他们记住了作为数学概括的运算规律。因为他们已经牢牢掌握了这些运算规律，所以在每次使用时，不再需要花费脑力去理解。这里不仅是指乘法口诀，还有经常使用的1000以内的加减乘除规律。这是最典型的量度和量值转换。我认为，我们不应当用千篇一律的公式计算限制初中和高中阶段学生的才智，他们需要将更多的智慧用于创造性的学习中。

当然，学习的关键是要有意识地掌握资料。但有一点我们不能忽略，就是总有些东西无法解释。我尽量将有意的和无意的注意力及记忆结合起来。

9. 如何看待两份教学大纲及学生思维的发展

教师没有足够时间，首先是因为学生在学习时遇到了困难。多年来，我一直在思考如何减轻学生的学习负担。实践能力和知识基础只是这个问题的开始。“记住”和“在记忆中保留知识”则是问题的继续。我建议每一位教师要分析知识点，清晰地区分出学生需要牢牢记住、保留在记忆中的东西。教师需要在大纲中确定某些知识点，这很重要，决定着学生思维、智力的发展和运用知识的能力。这些知识点反映了学科特点，是重要的结论、概括、公式、规则、定律和规律。经验丰富教师所教的学生需要有专门的笔记本记录应牢固记住和保留在记忆中的材料。

需要记住的材料越复杂，需要保留在记忆中的概括、结论、规则越多，学习过程的智力背景就越重要。换言之，为了牢固记住公式、规则、结论及其他概括，学生需要阅读、理解很多资料，但不需要死记硬背。阅读与学习密切相关。如果阅读能够深入到基础概括和记忆里保留的事实、现象、对象中，那么这样的阅读将有助于记忆。我们可以称这种阅读为创建学习和记忆材料所需要的智力背景。学生出于对资料感兴趣，希望了解和理解材料的原因而去大量阅读，结果就很容易记住那些用于学习和永久记忆的必要材料。

结合这一重要的规律，我在实践工作中总是使用两个教学大纲：第一个大纲是用于学会，并且需要记住的材料；第二个大纲是课外阅读，还有其他获取信息的来源。

物理是一门非常难于记住、长久保留在记忆中的材料，尤其在六年级至八年级阶段更是如此。这个教学阶段的教学大纲包含了很多概念，在6年间我一直承担这门课的教学工作，总是希望学生将每一个新学到的概念与课外阅读挂上钩。此时学习的概念越复杂，学生们阅读的书籍就越有趣、越有吸引力。在学习电流定律时，我汇集了专门的书籍库提供给班级进行个性化的阅读，书籍库包括了55本描写自然现象的小书，重点介绍物质的各种各样导电性能。

我努力去提高学生的思维能力，活跃他们的思维。他们不停地给我提问题："什么?""如何?""为什么?"在他们所提问题中约80%都是从"为什么?"开始的。学生们有很多不懂的东西。他们越是不明白周围世界中的各种事物，他们需求解释现象及知识的心情就越迫切。同学们很快听懂了我讲解的内容。当我开始讲解电流就是自由电子流这个科学概念时，同学们提出了很多关于这个物理现象的问题。回答这些问题，就好比用一堆砖头填补学生们通过阅读和在之前获取信息基础上形成的世界图景的空白处一样。

我在高中教过三年生物。这门课程充满了大量难于理解，当然，也是难于记住、留存在记忆中的概念。当学生学习"生命""生命物质""遗传""新陈代谢""机体"这些基本科学概念时，我从科学和科普杂志、书籍、小册子中选择了一些专门的材料。"第二个教学大纲"包括阅读类似的小册子、书籍和文章，学生们了解相关材料之后，开始对一系列复杂问题产生浓厚兴趣，随之对新书的兴趣也倍增。学习生物的高中生们对周围自然现象，包括多种多样与新陈代谢形式类似的现象产生了兴趣。学生们的问题越多，他们获得的知识就越丰富。如果对他们中每一个人的回答给出评价，没有一个人的评价低于4分。

我建议教师们：营造利于掌握，背熟和记住大纲材料的智力背景。学生只有理解，才能牢牢掌握。思考一下，如何将课堂上正在学习的或者很快学到的东西变为思维、分析和观察的对象。

10. 如何教"困难"学生

教师应大都同意，我们教育成果的"硬核"之一就是教"困难"学生。相比大部分学生而言，这些"困难"学生需要多花费3～5倍时间去理解、记住材料，而且第二天他们就会忘记前一天学的东西。他们为了防止忘记，需要在学习材料后三四周就完成练习，而不是放到三四个月后去完成。

30多年的教学工作使我明白，前文中提到的"第二个教学大纲"，对于他们而言将起到重要的作用。让这些学生仅熟记必须的学习材料是有害的。这样的做法让学生变得迟钝，养成死记硬背的习惯。我尝试过很多减轻这些学生脑力负担的手段，我的结论就是扩大阅读范围，这是最有效的手段。

是的，这些学生需要尽可能多地阅读。我在给三年级至五年级，五年级至八年级时上课时，我总是关心每一个“困难”学生，为他们选择阅读的书籍和文章，通过最鲜明、最有趣、最迷人的形式揭示概念、结论、科学特点的意义。应当让他们对周围世界的物体与现象产生越来越多的疑问，然后他们带着这些问题来找我解答，这是智力发展的重要前提。

当“困难”学生在阅读时，在观察周围世界时，一定有某种惊奇，一定有震惊到他们的东西。这是我在教“困难”学生过程中一直遵循的原则，也是我对所有教师们的建议。大脑半球皮层神经的懈怠、消沉、退化可以用惊奇、惊诧去治愈，就像松弛的肌肉可以通过体育锻炼变得强壮一样。我们很难说清楚，当他们面对那些能够使他们惊奇、诧异的东西时，大脑中都发生了哪些变化。我们通过数百次观察，得出了结论：在他们惊奇、诧异的那一刻，某种似乎能激发大脑、促使它开动马力的强大力量开始发挥作用。

我永远都不会忘记费佳。从三年级到七年级，我一直教他，共教过他五年。代数和乘法表对于他就是一个障碍。我坚信，他只是不理解给出的解题条件，以及作为条件基础的物体、物质、现象的概念在他的意识中还没有形成。于是当他尝试做下一步时，常常忘记了上一步。在别的年级也有与费佳相似的学生，但总人数并不多。我为这些学生编写一本专门的小册子。其中约 200 道题，主要是从国民教育学中摘录的。每一道题都是一个有趣的小故事。大部分题都不需要进行算术运算。解这种题首先意味着要去理解和琢磨。这 200 道题就来自我为散漫和注意力不集中学生编写的习题集。

(1) 因为天气太热，三个牧羊人非常疲劳，他们躺在树下休息时睡着了。一个淘气的半大孩子将橡树上生长的“黑球”涂抹在牧羊人的额头上。当他们三个人醒来后，哈哈大笑。因为每一个人都认为其他两个人是相互嘲笑对方。突然一个人不笑了，他一下子明白了，他的额头上也被涂抹了“黑球”色。他是如何想到的呢?

(2) 古时，在一望无垠的乌克兰大草原上有两个相隔不远的村子，它们是真话村和谎言村。真话村的村民们总是讲真话，而谎言村的村民们永远都在撒谎。假如你们有人能够突然穿越到古代，潜入其中一个村子，你们向偶遇的第一个村民提一个问题，你们就知道自己来到哪个村了。你们应当提什么问题呢?

起初学生们只是简单地阅读习题，比如关于鸟、昆虫和植物的有趣小故事。一段时间过去了，费佳明白了读故事就是完成习题。他开始思考一道最简单的习题，在我的帮助下解出了这道习题。他被这样简单的解题方法惊到了。费佳问道："这就是说，每一道题都可以这样解吗？"他一直连着几天习题集都不离手。每解出一道题对于他而言都是巨大的成就。为此，他还将解完的习题抄到专门的笔记本上，在习题的旁边还画上了鸟、昆虫和植物。

我给费佳配备了专门的书籍库。其中约有100本书和小册子，这是费佳从三年级到七年级需要读的所有的书。然后我又为他建立了另一个书籍库（大约200本书）。两年间，除了费佳，还有三位同学也利用了这个书籍库。一部分书籍和小册子直接与上课学习的内容有关。另一部分书虽然与课堂学习内容无关，但我认为阅读这些书籍和小册子可以锻炼思维。

到五年级时，费佳的成绩与其他同学拉平了：他与其他同学一样可以解出同样的代数题。到了六年级，他对物理产生了浓厚的兴趣。费佳成为少年设计师小组的积极分子之一。他越是对创造性的任务感兴趣，就越愿意大量阅读。他在学习中还会经常遇到困难，尤其在历史和文学中更是如此。但他都是通过阅读将这些难题化解。七年级毕业后，费佳考入了技校，成了一名高水平专家——操作机床的技师。

我从来没有给哪个学生补过课，一次都没有。补课的目的无非就是学习课堂上没有掌握的内容。我教同学们阅读和思考。阅读能够激发和活跃思维。

请你们记住，越是有学习困难的学生，他们在学习中遇到不可逾越的困难就越多。阅读教会他们思考，思考成为激发智慧力量的动力。书籍和通过阅读书籍而激发的鲜活思想成为最强大的推手，从而防止死记硬背这个痼疾将思维变迟钝。学生越踊跃思考，在周围世界中见到的不懂的东西越多，他对知识的领会能力就越强，教师工作起来就越轻松。

11. 如何理解"知识——是目的，也是手段"

我无数次强调过，如果学生在学习中遇到困难，原因之一就是知识对于他们来说常常是一堆不动的货物，积累好像只是为了储存，而不是用于周转，得不到运用（当然周转的前提是获取了新知识）。对于很多教师而言，知道这个概念在教学教育工作实践中意味着能够回答教师提出的问题。这样的观点导致教师片面评价学生的思维活动和才能：哪个学生善于记住知识，并且根据教师的第一要求“说出来”，那么这个学生就被认为有才华、有知识。这在实践中将导致什么样的后果？必然是知识与学生的精神生活脱离，与他的智力兴趣脱离。对于学生来说。掌握知识的过程变成了痛苦的、令人讨厌的事情，特别想尽快摆脱。

首先，应当改变对知识、知道两个概念本质的认识。知道意味着能够运用知识。只有当知识变为精神生活的因素，能够引导思维、激发兴趣时，才能被视为是知识。知识的活跃性和生命力是知识发展、深化的关键条件。知识只有发展和深化，才能拥有活力。知识只有在运用的情形下才显示规律性：学生掌握的知识越多，他在学习中越感到轻松。很可惜，在实践中常常出现相反的情形：学习对于学生而言一年比一年困难。

我们从这些原理中可以得到哪些启发呢？

尽量不让学生将获得知识变为最终目的，而是将其作为手段。不要让学生的知识变为静止的、僵死的学问，要让它作用于学生的思维活动、集体中思想碰撞、学生之间的相互讨论中，作用于精神财富的生动和不断交流过程中。没有彼此思想的交流，智力、道德、情感和美学的真正发展是不可想象的。

为此我们在实践中需要做什么？如何做？

从教学的最初阶段，语言就是最重要的知识元素。准确地说，是用语言表现出现实的周围世界。语言为儿童打开了在他上学之前未知的新世界。我认为，儿童通过语言认识世界，就是在知识的阶梯上迈出了最大的一步。语言在儿童的意识中活跃和呈现出来，变成了儿童掌握知识的工具，这一点很重要。如果教师不希望知识变为僵死的、静止的学问，那么就把语言变为一种最主要的创作工具吧。

在经验丰富教师的实践工作中，教学和教育导向并不只是要求学生死记硬背、记住他人的思想，这在学生的探索活动中并不是主要的。学生需要思考，思考就是生动的创造，是借助于语言认识周围世界的事物、现象，因此也能体会语言本身的最细微差异。

我们与同学们一起来到秋天的花园。阳光明媚的小阳春天气，和煦的阳光温暖着大地和静静的树林，苹果树、梨树、樱桃树枝叶看上去绚烂多彩。我给学生们讲述着金秋，告诉他们，大自然的所有生命：树木、掉落在地上的种子、在我们这儿过冬的鸟儿、昆虫都在为如何度过漫长的寒冬做着准备。我坚信，学生们在体验、感受着语言和语言的丰富内涵和情感色彩。于是我建议学生们讲述一下他们看到和感受到的东西。就在我的眼前，描述周围世界惊人的细腻而鲜明的语言应运而生，“一群白天鹅渐渐消失在蔚蓝色的天空中”“啄木鸟的嘴敲打着树皮，发出了哒哒的声音……”“一只仙鹤站立在巢穴里，远眺着前方……”“一只蝴蝶落在了菊花瓣上，沐浴在阳光中……”学生们并不是转述我的话语，而是说出自己的语言。学生的思想活跃起来，越来越丰富，他们学会了思考，他们体会到了因思考而带来的喜悦，因认识带来的享受，这是一种任何情感都无法与之比拟的感觉。他们觉得自己是思想家。

你是否有机会观察过（或者听其他教师说过），学生对教师所说的话爱答不理的情况？你给他讲述一件有趣的事情，而他目光呆板，根本听不进去你说的话。你有充分的理由担心，这种对语言冷漠和无动于衷的态度是学习中的最大不幸。如果这种不幸深深地扎下根，那么这个学生就会逐渐脱离学习状态。

为什么会有这种不幸，根源在哪里？

如果学生只是学习别人的思想，不用语言创造和表达自己的思想，那么作为创作手段的语言就不可能常驻于他的内心。不要忽视这种无动于衷的态度，不要忽视学生的呆板目光！你要教会他们积极、热情地对待语言！

12. 如何帮助学生获取知识

我们常常频繁谈论学生思维活动的积极性问题。但积极性可能有各种各样的。一个学生背会了读过的内容或者记住了教师讲解的东西，他能勇敢地回答问题，这是一种积极性，但这种积极性未必能够促进学生智力的发展。教师需要鼓励学生积极思考，使他们的知识通过运用而得到发展。

在教学中借助于已有的知识获取新知识，在我看来这就是教师拥有高超技艺的体现。我在观课和分析课堂教学时，正是根据学生们思维活动的这个特点判断教师的教学水平。

如何使学习变为思维活动、获取知识的过程？什么是最重要的？

获取知识意味着发现原理，回答问题。尽量让你的学生去发现、体会和感觉不懂的东西，这样他们可以向你提出问题。如果你能够做到这一点，就已经成功了一半。

做到这一点并不容易。在备课时，你需要从这个角度思考备课的材料，发现初看上去并不明显的节点，这里隐含着因果联系，问题也由此产生。问题能够激发求知欲。

我面前是“光合作用”一课的资料。我需要告诉学生们，在植物的绿叶上发生了什么变化。我可以以科学事实为依据，遵循理论和教学法讲解这一切，但却无法完成发展学生的智力积极性的任务。我认真思考着材料：因果关系的相互联系节点在哪呢？无机物变为有机物，这就是最主要的节点。一幅惊人而神秘的画面出现了：植物从土壤和空气中获取无机物，在复杂的机体中变成有机物。有机物的建构过程是什么样的？植物机体犹如一个复杂的，令人费解的实验室，借助于阳光将无机物的化肥原料变成多汁的西红柿或散发着芳香的玫瑰花。在这里发生了什么？

我讲课时，有意引导学生意识到这个问题，让每一个学生都心潮澎湃：“怎么会是这样呢？一切发生在我的眼前，而我却没有思考过这个问题？”

如何引导学生提问题？

为此，我必须知道要讲什么，哪些内容保留待续，待续部分就好像是学生思维的“导火索”。这里没有适合于所有情况的方法，一切取决于具体材料的内容和学生已经掌握的实际知识。在一个年级留下这部分不讲，在另一个年级留下另一部分不讲（材料是一样的）。

这时学生开始有意识地提问题。

紧接着我尽量从学生之前的生物课或在劳动和阅读中掌握的所有知识中提炼出回答问题必要的知识点。这种吸取已有的知识来回答问题的方式就是获取知识。这里不必要一个接着一个提问，倾听每个人说什么，然后再把零散的答案整合为一个共同的答案。这样解决问题的方法看似具有积极性，但却不代表每一个学生都在真正积极地思考。一部分学生记住了，也回答问题了，但另一部分学生只是在倾听。我需要让所有学生的智慧力量都在思考，集中注意力。所以，通常当引导学生提问题时，我会自己解释材料，不需要学生回答个别（小的）问题。

因此，教师为了做到让学生边思考边获得知识，他还应当十分了解他们的知识水平。有时一个学生牢牢掌握了学过的内容，另一个学生却忘记了某个知识点。我需要成为思维活动的引导者。使每一个听我讲解的学生都能够按照自己的路径，从意识库提取已经保留的东西。如果在这些意识库的某个地方都是空白或某个学生的思维线断了，我就需要用补充性的讲解填补空白，消除思考中的裂痕，但这也需要艺术和技巧。我一直在寻找重复解释已经学过的东西的形式，使最优秀的学生也能发现某种新的东西。如果没有任何空白和知识断层点，我就可以简短解释。这样学生虽没有表现出积极性，沉默不语，不回答问题，也不相互补充，但他们却在获取知识。我将这样获取知识的形式称作学生进行探索性思维、研究自己的知识库的过程。

13. 如何理解“引导学生在理解事实的基础上探索抽象”的原理

你们当然遇到过这样的现象：学生牢牢记住了规则、规律、公式、结论，但却不会运用自己的知识，使用它们，甚至常常不理解熟记东西的实质。这种不幸尤其体现在语法、算术、代数、几何、物理、化学的学习中，这些学科的内容是结论性的体系。对这些学科的了解首先体现在实际学习中使用这些结论的能力。

在这样的情形下，人们通常会说学生是在死记硬背，根本没有理解。但为什么他要死记硬背呢？为了避免死记硬背这个痼疾，教师又需要做什么？

记住是建立在理解基础上的。引导学生通过思考（意识），在理解大量事实、物质、物体、现象基础上进行记忆。不要记忆没有理解和没有经过思考的东西。从思考事实、物体、现象，一直到深刻理解抽象原理（规则、公式、规律、结论）就是要通过实践工作，也就是掌握知识来完成。

经验丰富的教师教学生时善于将记忆过程融入理解过程中，深入思考事实、物体、现象。例如，学生需要记住俄语硬音符号的书写规则。教师借助于大量事实的分析，也就是分析含有硬音符号的词语，解释这些词语的拼写法，引导学生记住规则，有意识地运用这一规则。实际上，通过越来越多的事实分析，学生已经反复理解了这个规则。他们逐渐懂得了，他们是在使用概括性原理。这一原理在很多词语中的运用，因此被视为是规则。学生因为多次的揣摩练习，逐渐记住了这条规则。

在经验丰富教师的课堂上，学生不需要专门死记硬背就可以记住规则、结论，他们在理解事实的同时，也逐渐记住了概括的过程。理解和记忆过程结合得越好，那么有意识获取的知识就越多，学生就越善于在实践中运用知识。学生在实践工作中运用知识的能力与他如何记住知识的方式有关。如果学生没有经过思考，分析事实、现象而去死记硬背知识，他们自然也就不会运用知识。

这是教育过程中非常重要的规律性。多年经验使我明白，如果学生在小学阶段通过理解事实、现象和事件，掌握了抽象的定理，那么他就拥有了思维活动的一个很重要的特点——善于抓住一系列相互关联的东西，物体、事实、状态、现象、事件，换言之，他善于理解因果、功能、时间及其他联系。大量事实使我明白了，学生能否理解代数题（尤其在四年级到五年级）的条件，与学生能否理解抽象的概括有关。如果没有理解大量的事实，只死记硬背抽象的概括，他们就不会理解习题，不会在思考时抓住数量之间的依存关系。相反，如果学生深入理解事实，那么他们通过思维活动就能记住抽象的定理。如果他们没有死记硬背却记住了抽象的定理，那么他们在数学习题中就能看到数量之间的依存关系，而非数字组合。他们在审读和理解习题的条件时，先不关注数字，而是大致的解题条件，不做具体的算术运算。

大量的事实和学生们的经历使我明白了学生们在算术方面（紧接着就是代数）跟不上进度，这就是我们提到的思维活动中难以捕捉的缺陷造成的结果。我们讲了很多跨学科之间的联系。每一位教师都清楚，需要在教授的学科中发现与其他学科材料契合点。但跨学科之间的联系不仅体现在这一点上。我深信，最深刻的联系不是体现在实际材料的内容上，而是思维活动的性质上。以科学为基础的学生思维活动带来的结果就是数学帮助学生们掌握历史，而历史促进数学能力的发展。

正如我们所知，很多小学教师和语文教师碰到的最大难点，就是如何教学生做到有意识地掌握语法规则。大部分学生文理不通对于学校来说就是最大的灾难。我知道这样一个事实：学生们在开始学习俄语材料时就没有牢固掌握前缀“раз”“без”“рас”“бес”的拼写法，因此在这个规则上犯了很多错误。教师急于解决这种滞后现象，时不时地让学生做一些与这些规则有关的练习。他先让学生认真复习规则，然后完成练习。似乎这种练习能够带来积极效果，但实际上这种情况并没有出现，在十年级学生作文卷中仍出现了很多错误，比如，“разцветать”“Расбежался”。

出现这种奇怪现象的原因是什么呢？多年的经验让我得出了一个结论：是否善于运用知识的能力与掌握知识过程中是否理解事实密切相关，这种关系在语法学习中尤为突出。初次接触抽象的原理、概括（语法规则）具有决定性意义。不允许学生在初次学习材料时就犯下大量错误，同时又让他熟记规则，正确地阐述规则，这个任务不像起初看起来那样简单。

所以，需要专门讲一讲第一次学习新内容时出现的问题。

14. 如何学习新内容

学生跟不上学习进度，成绩不好的根源之一，就是在第一次学习新内容时没有完全掌握。

知识不断发展，需要长期学习新内容、新材料，而且每次运用知识的过程既是发展知识，也是深化知识。第一次学习新内容是从未知向知道、理解新的事实、现象、性质、特征的本质迈出的一大步。

比如，学生在很多课堂上都能接触到简单乘法公式。经验告诉我们，很多东西都与学生在第一堂课上学习材料时对于公式的理解程度有关。学生对公式的理解与否取决于是否随时准备将这个公式作为获取知识的手段，换言之，关系到紧接着在后面学习的新概念，定律。这也是最重要的规律之一：在学生的意识中模糊不清、肤浅的概念越少，他承担落后的压力就越小，他的思想就越愿意接受第一次学习新内容的过程，在课堂上思维活动的效果就越明显。

第一次学习新内容的课堂应是特别的课堂。也就是说，在课堂上一切都必须清晰明了，学生独立完成的思维活动获得了特殊的意义。教师要尽量在学生第一次学习新内容时，就发现每一个学生通过思维活动获得的效果。在第一次学习新内容时观察“困难”学生的独立学习尤其重要。他们思维迟缓，想象力弱，在理解新内容的本质时需要更多事实，更多时间（提供给他们用于理解的材料经常也与其他同学的不同）。

经验丰富的教师总是尽量在学习新内容的第一堂课上发现学生是如何独立完成任务的。在这样的课堂上学生必须独立完成作业，在这个过程中理解事实，从而掌握抽象定理（这里指自然科学系列的课程，还有语法课）。

理解过程中包含知识运用的元素尤其重要。我们需要针对“困难”学生做一些工作。需要了解他们中的每一个人，发现每一个人的困难点在哪里，针对每一个人都要有专门设定的作业。有时在课堂上需要了解，哪个学生需要完成个性化家庭作业。经验丰富的教师通常会在课堂上给他布置这样的作业。学习困难的学生通过思维活动获得的效果，取决于他在第一次学习新内容的课堂上是如何有规律地、系统地学习新材料的。不能只让他倾听别的同学是怎么回答的，不能只抄写板书。一定要让他独立思考，要耐心、策略性地鼓励他在每一堂课上哪怕是通过思维活动取得一点点进步。

我在教语法时，总是要求学生不能在第一次学习新内容的课堂上和之后完成的书面练习中犯错。或许，这听起来有些不可思议，但这是真理：如果学生在课堂上一个错都不犯，他就掌握了学习内容。如果在课堂上不出现错误，那么在家庭作业中也不会有错误（或者很少错误）。语文教师工作难的一个主要原因就是学生在课堂的书面作业中出错。教师的错误就是他没有提出不允许出错的目标。

如何在实践中做到书写无错，奠定夯实的知识基础。这与很多因素有关，学生阅读的速度是其中之一。为了做到书写正确、无错误，学生应学会快速阅读。还有其他关联性因素，如课程的结构，采取的方法和教学手段。我在准备语法课时，总是预测学生可能在哪个词语中出错，具体是谁有可能出错。对每一个有疑问的字眼都要预先做出解释。

我建议：在第一次学习新内容时不要仅肤浅地记住事实、现象、规律性，不要让学生在第一次学习语法规则时就出错，不要在第一次学习数学定理时错误地做例题、错误地解题等。

15. 如何在课堂教学的一个阶段理解新内容

或许，每一位教师都遇到这样的现象：昨天在课堂上所有同学都理解了规则（定义、规律和公式），也能正确回答问题或举例说明，而今天你发现一半同学已经对学过的知识感到模糊，甚至有人已经忘记了新知识。原来，在完成家庭作业时，很多同学遇到了很大的难题。在上课时并没有发现这些难点。

明白并不意味着知道，明白了也不意味着获得了知识。为了获得扎实的知识，必须理解。

理解意味着什么？意味着学生在思考他掌握了什么，检查他是否正确理解了材料，尝试在实践中运用获取的知识。

我举一个例子。在几何课上学生第一次认识了三角函数。教师给出两个函数关系——正弦和余弦的定义。材料本身并不难，似乎一下子就能明白。但明白并不意味着学生已牢牢掌握了。教师讲完之后，给学生留出时间思考新内容。学生们打开草稿本，画出一个直角三角形，记录教师讲解的内容，复习了正弦和余弦定义，自己举例说明函数关系。这种知识复习好像与初步的最简单知识应用融合在一起。结果在自我检查时，很多学生都不能重复讲解的过程，复述讲解的内容。学生在确认忘记了某个环节之后，开始求助于教科书，但在看教科书之前他首先尽量去回忆一切。

对于最“弱的”、学习成绩很不理想的同学而言，专门理解新材料的阶段非常有必要。经验丰富的教师重点关注那些成绩不好的学生，将他们的注意力放在材料的某些点上，这些点实际上就是因果联系，也就是知识的基础。多年的经验表明，成绩不理想的学生掌握知识不牢固的源头是他们没有看到，也不理解事实、现象、定理、规律的结合，这种结合恰恰是在这些点上产生的因果、功能、时间及其他联系。所以，需要让成绩不理想的学生将注意力放到在这些点上。

比如，我给学生讲解副动词短语。副动词似乎是第二个、次要的谓语，附属于动词所表示的主要谓语，这正是难以捕捉的点。我给出时间让学生去理解，之后我开始吸引成绩不理想学生的注意力，让他用副动词短语造句。他需要理解两个行为是由同一个主语完成，而且其中一个行为是主要的、关键的行为，而另一个行为是附属的、次要的行为。学生边思考现实的行为，边造出句子。

即使在课堂上学习材料的理论性很强，学生总是有可能用实践的机会来更好地掌握材料。在历史和文学课堂上理解新东西常常是指学生在刚讲过的材料中寻找因果、意义的联系。比如，教师讲解 1861 年俄罗斯农民解放，摆脱农奴依附制度的事件。为了理解新材料我提出下列问题：1861 年之前，俄罗斯农业和工业资本主义发展相互之间存在着什么样的联系？这种相互联系在农奴解放之后是否还存在？1861 年之后是什么继续阻碍俄罗斯资本主义的发展？1861 年改革之后，在农业中封建残余存在的原因都有哪些？讲完之后，将这些问题写在一张大纸上，悬挂在黑板上。我坚信，课堂上最紧张、最有趣的环节开始了。学生们记起了之前学过章节中的材料，苦心研究过的教科书（而且，在人文科学课堂上教科书首先是用于理解新材料的），我认为复习之前学过的材料，不需要通读全部内容。这样的复习是最有效的，也是必要的、有益的，因为从本质而言复习就是思考的过程。

所以，别怕在每一次的课堂上抽出尽量多时间掌握新材料。在理解知识的过程中思维活动的效果越明显，学生用于完成家庭作业所需的时间就越少，在下一次课上用于检查家庭作业所用的时间就越少，用于讲解新材料的时间就越多。你们要明白这种因果关系的本质，这样就能打破魔力圈：学习新内容的时间之所以不够，是因为时间都用来检查家庭作业；而检查家庭作业需要很多时间，是因为学生还没有很好地掌握新材料。

16. 如何使检查家庭作业变为有效的思维活动

在检查家庭作业时遇到的糟糕情况多年来一直困扰着我，因为白白浪费了时间。我们每一个教师都见到过这样的场景：被叫到的学生刚开始回答问题，其他学生便开始忙自己的事情，这时只有那个被叫到的同学在思考着如何作答。这种现象无法使我平静，如何在检查作业时让所有同学都思考教师提出的问题？如何使教师有可能检查全班的作业？

草稿本这时发挥作用了。在几何课上，全班都做好了检查作业的准备。教师给全班布置任务：算出圆面积公式，出一道与圆面积有关的习题，解出这道题。教师简要介绍全等圆形的特征，所有学生都将习题记在草稿本上。笔记本代替了黑板，暂时不需要叫学生到黑板前。教师认真观察，每一个学生是如何完成习题的。如果教师需要确认某个学生对推算出公式的理解程度，则可以建议学生解释一下：他做了什么题？目的是什么？如何做？而且没有必要把学生叫到黑板前。每一个学生都在做作业，就好像全部被叫到黑板跟前一样。教师随时在某个完成作业环节叫停全班或者部分同学完成作业的行为。

这种作业形式的优势是学生不需要出声复述他知道的一切，教师却可以检查作业。教师有可能大致了解学生对于知识掌握的情况，而且每个学生都在独立完成作业。还有两点很重要：第一，检查知识就是积极运用知识；第二，教师有可能仔细观察成绩不理想学生的作业，考虑他们的个人能力和潜力。

我们学校检查三年级至十年级家庭作业时，要求所有学生都使用草稿本。如果不这样做，我们无法想象要如何检查作业。经验表明，这样的检查方式不仅教会学生简明扼要地表达思想，而且还可以防止死记硬背。一个死记硬背的学生永远都不可能简明扼要地回答问题，说出主要内容。我们以这种检查作业的方式教会学生在阅读、学习的同时去思考。

如果用以新事实为基础的概括验证已知的概括（规则、公式、规律、结论），那么在检查作业时探索活动的有效性会大大增强。在低年级阶段，我们通常不会在刚上课时拿出专门时间检查作业，而是将检查知识点与深入、发展、运用这些知识点结合在一起。比如，教师需要检查，学生是否掌握了句子的主要成分、次要成分、主语和谓语之间、主要成分和次要成分之间的语法联系这些定义。学生们打开草稿本，教师布置实践性的练习：造六个句子，其中词语 дорога 是第一格和其他间接格形式，确定主要成分和次要成分之间的语法联系。对于那些快速完成作业的同学而言，还有一个作业：造三个分别带有一个、两个、三个同类谓语的句子。学生们在完成这项实践作业时，不仅运用了，而且更深入地理解了这些知识。

不要让给学生打分作为检查作业的唯一目的。尽可能经常将评价知识掌握程度与其他目的——首先与对知识的新理解、发展、深入结合在一起。教师不要走极端，对每一个答案、每一份书面作业都要给出评价，这将带来负面效果，为什么是这样，需要专门解释。

17. 如何进行有分量的评价

不能让对知识掌握的评价作为某种独立的内容脱离教育过程。只有当师生关系建立在相互信任和相互友爱基础上时，评价才能成为促使思维活跃起来的因素。教师可以将评价视为一种最微妙的教育工具，根据学生如何对待教师给出的分数，准确无误地判断他对教师的态度、信任度和尊重的程度。我想根据对知识掌握的评价给出一些建议。

第一，即使评价很低，但每一个评价都要有分量。在漫长的教学生涯中我几乎教过了中学教学计划中的所有课程（除了绘图），但从来没有对学生在一堂课的作答给出评价（即使两个、三个或者更多问题的解答）。但我总是对学生在某个时期的作业进行评价，而且是评价几种作业类型，如回答问题（或许有几次作答）、补充其他同学的回答内容、书面作业（少量的）、课外阅读及实践形式的作业。我会定期研究学生的知识状况，学生也能感觉到这一点。到了一定阶段，我对他说："现在，我需要给你打分了。"下一个学习知识的阶段已经开始，学生很清楚任何不足都逃不过我的眼睛。某个读者可能会有疑问：难道你都记在脑子里了吗？可能有些人很难记住与学生思维活动相关的一切，但我认为这是最重要的。难道可以在边教学边培养、边培养边教学过程中忘记某种值得重视的东西吗？

第二，如果学生由于某些条件、情况的限制没能掌握知识，我从不给这样的学生不及格分数。这样容易让学生有挫败感，认为自己没有天分。没有比这种情况更让学生感到压抑的事情。失落、抑郁这类情感会影响学生的思维活动，他的大脑因此而变迟钝。只有乐观愉快的情感才是供给思想河流水源的潺潺小溪。无乐趣、抑郁导致控制情感冲动、思想情感色彩的大脑皮层中枢神经不再激发智慧去创作，会禁锢智慧。我总是争取让学生要相信自己的力量。如果学生想了解知识，但又没能做到，这时应当去帮助他哪怕是向前迈出一小步都行。这一步会成为思想情感的动力，获得知识的快乐根源。

任何时候都不要急于给出不及格分数。请记住，成绩带来的喜悦是巨大的情感力量，决定了学生洗心革面的愿望。教师应去多关心一下，让学生的内在力量永不枯竭。如果这种内在力量消失，任何教育招法都无济于事。

第三，如果你发现学生的知识很模糊，他们对学习过的知识和现象的认识还有不清之处，那么一般情形下不要给出任何评价。我在每一个年级都会对这样的学生进行细致的研究，仅凭眼神我就知道他是否理解了我给他提出的问题。如果这个学生的眼神告诉我他还没有做好回答问题的准备，我一般不去评价他的知识水平。而是从开始就让学生掌握知识。

第四，应当避免要求学生完全准确重复教师讲过的内容或者背诵来自书本上的答案。在教育过程中有一个非常有趣的现象，我称为知识的转换，指的是思想逐渐深入到知识中。结果是学生每一次回顾之前所学的知识时，都会在事实、现象、规律中发现某种新的东西。他会研究、分析这些事实、现象、规律中的某些新角度、特点、特色。知识转换应是复习的基础。关于这一点我想给出单独的建议。

18. 如何正确地组织复习

国民教育学认为，复习是学习之母。但“慈母”常常也可能变成凶狠的“后娘”。当学生在一天或者几天内必须完成几个星期或者几个月才能完成的事情，如复习 10 节、20 节课的内容，甚至更多课的资料，就会出现这种情形。大量事实和结论铺天盖地地压到学生身上，他们的大脑开始混乱，因为复习一科资料的同时还需学习其他科目。学生因此身心俱疲，不可能正常完成思维活动。

如何从教育学角度正确地组织复习？首先，我建议考虑科目和具体材料的特点。我们认为，九年级学生复习几节物理或者几节历史根本不可同日而语。

有经验的教师在让学生复习物理、代数、几何、化学这些科目的规则、规律、公式、结论时，首先要以完成实践性的习题为基础，包括练习、各种任务、绘图、流程图等。这时教师需要特别重视，为了完成一项实践性作业，学生应当掌握两个或者更多的概括性原理。在完成类似性质的作业中，一个对于智力发展特别需要的知识转化过程发生——概括性原理因为相互联系、相互依赖而被重新认识。学生从之前对于他是未知的新角度看待事实、物体、现象。比如，数学教师为了复习布置了一系列作业，学生通过解答这些习题，在思想上复习几何图形、体积、三角函数。多年经验表明，如果一个概括性原理与另一个有关联，联系、“黏着”在一起，就好像在知识转换中发生了跳跃，两个原理就会被深深地理解。学生在理论概括中发现了他之前没有看到的东西，一个清晰的理论概括使得另一个理论概括更加清晰明了。

我建议复习代数、几何、物理这些科目时，采用我们学校优秀教师在实践工作中采用的综合法。这种复习有多种形式，比如，给每个学生布置作业时要求做几个图形模型，借助于这样的方式复习了一系列重要的公式。或者根据教师布置的作业，学生制作几何图形示意图，从而可以直观地展示几个定理。

另一个例子就是复习文科，如历史、文学。复习在七八堂课上学到的材料意味着要读完40页到50页材料。当然，不能按部就班地对学习材料进行复习。复习如此大量的材料，需要脱离开材料，突出重点，忽略次要点。如果学生在复习时从头读到尾，就会感到有压力，材料的主导思想会被学生忽略，从而降低了教学效果。

教师需要教学生放下材料——忽略细节，关注主要内容。教师可以拿出几堂课时间复习历史、文学主题、章节，展示一下如何不需要通读全部材料也能复习的方式。与课上复习资料相关的知识面越宽，对材料的掌握就越深刻。

教自己的学生，尤其高年级学生，教师要学会放弃次要内容，将精力放在主要内容上。这种能力就是世界观形成的基础之一。

还有一种复习类型。我在讲授数学、物理、化学、生物学时总是坚持在我看来最重要的要求：学生在每一科的笔记本上专门画出的页边上用红笔记录需要永远记住的内容。学生一边看着笔记本（数学、物理——一周一次，化学——两周一次，生物——三周一次），一边复习这些规则、公式、规律及其他概念。

19. 如何缩减批改作业的时间

“批改作业本占去了我所有空余时间。”这是一位教师在信中写的话。或许有成千上万个教师赞同这个说法。面对一摞需要批改的作业本，没有一个教师不感到心颤。它不仅因为是需要花费很多小时的一项劳动，而且还是一项单调、没有创造性的劳动，令人压抑。

教师和教育工作者的想法就是最大化缩减批改作业的时间，但无济于事。为什么？因为在学生的作业中总是有大量的错误。批改作业是学校面临的问题之一，而解决这个问题牵涉数百个条件和前提。这里不可能有一个通用的建议，“就这样做吧”，但如果在全校，整个教育界在工作中都遵守一定的条件，那么还是可以将批改作业的时间约缩减到平时用时的三分之二。

首先在校园里要有高度准确的言语文化及对言语高度敏感的氛围：不仅对教师，还要对学生。说错或者写错都是一种不和谐现象，就像一个拥有乐感的人面对唱歌跑调的现象一样。我建议低年级阶段的教师：培养学生体会言语情感色彩。对于学生而言，每一个词语都是美妙的音乐。形象地说，学生应当是言语的音乐家，应当珍惜言语的正确、纯洁和美丽。你们把学生们带到大自然中，向他们展示色彩、声音、动作的细微特征，向他们展示人类的劳动就是创造，要让这一切体现在言语和言语的特点中。

我们有专门学习词汇的课程，讲解霞光、傍晚、草原、田野、潺潺流水、闪烁、轰鸣……我们要求学生用每一个词汇写一篇作文。词汇沁入学生的内心生活，他们学习用词汇表示最细腻的情感，表达周围世界给他们留下的印象。这是一门不简单的，甚至可能是最复杂的学校科目。这门科目的基础在小学阶段已经形成。如果在那个时候漏掉了，永远都补不回来。

引导你们的学生将书本和思想转换为行动，行动化为思想和言语。活动应转换为学生自己的思想，而自己的思想应当用言语表达出来。实际上可以归结为如下内容：尽可能经常让学生把自己的活动变为思维、判断的对象。让你们的学生讲述、评判、报告他们是如何亲手完成了任务，汇报他们观察到的东西。当这些词汇与他们所做、所见、所察、所想没有关系时，他们的语言就会混乱。教师应当给学生布置一些需要阐述、汇报、陈述的作业，要求他们将已有的知识运用起来，也就是把词汇作为创作的手段。

为什么学生会犯错误？为什么书写不正确？我认为，不幸的根源就在于能力与知识之间的比例失调。在多数学科中，尤其语法、文学阅读、数学的学习体系中能力落后于知识。当服务于知识的能力处于弱势时，知识就变得不堪重负。

减轻批改作业的工作与教学的一系列根本问题有关，但减轻负担需要一些前提条件。第一，在每一堂语法课上抽出时间，让学生记录和记忆可能出现语法错误的词汇。第二，认真、仔细地做好完成家庭作业的准备，避免出错。第三，应当说，经验丰富的语言、文学、数学、物理教师都有自己批改作业的方法。经验表明，最合理的方法就是定期抽查——教师时不时地抽查几个学生的作业本，只有测验时，他才全面批改。

20. 如何在课程中开展探索活动

经验丰富的教师在给学生上课时，就已经确定了学生在整个课程学习期间（在小学阶段是整个教学周期）开展探索活动的内容。目的不仅是培养学生生活和劳动必需的实践能力，还要促进学生积极参与课程体系的学习。探索活动首先是指智力的培养，思维和语言的发展。我们已经说过，学生的探索活动在很大程度上取决于他的语言能力、语言在他的精神生活中的作用。

如何组织学生开展探索活动，促进他的智力提升，发展思维能力，提高言语修养，培养他的语言能力？

探索活动就好比一座连接语言与思维的小桥。我在准备小学阶段的课程时，为所有学生确定了探索活动的内容，能够鲜明地体现和理清事实、事物、现象、劳动过程之间的关系、相互联系。换言之，我努力通过劳动激发学生的思维，不仅仅使学生巩固了在课堂上学到的知识，在学习课程时开展的活动不仅是解释知识（这也是必要的），还是新原理、新发现、新规律的源泉。比如，每个学生在几年的学习期间种植一棵果树。这时，他有了越来越多的新“发现”，新的想法令他激动不已，要把这些新想法表达出来。词语成为一种手段、工具，表达他在劳动中发现的各种关系及相互联系。词语成为活跃词汇，促进了情感和思维的发展。

成百上千的例子使我明白了，如果学生对趣味性十足的活动感兴趣，他的思维不可能混乱，语言不可能循规蹈矩，因为学生通过这样的活动发现了越来越新的关系和相互联系。学生不仅在活动，而且还在思考和分析因果联系，确定未来的工作计划。几年过去了，我越来越清楚，探索活动能够清晰地表现思维，发展言语，提高学生的一般修养。应当说，探索活动需要从学校学习的第一天开始，周密安排，只有在这样的条件下，探索活动才能在智力发展中发挥应有的作用。

每一位初中和高中教师在备课时都为学生拟定了能够培养学生的智商、掌握丰富概念和规律的探索活动。我无数次强调，如果人没有与自然之间的相互作用，不可能有智力的发展，就好像没有旋律不可能有音乐，没有词汇不可能有语言，没有书籍不可能有科学一样。在生物、物理、化学、数学等课程的学习体系中，活动和思维、活动与语言的统一是学校作为思想的发源地赖以存在的基础之一。经验丰富的教师在准备这些课程过程中总是琢磨如何、通过哪项活动表现课程学习体系中思维依据的关系和相互联系。比如，物理教学体系中的主要关系和相互联系主要体现在物质、能量、运动、能量转换、形态变化、现象的相互作用这样的现象和概念中。物理教师尽可能组织一项活动——学生通过这样的活动弄清楚各种概念之间的具体关系。教师给学生布置一个作业，让他制作一个表现一种原理的装置模型。通过这个原理装置模型，机械能转换为电能，电能变为热能。另一个学生也制作了一个模型，其中机械作用导致物态变化。这项劳动不仅是解释知识，还可以说是知识的运用。

我建议教师们：如果你们想让学生成为有思想的人，希望他们通过清晰的解释和说明体现严谨的、清晰的、逻辑缜密的思想，那么就要让他们加入蕴含思想的活动中，在活动中体现知识体系的关系及相互联系。请记住，活动不仅能提高实践能力和技能，还有助于智力和思维的发展，提高言语修养。

21. 如何教学生学会观察、学会发现

应当说，某些学校并没有把教学生学会把观察当作探索活动或智力发展的途径，而只是作为解释某些题目、章节的手段。

观察在智力发展中占据着重要地位，决定着教育工作发展水平的各个方面。学生通过观察汲取知识，观察能够使知识变得活跃，可以说，观察使知识不断被利用，成为活动中的工具。如果复习是学习之母，那么观察就是理解和记忆之母。一个爱观察的学生永远都不会是差生或者文理不通的学生。教师善于帮助学生利用之前掌握的知识进行新的观察，使学生的知识越沉淀就越扎实。

学生在小学阶段就要学会观察，就像植物需要阳光、空气和水一样。观察是获取智慧能量的最重要源泉。学生越是需要理解和记忆，就越需要在周围世界中、在活动中发现各种关系和它们之间的相互联系。我在教小

学生时，总要求他们在平常中发现不寻常，寻找和揭示因果联系，回答出为什么是这样。

……二月，天寒地冻，在一个阳光明媚的天气我们来到被大雪覆盖的寂静花园。我对学生们说道："同学们，你们认真观察一下周围。你们是否发现了春天即将到来的迹象？即使一个不认真观察的人，也能发现两三个迹象。如果你们能够认真观察、思考，那就一定会发现 20 个迹象。只要你们仔细倾听大自然的音乐，就能听到春天苏醒的第一个旋律。你们要去看、要去倾听，更要思考。"我发现，所有学生都在认真地观察大雪覆盖的树枝、树皮，倾听着每一种声音。每一个小发现都让他们欣喜若狂。每一位学生都想发现某种新的东西。一周过后，我们再次来到花园。之后，每隔一周我们都要来一次。每一次，学生们孩童般的求知目光都在寻找着某种新东西。一名小学生学会了观察，能够清楚地区分懂与不懂，就会积极有效地使用语言。教师从学会观察和发现的学生那里常常听到充满智慧的、意想不到的"哲学"问题。

教师需要教学生观察和发现周围世界的现象。大自然发生着剧烈变化，生命在苏醒，充满生机的生物内在力量在复苏，巨大生命冲击波积蓄待发，在这样的关键时机，带学生到大自然中去吧。

低龄阶段的学生学会观察是智力发展的必要条件。

22. 如何通过阅读拓展知识

初中和高中年龄段的学生阅读科普和科学书籍，同低龄阶段学生学习观察一样，具有同样的作用。一个善于发现、观察的学生能够很快理解科学书籍中的内容。如果学生不经常阅读科学和科普文献，就不可能对知识感兴趣。如果学生没有超越教科书范围，就更不可能对知识产生浓厚的探索兴趣。

科学发展日新月异，但中学教学大纲常常不可能包括那些随时更新的概念、规律。所以，在当代的学校里阅读科学文献应成为教学过程最重要的组成部分之一。

我们要善于激发学生阅读科学文献的兴趣。为此，我们在讲解大纲内的新材料时，需要利用大纲外的知识闪光点阐释某些问题。经验丰富的生物、物理、化学、数学教师在讲解课程内容时，好像打开了一扇通往浩瀚科学世界的窗户，但有些东西常常无法解释清楚。这时学生需要超越必修教学大纲材料，希望遨游在无边无际的知识海洋里，这样的愿景令他们心潮澎湃。这就是阅读的动力——青少年们都渴望了解知识。

无论在学校图书馆，还是在教师的私人藏书中，都要有能够拓展大纲知识的书籍。这样的书出版了很多，至今还在出版。阅读与现代科学前沿问题有关的科学和科普文献非常重要，因为阅读这些书籍能够使学生加深理解在学校学的最基础知识。

阅读书籍对拓展大纲中最难部分的知识具有重要意义，因为这部分知识影响其他部分知识的掌握。经验丰富的教师总是尽量让学生在学习这部分之前，先阅读科普文献，或者同步进行，或者紧随其后。学生还没学习量子理论的最基本概念，就已经在阅读这个方面的书籍，尽管他们对很多东西还不明白，但这没有什么可怕的。学生的问题越多，表明他对在课堂上，在学习新材料过程中学到的知识越感兴趣。这通常是教学中最有趣的问题。这就是在课堂上学习材料之前，先积累问题的过程。

23. 如何通过阅读培养“学习困难”学生智力

“学习困难”学生指那些难以领会、理解、记住所学材料的学生：他们还没有学会一个内容，下一个内容又接踵而至。他们学会了一个内容，却又忘记了另一个内容。有的教师认为可以减轻这些学生的学习任务，最大限度地缩小思维活动的范围（有时教师会对学习成绩跟不上的学生说，“就读课本吧，不要再读其他书了”）。这完全是一种错误的观点。学生学习越吃力，在思维活动中遇到的困难越多，就越需要多读书，就像感光度弱的胶片需要更长曝光时间一样，学习成绩弱的学生需要更闪亮、更长时间的科学知识之光照耀。不是补课，不是无休止地“向上拽”，而是要他们去阅读，阅读，再阅读，这在“学习困难”学生的思维活动中起着决定性作用。

基洛夫州巴格丹诺夫中学的一位优秀的数学教师、乌克兰共和国功勋教师伊·古·特卡琴科认为，根本没有学习成绩跟不上的学生。他的创造性工作的突出特点就是利用我们谈到的方法，合理地组织阅读，即发展智力的阅读。伊凡·古列维奇带过五年级到十年级，因为他拥有一个藏书几百册、妙不可言的图书馆。在他教过每个年级的学生中，从来没有出现过个别学习成绩跟不上的。按照他的观点，书籍以鲜明、有趣的形式讲述了世界上最迷人的科学、数学。例如，学生们在开始学习方程式之前，已经阅读了数十页关于方程式的内容——这都是一些故事，讲述了方程式在难解的民间智力游戏中是如何建立的。

问题的关键不仅仅在于阅读能够让学生摆脱成绩不理想的状态，阅读还促使智力发展。“学习困难”学生读书越多，思想就越清晰，智力就越活跃。

学习成绩不理想的学生如何专门精心思考、有预见性地、系统地阅读科普文献，是教师面临的重要任务之一。实际上，在学校生活实践中，这就是被称为以个性化方式对待学习成绩不理想学生的主要工作内容。

24. 如何避免学生在能力和知识之间出现失衡

能力与知识之间失衡的实质就是学生还不具备掌握知识的工具，而他的教师却不断地将越来越新的知识教给他。“学吧，别溜号。”这样的学生与没有牙齿的人一样，不得不吞掉没有咀嚼的食物。他感到身体不舒服了，接着就病了，什么都不能吃……

我在前文中讲过，很多学生不能做到真正掌握知识，因为他们不会快速、有意识地阅读，不会边读边思考，这是最可悲的失衡现象。快速和有意识阅读的能力——表情朗读、默读——不仅是获取简单的知识，还是在课上和独立阅读书籍时真正从逻辑角度思考的重要条件之一。

不会快速和有意识阅读的人，就不能有效掌握知识。快速、有意识地阅读，意味着用眼睛去看，通过思考领会句子的一部分或者完整句子。当他的眼睛离开书时，就能脱口说出记住的内容。同时，不仅需要思考读过的东西，而且还要考虑到与阅读材料相关的图片、形象、概念、事实、现象。

学生的阅读水平在小学阶段就应达到极高的程度，否则他就不可能有意识地去掌握知识。而且如果学生没有快速阅读的能力就急于掌握知识，他的智力水准就会降低，导致思维错乱，说话没有关联性、断断续续、没有内容。你们大概见过一些五、六年级的学生，就像人们常说的，他们连说一句话都说不完整。我逐句逐字记录了这些学生的言语，进行分析。我发现，他们的言语就好像由脱离语境的单个词语构成的，之间没有任何联系。这样的学生通常无法用言语表达部分概念，他的言语因此含糊不清，无法理解。经过多年研究这些可悲的事实，我得出了结论：意识里的不清晰（我这样称谓这个缺点）是因为不会快速、有意识地阅读，不会边读边思考。学生没有理解很多词语的原因很简单，他们来不及认真阅读，弄清楚词语的发音，所以无法在意识中将这些词语与相关的概念联系在一起。学生不会快速、有意识地阅读，也就来不及思考。如果学生阅读时不深思细想，不动脑子，那他的智力就会衰退。

如何做到快速、有意识地阅读，使学生快速通过视觉和思维理解在意义上相关的整组词语？为此，教师必须对学生进行系统的训练。在教学生时，我是这样检查阅读速度和用心程度的。比如，学生第一次阅读关于原始人生活的童话或者故事，我在黑板上放一副原始人生活的绘画：有炉灶、做饭和钓鱼的场景，还有戏耍的儿童以及为穿衣而发愁的大人。如果学生（指的是三年级学生）在大声朗读故事时，眼睛一直盯着书，就是为了在读完后仔细研究这幅画，记住故事中没有提到的细节——这就意味着他还不会阅读。在阅读时目光一刻都不能离开书本，并不是阅读。一个学生在阅读过程中无法理解任何东西，实际上就是不会边读边思考——这不可能是用心在阅读。

学生在学习的某一阶段应当掌握一种快速书写的能力，能够达到边写边思考的程度。如果他没有这种能力，也会导致失衡现象。只有通过一定量的训练，学生才能达到这样的书写速度。当书写过程达到自动化的程度，学生不需要去想如何把字母变成词语，需要写哪些字母，而只需关注书写的内容。学生在经历足够多训练之后，到了四年级可以达到这种程度。但书写的自动化程度与阅读有关。如果学生阅读很差，那么他的书写也会出错。教师可以按照如下教学法，做一些有助于快速和有意识书写的练习（前提是学生阅读能力很强）。教师给学生们讲解大自然的某个现象、事件、过程时，他在讲解中清晰地区分出有每个逻辑联系的组成部分，每一部分都有主要内容和与主要内容相关的各种细节、详情。学生们按照教师讲解材料的顺序记住主要内容。如果学生不会同时听课和记录讲解内容（上课、解释），就不可能掌握知识。在很多情形下，落后现象正说明了学生缺少这种基本的，同时又是复杂的能力。

这种能力的作用不仅限于实际运用。这种能力是智力发展的必要条件。没有同时听、写、思考的能力（就像不能边阅读边思考一样），就不可有知识的拓展。

有效掌握知识在很大程度上与一种很重要的能力有关，即选择、分类、分析事实的能力。当学生思维被教师讲解（解释、上课）的事实禁锢住时，失衡现象就出现了。所以，承担自然科学、语法课程并且教学经验丰富的教师应避免知识和能力之间的失衡。这种失衡的结果就是知识在学生的大脑中变成僵死的负担，得不到发展，因为这些知识得不到转化，没有新的事实充实进来，无法用于解释新事实，出现了被我称为知识固化的现象。如果知识处于这样的状态下，便出现了一种初看上去有些奇怪的现象。比如，学生学会了表示四种物质状态的概念，但在生活中他并没有注意到诸多可以从之前未知的新角度来解释整个概念的现象。所以，在测验知识时，学生碰到了物质从固体状态转为气态的事实，面对这种在生活中随处可见的事实他却不知所措，无法弄清楚和解释它们的本质。

为了学会在生活实践中有意识地使用概括，学生必须独立搜集大量的事实，然后理解、分类、对比、分析这些事实。收集和整理这些事实本身就是知识的一种状态，是有意识地从课堂上获得的知识体系中选择所需要的规律、特点和定义的状态。将知识变为这种状态非常重要！多年的从教经验使我懂得了搜集和整理事实是一种独特的能力，知识因此不断得到拓展。这种拓展独具特色：学生不仅关注他们身边的事实，而且还要分析自身的各种想法。他在搜集和整理事实时，就已经踏上理性的自我培养之路。

在我看来，课程体系中的事实特点是教学法面临的重要问题之一，同时也是普通教育需要解决的问题。形象地说，这些事实犹如托举思维羽翼的空气，由于它的存在，我们可以在这些事实基础上去分析大纲，认真思考，甄选出用于课堂讲解的部分事实。余下部分事实要学生自己去收集和整理，但教师要为学生搜集事实的过程提供方法上的指导，要引导学生去思考事实。

25. 如何发现兴趣的秘密

每一位教师都希望学生在课堂上乐于学习。但教师如何上课才使学生感兴趣？是否每一堂课都很能吸引人？兴趣的根源在哪儿？

学生上课时兴趣盎然，这意味着学生在学习和思考的同时，还有情绪的起伏、情感的迸发。他们面对真理表现出了诧异和惊讶，意识和感觉到智慧的力量，体验到因创造而带来的喜悦，他们为人的伟大智慧和意志力倍感自豪。

认识本身就是神奇、优美、发现奇迹的过程，能够唤起积极的、经久不衰的兴趣。浓厚的兴趣源于事物的本质、事物之间的关系和相互联系、事物的运动和变化，源于人的思想、人创作的一切东西。在一些情形下，这种源泉犹如潺潺小溪在我们面前流淌。当你走近观察，你就会发现神秘大自然的美妙风景。在另一些情形下，兴趣的源泉隐藏在深处，需要费劲去找，然后挖掘出来。“寻找”“挖掘”事物及其因果联系的本质，这个过程本身就是兴趣的源泉。

如果你们只寄希望于表面的、可见的因素，并以此激发学生们学习和上课的兴趣，那么你们永远都无法培养出真正勤于探索的学生。要让学生自己去发现兴趣的源泉，在发现过程中感受自身的付出与成就感，这个过程本身就是兴趣最重要的源泉之一。没有积极的思维活动，无论是学生的兴趣，还是他们的注意力都无从谈起。

学生对知识感兴趣的第一个源泉、第一颗闪耀的光点就在于教师如何处理在课堂上讲解的材料，如何处理需要分析的事实。正是因为学生认识到事实和现象之间的密切关系，认识到将这些事实和现象联系在一起的线索，学生才愿意了解真理。我在备课时，总是尽量思考和理解这些联系和线索，正是因为各种思想交汇在一起，学生才能在认识周围世界的真理和规律中发现某种新的、意外的东西。例如，在下一节课我们将学习植物的根部系统，以及它在生命过程中的作用。学生们无数次见到过植物的根部，好像他们在材料中没能找到感兴趣的东西。但是，兴趣就在于认识隐蔽的、第一眼发现不了的东西。我给同学讲解了纤细的根毛是如何从土壤中汲取植物需要的物质。我让他们关注事实之间的联系——这就是生命在土壤中一刻都没有停止运动，无论是夏天，还是秋天，这样的运动都从没有停止过。数十亿的微生物都好像在为密密麻麻的根毛提供营养，如果没有这种复杂的生命就不可能有树木。我对学生们说：“同学们，你们仔细观察一下土壤中复杂生命的活动，我们一起仔细想想，这种生命是如何依赖来自周围环境的物质的？这就是生物与非生物之间的相互作用。”非生物如何成为生物的建筑材料，这正是事实之间的相互联系。我通过给学生们解释这种联系，让他们看到这种联系，为他们揭示了某种新的东西，激发了他们对大自然奥秘的好奇感。学生越是被这种情感控制，他们就越想了解、理解、弄懂更多的东西。

兴趣的源泉就在于运用知识，在于体验理智凌驾于事实和现象之上的乐趣。在人的内心深处感觉自己是发现者、研究者和探索者，这是一种根深蒂固的需求。在儿童的内心世界中这种需求尤其强烈。但如果我们不给这种需求提供养分，也就是学生们不去积极了解事实和现象，体验认识带来的喜悦，那么他们的这种需求就会消失，对知识的兴趣也随之消失。我认为教育的重要任务就是经常支持、强化学生成为发现者的愿望，用专门的教学手段来实现他的这一愿望。在课堂上，我鼓励学生让他们对土壤中不能直接观察到的过程产生兴趣。下课后，我们来到田野，就是为了专门观察土壤的剖面。学生们惊讶地看到一棵小小的禾本植物，它的根竟然有两米长。对于他们来说，这就是真正的发现。但他们只是刚刚踏上发现者、探索者之路。我给同学们展示了在草地和草原上生长的几种植物的根部。我们将这些甚至连根茎都没有，或是已经完全干枯、死亡的草根和树根种到土壤中，它们复活了，发出嫩芽，变成了一片绿草。葡萄藤的根也长出来，冒出了嫩芽。

学生们因此而兴奋不已，他们的思维变得活跃起来。他们经历着人所具有的，任何情感都无法与之相比拟的自豪感，因为我们掌控着事实和现象，知识在我们的手中变成一股力量。我们感受到了使人变高尚的知识力量，很难找到比这种感觉更强烈的，能够激发求知欲的因素。不要让学生在掌握知识的过程中痛苦不堪，不要让他们对什么都有一种倦怠和冷漠的态度。你们要让他们全身心都充满了快乐，这一点有多么重要。当学生直接参与研究，发现某种现象，当学生抓住了具体事实和现象，在学生的内心知识掌控者的感觉表现得更加强烈。当然，纯粹的思维活动，也就是概括性的、系统性的智力活动，也可以带来快乐。

一个学生如果博览群书，那么他在课堂上学到的任何新概念、现象，就会与他从书中汲取的知识体系融为一体，这时他在课堂上得到的科学知识就有了特殊的吸引力，这些被理解为是一种必不可少的知识，有助于解释“脑海中已经存在”的东西。

26. 如何赢取学生的思想和心灵

在一个优秀数学家任教的学校里数学成为一门受学生喜欢，最有趣的课程，很多学生非凡的数学才华充分显露出来。才华横溢的生物学家来到学校任教，你们看，两年后生物学就成了学校里受学生喜爱的课程，涌现出 10 多位才华横溢的年轻生物学者，醉心于植物，喜欢在学校做实验和研究。

在一些学校各门课程的教学成为教师们赢取学生思想和心灵的善意竞赛，这里的智力生活充满了勃勃生机。这种竞赛就是教师们从事创作劳动的环境，表现在每一个教师都在努力鼓励学生对自己教授的课程发生兴趣，唤起学生对课程的热情。你们可以想象一下，一个开始就读于四年级的学生融入了一个集体中。在这个集体中所有教师都才华横溢，或者至少都是一些热爱自己所教课程的人们，他们中的每一个人都善于点燃对自己那门最有趣科学的爱之火。在这样的条件下，每一个学生的天分一定能够得到展现，形成一种爱好、能力、志向和才华。

我们涉足于教育过程的最有趣领域，在很多学校的实践教学中这个领域还是一片未开垦的处女地。形象地说，如果每一个学生都能在科学基础的和谐重奏中发现喜爱的乐器和心仪的旋律，那么我坚信，学习中的教育力量一定能够得到体现。如果学生没有喜欢的一门课程，不迷恋某个的科学知识领域，他就不可能有精神的充实感和丰富的个人精神生活。

请你们将自己的事业视为一种荣誉，让学生觉得你们讲授的课程最有趣。你们给学生讲解科学的基础，让尽可能多的同学将在科学领域的创造视为一种幸福。你们要赢取学生的思想和心灵，与自己的同事们，也就是讲授其他课程的教师们展开一场竞赛。比如，你们给八年级到十年级的 200 个学生上物理课。他们都是你们的学生。但你们还应有另一个概念——我的学生。你们应当有 10 个，或者更多（或许少一点，5～6 个学生，常常这样，这里没有什么可指责的）永远献身于物理学的学生。他们是坚定地将自己的生活与技术领域、科学思想相结合的年轻人。除此之外，你们还要吸引一二十个学生，他们对物理学的兴趣，如俗话所说，只是刚刚“破壳而出”。他们中的一部分人在将来一定会喜欢上你们讲授的课程，另一部分人可能在其他知识领域发现自己的金矿。在培养生活目标过程中，没有比确定志向更复杂的东西了。你们教 200 个学生。你们在学校将最简单的物理课程基础知识传授给他们，只是你们工作的一方面。请你们不要忘记，在你们的内心还有教育创作的另一方面，这就是关心那些热爱物理这门科学的学生，使他们有志于学习物理——技术、机器、机械、科学知识，但他们在课堂上只能学到物理的基础知识。在学校里他们还应当拥有自己的协会——青少年物理学家协会。

如何做到这一切？这里什么是最重要的？要从哪儿开始？

当然，你们那里有物理办公室，你们每天都在里面工作个把小时，或者读读书，或者“简单地”做一些实验，或者绞尽脑汁地绘图，或者做仪器模型。我告诉你们，我处在你们的位置我会做什么。我将已经喜欢上物理的万尼亚、科里亚、根卡、斯拉瓦、彼得和萨沙请到我的办公室。还有一些八年级，甚至七年级的同学也来了。他们虽然还没彻底喜欢上我教的课程，但我发现，在我给他们讲解反粒子和光子火箭时，他们瞪着大眼睛……他们伸手拿起了一本有趣的核物理学书籍。在我的物理办公室有一个被我称作“思想角”的地方。在墙上挂着一幅版画，是罗丹创作的《思想家》。在柜子里有少量的书籍，都是一些讨论科学与技术最前沿问题的书和小册子。这就是星星之火，吸引青少年超越教学大纲，奔向未知的远方。我还有另一个角落——难题角。这里摆放着儿个模型设计草图，呈现了独具匠心且非同寻常的设计理念。为了将这种理念变成材质为金属和塑料的模型，需要克服巨大的障碍。这里不能容忍懒惰的思想存在。智力的爆发和勇敢是学生留在难题角的主要条件。他们在这里不能做因惊讶而目瞪口呆的旁观者，而要做真正的创造者。我在这里还有一个小型的教育创作实验室——备课角。我在这里专心摆弄着新的教学资料。还有我的助手——高年级学生与我在一起工作，他们帮着我备课。

我向所有热爱物理或者还没有完全喜欢上物理，但眼中透露出热情、兴奋的学生敞开了通往这些角落的大门。

我特别重视思想角。在这里科学知识的熊熊火焰点燃了志向之火花。在这里每一个学生都要相信，思维是一项艰巨、不轻松、极其复杂、有时是备受煎熬的劳动，但却能带来无与伦比的快乐——认识的快乐，还有因意识到自己掌控了知识而带来的精神自豪感，从思想角开始了解科学知识。这里既有供刚刚启程去科学知识海洋畅游的学生阅读的书籍，也有供那些已经决定将科学或者技术、在实验室的工作或者将在工业企业复杂机床边工作作为自己专业的学生阅读的书籍。我十分关心那些头发蓬乱的学生，他们在我讲课时眼睛里充满了求知欲，他们总是有无数的“为什么”要问我。他们一定要到我的思想角。我知道每个人的梦想是什么，我为每个人都在书架上摆上几本小书。

很多天生聪颖的青少年只有亲手参与到创造劳动中①，他们才可能对知识发生兴趣。如果我发现儿童、青少年对机器和机械模型、仪器及各种设备感兴趣，我一定把他送到难题角。

有些学生长期对什么都没有特别的兴趣。如果在学校教师没有为赢取学生的思想和心灵而展开的竞赛，那么他们中的很多人永远都不会对任何课程感兴趣。在学校里对于学习、知识持冷漠态度，找不到自己喜欢课程的青少年越多，教师就越有可能面临没有学生的情形，他们无法将热爱知识之火倾心传递给学生。学生在对待知识时所表现出的冷漠态度是最令人压抑、郁闷的……学生在某科上的落后、成绩不及格并不可怕，可怕的是冷漠的态度。

唤起这些无所谓的、冷漠之人的意识吧！人不可能对什么都不感兴趣。解决智力冷漠的最有效途径就是思维活动。只有通过思维来唤醒思维。面对知识和探索活动冷漠、对什么都漠不关心的学生，每一个教师都应当试用一下自己的智力工具。这里不是指竞赛，准确地说是把人从智力的惰性中拯救出来。我们教育界已经形成一个惯例：我们在心理委员会会议上讨论学生对知识漠不关心、冷漠的情况。我们在思考，在哪里能找到人与自然、与知识相互作用的领域，在这里知识让人变高尚。最主要的一点，就是让人最终发现自己是知识的主宰者，体验主宰原理和规律的感觉。知识使人高尚，意味着做到了思想与人的尊严合二为一。获得这种精神状态的途径就是知识的有效性、积极性。我们发现唤醒冷漠者，将其从智力惰性中拯救出来，就是让学生在某方面表现自己的知识，在智力活动中表现自己及自己的个性。

我连续多年担任五年级至七年级的数学教学工作。我有两个数学小组，

---

① 瓦·阿·苏霍姆林斯基的这个观点与让-雅克卢梭让爱弥儿（《爱弥儿或者论教育》一书中的主人公）的眼睛盯住手指的观点是契合的。（Руссо Ж-Ж. Эмиль или о воспитании. М. 1896. С. 157）

其中一个是面向最有才华、天性聪颖的学生，另一个小组是针对那些对知识无所谓、抱冷漠态度的学生。这则唤醒类似学生意识的文章告诉我们如何赢取学生的思想和心灵。我尽量让同学们在小组学到的知识涉及集体中人与人的关系，从而树立人的尊严。在人还没有感受到自己就是思想家之前，他不可能真正体验到做人的自豪感。如何做到思想和公民的自豪感融合，关于这一点需要专门的建议。

经验丰富的教师，也就是教育工作者，努力做到让喜欢上课的学生了解的知识超出大纲规定内容十倍、二十倍。体验驾驭喜爱的课程知识是一般智力发展最强劲的刺激因素之一。如果学生有喜爱的课程，你们不需要担心他其他课程的学习，他也一定是五分的学生。那些没有喜爱课程的优秀生才是令人担忧的。多年的经验使我明白了，这样的学生是没有个性，体会不到思维活动快乐的人。

27. 如何将思想和公民的尊严融为一体

这也是我们教育工作中一个很敏感的问题。如何使学生因为学习好有自豪感，通过自己的成绩和知识体验到公民的尊严？

我深信，达到这一目标的途径就是使知识、智力的财富成为个性的自我表现形式，教师需要从小学阶段开始实施这方面的培养工作。在培养学生的过程中我力求实现一个原则：每一个学生都应当对集体的智力活动做出自己的贡献。个人的知识、思想、能力都应被看作是一种荣誉、一种自尊感。如果一个学生只知道如何学习，倾听他如何作答，那么这样无论如何也达不到目的。我们教一年级学生时，是这样开始上课的：让他们做一个集体创作簿，名字就叫“朝霞”。我们开始习惯在春天和早夏时节，迎着朝霞来到花园，站在池塘边，迎接太阳的升起。每一个人都有专门的一页（如果愿意的话，2～3 页也行）——画出大自然中喜爱的景色，写出一句话，几个词语就行。“但这些词语一定像一首美妙的歌曲”，我这样对同学们说。当然，每一个小学生都想画出、写出某种美好的东西。一幅漂亮的绘画，一句美妙的话语让每一个学生从中看到了自己的荣誉。至今我还保留着这个作品集。在二年级时，在冬季的暮霭中我们创作故事和童话。每一位同学都要讲述他在生活中的往事，或者他幻想、杜撰出的故事。我很难描述，这些孩子们对创作表现出的巨大兴趣：每一个人都学会了构思、讲述，体验到了精神层面的尊严。

每年，同学之间都要交流思想和精神财富。这个过程决定他们之间的关系。三年级和四年级同学举办“读书会”。同学们讲述着自己读过的书籍，朗读诗歌、文学作品片段。这是一场智力和技艺的独特竞赛。

从五年级开始，我的学生们已经积极担任学前班小朋友和一二年级小同学的智力辅导员。25 个学生负责诗歌创作小组的活动。每一个小组有 5～7 个孩子，五年级同学教他们写描写大自然的小作文，给学弟学妹们朗读自己的作文和诗歌。高年级同学因此而树立尊严。

有些六、七年级时学生已经是一年级至三年级“小小数学家”小组的负责人。学生们解题，发挥想象力编出各种练习题。在五年级至八年级阶段同学们还是各种团体，包括外语学习小组的负责人，教一年级和二年级小同学们学习阅读和讲法语。

每一个七年级至十年级的学生都要在科技会上做报告或者专题报告。我们的每一个学生都将更好地准备这样的报告或者专题报告视为是一件光荣的事情。

所有这些工作形式都是为了让学生将体验知识、智力活动视作一种道德尊严。教师这样教育学生，告诉他们，无知、对阅读漠视的态度是不道德行为。

28. 如何传播知识与参与社会生活

在乡村地区，学校是传播知识与文化的主要阵地。我们的最重要教育任务之一就是让知识的发展和巩固的过程渗透到乡村的社会生活中。教育教学的一个最重要特点就是培养学生参与教育工作。在高年级上课的教师需要培养学生参与到这项对社会有益的活动中。在乡村有 2000 个家庭，划分了 180 个文化中心。文化中心的所在地就是农场员工的宿舍，一些农场员工和工人们经常聚集到这里。三四个高年级的同学到他们这里来，为他们开办阅读课，举办自然科学知识、文学沙龙活动。

共青团员不像给他们带来了知识，似乎更像是在向长辈们汇报。姑娘们和小伙子们不仅要传授自己的知识，而且还要进行科学教育，驳斥反科学的观点。当他们面对周围世界中关于物质和现象的错误观点，有时甚至是迷信、无知时，他们不是简单地否定：“不，不是这样的。”我们教导自己的学生，要用科学道理去说服，去消除有神论和反科学的偏见，绝不容忍一切违反真理的东西。但你们要记住，反科学观和信仰牢牢地扎根于个别人的意识中。为了消除这些观点和信仰，就要有知识和能力，要坚定不移。在大多数情形下，我们的学生能够胜任自己非凡的教育使命。失败更加坚定了他们认识科学的信念，增强对知识的渴望。

学生在给他人传递知识的过程中，自己首先需要弄清楚很多东西，他有很多疑问。他尽力弄懂思想中最敏感的方方面面，隐秘的因果联系。没有比在社会教育工作中利用知识更为积极的使用和发展知识的方式了。学生在确定、坚持和捍卫真理的同时，自身也要对真理坚信不疑，出现了进一步扩大和加深知识的需求。如何使学生愿意学习？如果知识只是留在学生意识中的“珍宝”，如果它们没有道德色彩，学生没有将知识视为是快乐、荣誉、财富、个人尊严，那么这个目标永远都达不到。

29. 如何在一年四季中合理分配学生的学习时间

这个问题很重要，关系学生身体发育和身体健康及全面发展。一年有几个时期组成，每个时期人类机体生命活动力的表现方式都不同。比如，众所周知，春天时，机体防御能力变弱，待秋天时则变强。学校也要考虑到这些周期性的变化，因为我们面对的对象是正在成长发育的机体，正在形成的大脑，外部环境对他们的影响很大。因此，春季的学习、探索活动，尤其对低年级学生应当不同于秋季的安排。

我建议将低年级阶段学生的全年探索活动做如此安排，大约在第三学期的中间（2 月底）基本上结束最重要的语法和算术理论概括的学习。最后一个学期正好赶上春季，探索活动主要应当包括对之前学的知识加深、巩固、系统化。我建议在春天可以强化能力的训练，这对于下一学年的学习非常必要。春天就好像是专门用来进行高强度观察的时期。在春天的时候，需要积累事实，为在下一学年的第一个学期的理论学习打下基础。学生在上面提到的能力和知识之间出现的失衡现象，正好是在春天和秋天创建复杂理论概念所致。

在初中和高中阶段也是如此。我们应当运用各种可能，最大限度地减轻在春天需要完成的探索。由于机体内维生素储备不足，尤其在青少年的机体中更是如此，春天常常视力减弱，出现眼疾，而眼睛在探索活动中起着特别重要的作用。不能像在很多学校那样，将阅读名著文学作品，以及复习时需要重读很多页历史和文学教科书的任务拖到最后一个学期。尤其禁止机械性复习，不能与第一次学习时材料毫无区别，准确地讲，春天应当带给学生更新的教学方法。教师在准备第四学期的课程时，应启动已有的知识，使其进入积极活动的状态。这应是教师使用教学法的主导思想。学生在根据教师给出的问题概括各科材料时，不一定要苦读书本，可以通过综合性的课程去概括大纲中的系列问题，使知识循环起来。考虑到高年级学生的劳累程度，教师要善于采取措施，减轻他们复习的工作。

连续很多年我都在暑期给八年级至九年级的学生留这样的作业：阅读在下一年度需要学习的文学作品。这种做法大大减轻了学生的脑力劳动，降低了压力，避免了第四学期过于紧张的状态。

你们可能会问：在第四学期一定程度上降低脑力劳动的强度，如何才能真正做到？在很多学校学生因为作业多而在唉声叹气。如果加大前三个学期的探索活动的强度，结果会怎样呢？

是的，这是我们教育事业中一个非常尖锐和难解决的问题之一。但我可以大胆地说，普通中等教育大纲不存在负担过重的问题。亲爱的同事们，负担过重表现在我们的实践工作和教学方法中。假如科学地安排教学工作，使学生童年、少年和青春阶段（尤其童年阶段）的所有潜力都被利用和发掘出来，那么普通教学教育机构中的学生可以学好两门外语，而不只是一门，并且在小学阶段就能达到掌握程度。

为了避免在实际工作中出现负担过重的现象，教师需要做什么？就像回答如何避免没有学成、缺乏知识、缺乏教育修养肤浅的学生从学校毕业这个囊括一切的问题一样，回答这个问题也并不容易。预防负担过重，意味着：第一，从儿童三岁、四岁、五岁教师就要开始操心他如何去获得丰富智力背景，在家庭中发展智力。因此，父母需要不断提高其教育修养。第二，在知识和能力之间不允许出现失衡现象，保障学生掌握知识和学习能力的过程。这是学生完成探索最重要的工具。第三，在实践中践行教学心理学，也是教学的最重要理论纲领——没有抽象的学生。当教师在传授深邃的知识时，意味着他要去关注每个学生的思维活动。第四，观照知识的不断发展。让知识运转起来，不要在脑子里成为僵死的重物。第五，学习不能变为无休止地补课，不要没完没了地“拽尾巴”。一句话，不允许负担过重存在。这就意味着去完成上面所说的一切。但有两个重要的条件，与之前提到的很多情形一样，直接与学校所做的工作有关。关于防止负担过重的两个条件，我想给出专门建议。

30. 如何理解学生的智力生活

这是一个与学校工作相关的问题。如果教师只考虑如何强迫学生一直坐在那里读书本，不让他们做其他事情，那么学生的负担过重就不可避免。如果除了上课、教科书、家庭作业、分数之外，学生什么都不想，他的命运并不令人羡慕。不要让你们的学生成书呆子。除了习以为常的学业、观念、兴趣之外，他还应有丰富多彩的智力生活。这里指的是学生的课外阅读，尤其在少年阶段的课外阅读。

如果你们被派去做五年级班主任，或者如俗话所说，辅导员，那么你们的主要任务之一就是创建学生的这种精神需求。为你们的学生编写一份在中学学习阶段阅读的书单，在班级图书角摆上这些书。

如果青少年没有自己喜爱的书籍、喜欢的作家，那么我无法想象他们会得到真正全面发展。我在培养人才，设计他们的个性时，总是努力做到，让学生在小学阶段就有自己的图书馆，在初中和高中阶段图书馆的藏书已经达到100～150册，藏量很可观了。就像音乐家手中不能没有喜爱的乐器一样，爱思考的人必须反复阅读喜爱的书籍。

如何将每一个学生都带入书的海洋，培养他们对书的热爱，把书作为智力生活的指路明灯？这取决于教师，取决于书籍在他的私生活中占据什么样的位置。如果学生能够感觉到教师的思想在不断丰富，如果他确信，教师今天并没有重复昨天讲过的内容，那么阅读一定会成为他的精神需求。

如果教师智力生活滞后、贫乏，那么他身上就出现了被称为不尊重思维成果的特点。这一切清晰地反映在教育活动中。我认识一位教师，他已经厌烦了一切，如他所说，他不想不停重复同样一个内容。学生们从他的话语中体会到呆滞的、僵化的思想。他们用对教师的不敬还报教师对思维成果的不尊敬。但最危险的就是他们与教师一样，根本不想思考。

不能将个性的智力生活视为狭窄的、封闭的小世界。一个人在丰富集体智力生活的同时，也在运用集体的精神财富。我们追求在自己的学校创建很多智力生活蓬勃向上的集体。这首先是与各门课程有关的科学小组：数学科学小组、技术科学小组、化学科学小组、生物科学小组、文学小组、哲学小组。或许，科学这个词语有某种夸张的成分，但却反映了真实情况：青少年踏上了科学思维之路。我们绝不能将这些小组看作是课程的附属物，或者防止学生成绩下滑的手段，这是智力生活的中心。每个小组都饱有求知欲，充满好学的精神。在与课程相关的科学小组课堂上，学生们讲述着他们读过的书（报告、简讯），但这里还有一个使思维具有真正创造性的特点：学生们非常看重给同学们讲述的定理、规律，他们对待这些定理、规律的态度就像珍视通过自己努力获得的财富一样。而且，这些财富凝结着劳动和创造的思想，凝结着未来。

在科学小组课堂上和与课程相关的科学小组沙龙上，也有一些学习跟不上的小男生和小女生们。如果教师认为他们参加小组活动是加重他们负担的话，那么后果不堪设想。因为浓厚的知识趣味性能激发他们去阅读，而阅读对于他们来说又成为学习进步的最重要手段。

31. 如何让学生能够有空余时间，避免学习负担过重的情形

第一眼看上去似乎有些费解：有的学生没有将所有时间都用于学习，而是有大把空余时间，但学习成绩却很好。但这并不是悖论，符合教育过程的逻辑。如果学生的在校日被学校的课程塞得满满的，他没有更多的空余时间去思考与学习无关联的事情，那么学习负担过重、成绩落后现象出现的概率就大。

空余时间的问题不仅是一个最重要的教学问题，还是智力教育、全面发展的问题。就像身体健康需要空气一样，学生也需要有空余时间。学生

需要空余时间，就是为了能够更有效地学习，感受不到经常面对的落后威胁（你们知道，儿童只要一生病，马上就跟不上进度了，这种情况常有）。空余时间是学生丰富精神生活的第一个条件。他们在生活中不仅要学习，还意味着要有成效的学习。

学生的空余时间产生于课堂教学中，聪明而善于思考的教师就是它的缔造者。学生就是教师创造空余时间的第一个助手。学生的知识处于什么状态——变化的、积极的，还是僵死的，在很大程度上取决于学生本人。但还有一个条件决定空余时间的创造——作息制。

凭借多年的经验基础，我首先想告诫一下，在探索活动的作息中哪些事情不允许做。绝对禁止学生在放学后马上连着几小时看书、写作业，少则三四小时，多则五六小时。这种情况常见于高年级阶段。学生午后的时间实际上又被强化型的探索活动占据，与在课堂上一样。为了回答教师提出的问题，学生每天有 10～12 小时都在读书、听课、理解、记忆、背诵、复习。这是他们力所不及的、疲劳的工作，最后摧毁了他们的身体和智力，养成他们对知识的冷漠、无所谓的态度，结果是学生只有学习，没有智力生活。

经验表明，可以这样安排探索活动：下午不看课本，不写作业，学生自主支配空余时间。在这段时间他们可以阅读、参加与课程相关的小组活动，在大自然中放飞自我，观察自然现象和人的劳动。

换言之，下午应当是智力活动时间，可以用于扩大知识面，进行知识转换的时间。你们看到了吧，学生们并不是无所事事，而是在扩大知识面。力争做到让学生在下午做的事情，可以用于全面发展智力，有效地学习。成绩的取得取决于整个教育过程。下午可以是学生阅读的时间，他们从兴趣出发去阅读，从希望了解知识的角度去阅读，而不是必须去死记硬背。

亲爱的同事们，你们可能会问，学生们什么时候完成家庭作业？

早睡早起，清晨，学生去学校之前完成家庭作业，这就是我们多数学生的基本作息时间。多年来，我们一直都在给家长们强调早睡早起的必要性，这是经科学证实的真理。告诉他们睡醒后的 8～10 小时进行探索活动的益处。新一代家长已经成长起来，我们通过家长课堂给他们讲解教育知识。其中儿童脑力劳动的文明和卫生在这些知识中最重要。我们成功地做到了让 90％的儿童、青少年坚持遵守作息制度：小学生 9 点睡觉，初中和高中同学晚上 10 点睡觉，小学生清晨 6 点起床（9 小时），初中和高中生 5 点半起床（7.5 小时）。在简短的建议中我不可能科学地论证这种作息制度合理性。但应当说，在一天结束的时候（夜间 12 点之前），睡眠时间越长，他就越有可能驱除疲劳，就越容易苏醒，人就可能越早进入脑力劳动状态。人从起床到离开家门上学还有2～2.5小时用来准备功课，这就是我们作息制度的核心。但这段时间只是整个培养体系的一个组成部分。多年经验使我们教师们懂得了，高中阶段的学生（初中和小学要少一些）完成所有家庭作业不要超过2～2.5小时，但前提条件就是，学习在丰富多彩精神生活背景下进行的，也就是知识逐渐在各种形式的智慧活动中得以发展。形象地说，有一整套的工具，有能力保障掌握知识的过程顺利完成，每个学生的个性化力量、天赋、才能可以通过喜爱的课程展现出来，因为这一切都是相互关联的。做不到这一点，就不可能借用我讲述的经验。如果没有上面列举的条件，而且只是尝试做到一点——强迫学生早起，在上学前完成家庭作业，那么肯定是一无所获的。（很多学校生活中的诸多事实使我看明白，甚至最宝贵的经验都无法得到利用，因为它被移植到一个不适宜的环境中。比如，如果学生还不会好好地阅读，但教师并没有发现这一点，在教学生写作文时，学生肯定什么都写不出来。）

学生完成家庭作业后，上学去了。上学的路上就是一种休息。接着最紧张的脑力劳动时期开始——上课。上课时学生需要精神高度紧张，但在课间需要有1小时的或者如果可能，2小时的休息时间，改变一下活动的性质（体育课、绘画课、音乐课、劳动课等）。

清晨2.5小时的探索活动比课后连着四五小时死读书本的效率要高很多。但问题不仅仅体现在效率上，还需要顾及学生的健康，思考一下被我称作探索活动昼夜作息制度中的平衡性。为了让昼夜的一部分时间被高强度的探索占满，另一部分时间就要摆脱强化型的脑力劳动。下午是学生的空余时间，应组织一些顾及童年有趣特点的脑探索活动。这都是些什么特点，如何顾及，我们在下一条建议中谈这个问题。

32. 如何教会学生利用空余时间

儿童对于时间流逝的理解完全不同于成年人，任何时候都不要忘记这一点。一个没有考虑到儿童这一特点的教师，他在了解儿童内心的过程中会常常碰壁。儿童在森林里度过了一个阳光明媚的夏日，这对于他来说就是一整年，而在少先队夏令营里待一个月就是一世。不要用硬性规定的计划细则束缚儿童，让他们仔细看，看够为止。或许，给儿童整整1小时，让他们每个人做自己的事情，他们会专心致志。这是儿童的天性所致，没有这一点，儿童就不可能理解和思考。

请你们记住，儿童时时刻刻都能发现某种吸引他、令他的头脑和内心向往的未知新事物。儿童根本没有能力去思考，甚至感受不到时间的流逝。毫不惊奇，他已经被平稳、舒缓，但不可抑制童年河的流向所控制，他忘记了，是的，比如完全忘记了他还需要完成家庭作业……亲爱的同事们，你们不要奇怪，当你们以惊奇的口吻问他作业完成情况时，他会坦率地说："我忘记做了。"当他说这件事时，他并不认为自己错了，好像在说一件令他感到奇怪的、不可思议的神奇事情一般。不要诧异，儿童在课堂上痴迷地看着树影反射到墙上舞动的光影，完全没有听见你们讲课的内容。是的，他没有听见，这确实是这样，因为童年河的流向迷住了他，他对时间的理解与你们完全不一样。不要斥责他，不要当着全班同学面说他不认真听讲，不努力。完全没必要这样。你们要悄悄地走近他，抓住他的手，让他从奇妙的童年独木舟上回来，坐到全班同学乘坐的认知快艇上。还有更重要的一点，你们要时不时地去乘坐一下儿童的童年大船。你们可以与他们在一起，以他们的视角观察一下世界。不要羞于这样做。在学校生活中教师常常不理解，儿童在做什么，为什么做，为什么就是这样做；儿童也不理解教师想要他做什么，因此产生矛盾。请你们相信，如果你们学会做到这一点，这种相互不理解而产生的矛盾就会消失。

我作为一个成年人，被某种有趣的东西吸引，难以放下令我痴迷、给我带来快乐的东西，但在我的潜意识深处有一种念头令我不安：谁也不会代替我完成工作。这个来自潜意识的信号帮助我控制时间。儿童则没有这种控制力，忘记了时间的存在，所以需要教会他们利用空余时间。

如何教？是要求他思考，指出他因痴迷某件事情时忘记了什么，还是预防他去接触有趣事物？

我们不能这样做，不能伤害儿童的天性。教他利用空余时间，这就意味着我们需要找到让有趣、令儿童惊奇的东西，同时这东西又是对他们的智慧、情感、全面发展必不可少。换言之，儿童的时间被各种兴趣爱好占满。这些爱好有助于发展他的思维能力，增长知识和能力，同时又不会破坏童真。给儿童创造空余时间，这并不意味着他们可以随心所欲。自发性可以滋生懒惰、懈怠的习惯。

我们不需要说教（儿童还不理解说教），而是需要组织活动，通过示范和集体活动教会儿童利用空余时间。

33. 如何将每个学生带入兴趣的起点

想一下，你们的每一个学生应当在哪，如何合理地利用空余时间（不是度过，而是利用）。

这里仍然需要回到书籍这个话题。阅读应是兴趣的起点，学校应成为书籍的王国。你们可能在偏远地区工作，你们所在的乡村可能离文化中心有数千千米的距离，学校里缺很多东西，但是如果你们那里有很多书，你们的工作就能达到中心地区的教育文化水平，取得与中心地区一样的效果。不要担心书籍会让学生们分心而影响学习知识。

在一年级至三年级一定要创建（每个班级分别创建）图书角，这里摆放着充满智慧，同时又是学生们感兴趣的书籍。每个学生都要经常光临这个人生中第一个图书馆。我并不建议一年级至三年级学生，至少是一年级至二年级学生从学校图书馆借书——没有人比教师更好地了解学生需要读什么书。学生在某个时间段需要阅读适合自己的书。除了教师，没有人了解这一点。

请你们记住，如果爱好没有触及思维、内心、灵魂，那么这种爱好就不能带来益处。我想强调一点，喜欢读书是第一个爱好，一个人终生都要保持这个爱好。无论你们讲授哪门课程，无论是文学还是历史，物理还是绘图，生物学还是数学，读书都应是兴趣的第一个起点，你们应当带领学生进入这个起点（如果你们想成为教师）。

书也是一所学校，教师需要教会学生遨游在书的世界里。这就是我建议从班级图书角开始读书，然后逐渐教学生利用学校图书馆的原因。你们绝对不能听之任之。你们要与学生一道去学校图书馆，给他们介绍那里的藏书，建议他们借阅哪些书籍阅读。将你们推荐给他们的文学阅读书目交给图书管理员（当然，书目中的书籍都应摆放在图书馆书架上）。

教师应当将学生带入的第二个兴趣起源地就是全身心喜欢的课程。只有当学生在求学时代拥有了最珍贵的财富——自由的时间，才会喜欢上课程，激发思维的积极性。教育界应当深入思考，在下午的时光中，如何使校园更多吸引学生深入了解各种科学领域，让这些炉灶燃烧起来。这不仅仅是之前提到的与课程相关的科学小组。还有从事探索活动，通过这样的活动，理论知识变为创造、解决智力题和实践活动的主要推动力。在我们学校目前设立了两个“难题屋”，作为这种智力兴趣的起源地，其中一个是物理和技术屋，另一个是生物和农艺屋。这里所有的工作都是建立在课余活动基础上的。高年级同学负责管理，从一年级到十年级的学生都可以推门而入。学生们在这里解决各种各样的工艺问题和生物问题。比如，建议学生设计装置的活动模型，将装置的一个部件换成另一个部件，而且可以利用这个设备进行实际操作。在生物学方面提出的任务是：在两年间将一片荒地改成良田，在上面种植庄稼，为有益微生物的生命活动创造条件。

很多东西都取决于学生如何利用空余时间，去培养学生的兴趣吧。

34. 如何教育学生爱劳动

几十年的学校工作让我懂得了劳动在智力发展中的作用不可小视。儿童的智慧就在他的手指尖上。

这种教育理念的形成源于观察。我发现，爱劳动、手巧的学生智慧清晰、求知欲强。我们不是指任何一项劳动都可以，而是要具有创造性，体现思考、敏捷的能力和记忆的复杂劳动。长年积累的事实越来越让我相信，手和脑有着直接的联系。儿童、青少年的手越灵巧，掌握的技艺越高，他就越聪明，思考分析事实、现象、因果关系、规律的能力就越突出。

我一直想弄清楚这种依存关系的科学原理，读过学术著作，同时还研究了教学教育过程的各种因素和现象。我们追求实际，运用劳动，去培养在学习中遇到困难的儿童、青少年的智力。我鼓励他们参与到掌握复杂的实践能力和与技能有关的工作中。这项劳动的典型特点就是各个阶段和具体操作之间的依赖关系，还有注意力需要高度集中，需要深刻思考。手的行为和思维之间存在着常态化的联系：思维检验、修正、完善劳动过程，手好像要告知思维详细情况，劳动发展智力，教人学习连贯性的逻辑思维，理解事实现象之间无法直接观察到的依存关系。

吸引思维缓慢、没有条理性的学生加入复杂的、智慧的劳动中。通过长期观察他们的劳动活动，我更清晰地发现了思维形成的方式。我明白了，如果一个人在学习中遇到困难，那么最主要的原因就是不善于发现各种关系和相互之间的联系，也就是不会超脱于事实而思考。各种关系和相互之间的联系以直观的方式，也就是劳动活动体现出来。

经验告诉我们，为了发展学生的智慧，应当选择以下类型的劳动。

(1) 设计和组装设备、机械、仪器的活动模型。我们学校每一个学习成绩跟不上的同学都在学校工作室研发过构造奇巧的机器、机械、仪器、设备模型。理解各种关系和相互之间联系是思想产生的本源和动因。其中一个青年模型设计师小组用了两年时间设计了一台加工木材的大型机床。在这个小组里共有 15 名学生，其中有 3 个是学习成绩跟不上的学生。这种能够激发和发展智慧的实践活动有一个特点，这就是不断培养构想的能力。青少年似乎总是在思考如何构思未来的机床。小组成员试验，在不同的设计方案中各个零部件是如何相互作用的，以此检验构思是否正确，是否合理。在一种条件下是什么状态，在另一种条件下会出现什么情况。理解这些及其类似问题有助于学生回顾和展望，进行分析和对比。

我认为，认识劳动过程中的相互作用，是发展与因果关系、功能关系、时间关系相关联系的重要思维领域极好的、不可取代的手段。思考相互作用的独特价值就在于思维总是处于运动中，处于探索中，于是在人的思维视野内出现了几个与概括性思想有关的直观性概念。这里发生了从具体向概括的过渡，因为没有概括就不可能有思维，而这正是学生成绩跟不上、思考有遗漏的原因。

(2) 选择能量和运动能够传递、变化和转换的方式。这里指设计和组装模型、机械、设备、仪器、机器的器件。比如，通过这些电能转换为机械能，或者热能，直线运动变成旋转运动或者相反。在这里思维似乎瞬间从抽象、概括切换到具体——表象、形象、画面。如何将概括的思想变成实际的具体行为？深入思考这个问题能够激发学生的思维力量，迫使他们在已知的事物中寻找建设性的解决方案。选择传递、变换的方法能够培养观察力和求知精神（这正是成绩跟不上学生的不足）：人在整体中仔细研究各个细节、各个部分、各种元素，从具体中发现一般性，学习将一般思想从具体情形移植到另一种情形。这一切都应当通过灵巧的手和能力得以体现。劳动的任务就是发展智力，我们力求使劳动的对象是动态的、变化的事物，使得学生既是构思的创造者，又是实现构思的大师。尽可能多地实验和试验，尽可能多动手指，这是在劳动过程中培养智力的原则之一。

(3) 选择加工材料的方法，选择加工的工具、机械和技术手段。我们力争使工具与手合为一体，成为手的一部分。如果人没有学会用自己的手和思维去影响劳动的对象，那么要想培养敏感的、创造性的智慧是不可想象的。思想和手的活动体现在这种影响中。当一个人借助于双手或者机械工具加工某种东西时，便出现了最复杂的现象：信号在每一个瞬间多次从手传到大脑，又从大脑传到手。大脑指挥手，手发达了，又指挥大脑。构思此时不仅得以实现，而且还不断发展、深化、变化。思维线索在这种情形下不可能中断。用双手和最简单的机械工具加工材料，是“医治”成绩跟不上的学生最好的手段，因为这些学生不会借助思维完成需很长时间的劳动。

(4) 营造生命过程（植物和动物）正常发展需要的环境，并管理这种环境。学生们在农业实验中（植物栽培、畜牧业）完成这样的劳动。这是从具体表象向概括过渡，从结论和概括向实践过渡的有效手段。这些劳动类型的教育特点就是，人在思维上控制了在变化条件下持续发生的过程，而且需要有意识地影响这些条件，改变它们。我坚定地认为，农业劳动是最智慧的劳动活动类型之一。青年植物栽培学家、育种学家、生物化学家、农业技术学家小组吸纳了学习最“困难”的学生，他们似乎在学习知识过程中遇到了不可逾越的障碍。智慧的农业劳动教会他们如何思维。

在其中的一个青年实验家小组，学习成绩跟不上的青少年参与创造性的劳动已经超过 15 年。他们主要解决两个问题：环境条件对于种子发芽的影响，植物在发育初期的生命力；土壤和外部环境对于结果的影响。

为了使双手促进智力的发展，不言而喻，需要经常阅读。书不仅形成智慧的大脑，还有一双巧手。

35. 如何做到让学生集中注意力

我带着 27 个小学生来到了一片草地。我需要告诉他们，各种各样的植物是如何传播种子的。我和学生们走近生长在草场边缘地带的植物。为了使所有人都聚拢在植物旁边，我用纤细的“丝线”拴住了男生女生们的注意力。这是真正具有象征性意义的锁链。在这些植物中间，还有数十种各种各样有趣的生物。学生刚向某个生物走去，这根“丝线”立刻断开，他已经听不到我给他讲的内容，也看不见我让他看的，他的思绪早已飞向远方。一只彩色的蝴蝶翩翩起舞，万尼亚、科利亚、妮娜和娜塔莎睁大好奇的双眼，追随过去，四条“丝线”一下子断了。脚下跳出来一只小青蛙，又有几条线断了……

这样的情形在课堂上很常见。如何把一群生性好动、充满好奇的，随时准备去抓蝴蝶的学生吸引到自己身边？如何在教师讲述枯燥无聊的东西时还能吸引住他们？他们在教师开始讲述时脑海里已经产生了某种有趣的、迷人的、打动内心的东西。

控制注意力是教育劳动中最敏感，但研究得很不到位的领域之一。为了控制注意力，需要深入了解儿童的心理、他的年龄特点。多年的学校工作经验让我明白，要想控制学生注意力，只需要创造、确定和保持他的某种内心状态，也就是情绪高昂、精神振奋，这种状态与掌握真理和精神的自豪感有关。

教师需要通过智力培养体系创造这种状态。仅仅借助于课上使用的某种专门手段，如成功选取的直观性手段，是不可能创造我们说到过的情绪高昂状态。这种状态取决于思维修养、情感、学生的见识等多种因素。

控制注意力就是教师对学生思维施加细腻和微妙的影响。比如，我知道，学生在一年里要学习很多动物学知识，如蠕虫的机体结构、它们的生命活动，初看上去很无趣。如果在学生的意识中没有人们通常所说的“可以抓住的思想”，在学习这样的材料时教师不可能控制他们的注意力。学生的注意力与常识性知识有关，如果教师从这些常识角度去讲解，学生便可以将这些枯燥的材料理解为有趣的知识。在这种情形下，这样的常识包括益虫（如蚯蚓）对土壤构成、植物的生命力的影响，自然现象之间的普遍平衡状态，现象与现象之间隐秘的依存关系。

我推荐学生去阅读关于大自然、土壤生命的书籍，培养学生认真理解材料时所需的情感状态。我的讲解和解释的东西乍一看都很枯燥，但却直击学生的思想。我好像触碰到他们的思想，我的讲解内容在他们的意识中引起了兴趣。这种兴趣首先是因来自内在的动力、动机：在阅读过程中沉积在学生意识中的思想好像活跃起来，焕发出活力，直击学生的思想，学生不仅倾听、理解对于他而言还是新的内容，还在意识中发现事实、现象，开始推敲。

下意识的关注与有意识关注相结合。当学生边听讲边思考时，就会出现这样的情形。如果在学生意识中已经有思维的基础，也就是学生对教师讲解的内容有些了解。学生在理解材料过程中的思维越活跃，学生学习起来就越轻松。阅读培养了注意力，这是减轻探索活动的最重要条件之一。

如果在课堂上学生能够将下意识的注意力与有意识的注意力相结合，那么他就不会感到精力不济和疲倦。

如果教师不去思考如何创造学生的情绪高昂、精神振奋的内心状态，那么他们对知识就会表现出冷漠，麻木不仁的思维活动只能使他们感到倦怠。即使最勤奋的学生已经预先有意集中注意力，记住材料，也会很快“脱轨”，失去理解因果联系的能力。他越紧张，就越难专注。如果学生除了课本再也不读任何书籍，那么他在课堂上掌握的知识也很肤浅，结果一切都落在了家庭作业上。家庭作业过重，他们完全没有时间阅读科学文献、杂志。结果形成了“恶性循环”。

众所周知，直观教学手段可以提高学生的学习兴趣和关注力。作为教学原则具有广泛的意义。如果把直观教学手段仅仅作为引起学生注意的方法，那么这种简单化态度将危害到教学，尤其对学生的智力教育产生影响。

36. 如何理解直观性是一条通往知识的小路，是一缕照耀这条小路的光束

培养注意力的唯一手段就是影响学生的思维，而直观性有利于发展和加强注意力，同时促进思维的过程。直观的物体形象本身能够长时间吸引学生注意力，但使用直观教学手段的目的并不是为了在整堂课上都要锁住学生的注意力。在课堂上教师使用直观教学手段就是在认识的某个阶段时脱离形象，在思维上转向概括性的原理、规律。在实践中常常发生大量意外的情况，直观教具的某个细节之处吸引了同学们的注意力，不仅没有帮助他理解，相反倒妨碍了他理解教师教给学生的抽象原理。有一次，我给学生带来了一个水轮机活动模型。水流转动轮子，水花四溅，形成了水雾，在阳光的照耀下映射出一道彩虹。我并没发现彩虹，但学生们看见了。结果他们的注意力没有放在给他们讲解的概括性结论上，而是落在了此时偶然出现的有趣自然现象上。课堂的效果大受影响。

使用直观教学手段需要教师有科学教育素养，懂得儿童、青少年心理学知识，了解掌握知识的过程。

你们首先要记住，直观性是培养小学生思维活动的普通原则。康·

德·乌申斯基说过，儿童是靠“形状”“声音”“色彩”和“感觉”进行思维的。[1] 这个年龄段的规律就是需要在大自然中培养儿童的思维，让他同时看、听、体验和思考。直观性就是一种培养注意力、思维的力量，使获得知识的过程蒙上情感色彩。由于视觉、听觉、情感和思维同时起作用，在儿童的意识中形成了心理学的概念——情感记忆。不仅思维，还有情感、感受都与每一个沉积在记忆中的表象和概念相关。如果学生没有形成发达的、丰富的情感记忆，就不可能谈儿童的真正的智力发展。我建议小学教师们，教会你们的学生从思维的源头，让他们置身于大自然和劳动氛围中去完成思维行为。就让学生意识中的语言获得鲜明的情感色彩。直观教学原则不仅渗透到课堂上，还要落实到教学教育过程的其他方面，落实到全部认识过程中。

第二，使用直观教学手段，需要考虑如何实现从具体向抽象的过渡，在哪个教学阶段不再使用这个手段，学生也不会再关注。这是智力教育过程中的重要时刻：直观性教学手段只用于活跃思维的某个阶段。

第三，逐渐从实物向直观形象手段过渡，之后再过渡到可以表现物体、现象象征性映像的手段。在一、二年级就应逐渐让儿童脱离自然的直观手段，但这完全不表明可以放弃它。经验丰富的教师可以在一年级至十年级学习的各个阶段利用直观教学手段，逐年通过越来越复杂的教学方法和方式加以表现。即使在十年级，有经验的语文教师还会带着学生去观赏大森林、河岸边、春天鲜花绽放的花园。可以说，学生在这里体会到词语的情感色彩，加深和发展了青春的情感记忆。

向直观形象手段的过渡是一个持续的过程。这种过渡并不是教师将一只小猫画像带到课堂上，代替活猫就可以实现的。形象的直观手段即使能准确地表现形状、颜色和其他实物的特点，也总归是一种概括。教师的任务就是从直观的形象手段，逐渐过渡到越来越复杂的概括。教会儿童理解象征性的映像——素描和简图。它们在发展抽象思维中起着很大的作用。所以，我非常想针对利用黑板的教学方法提出点希望。

黑板不仅是为了写字，当教师讲解时、说明和解释时还可以在上面绘图，包括素描、示意图、简图等。我在讲授历史、植物学、动物学、物理、

---

① 康·德·乌申斯基在为学生而写的书《祖国语言》中写道：“但是，儿童，如果可以这样表述，他是一般用形式、色彩、声音、感觉去思维。如果有人试图强迫他换一种思维方式，那他就是徒劳，不会好意地强制儿童的天性。”（Ушинский К. Д. Собр. соч. М.，Изд-во АПН РСФСР，1949，Т. 6. С266.）

地理、数学时，几乎在所有课上（约 80%的历史课，90%的植物学、动物学和地理，100%的物理课和数学课）都用黑板和彩色粉笔。我认为，如果不用黑板，无法呈现抽象思维发展的过程。我不仅将形象的直观手段视为脱离表象和概念的具体化手段，而且还可以看作是摆脱表象世界，走向抽象思想世界的手段。

直观的形象手段同时也是智力自我培养的手段。我教的二年级至三年级学生总是喜欢把算术笔记本分为两部分：左边用于解题，右边用于解题的直观简易图形——在解题之前，学生要进行图解。教会学生图解，表明学生实现了从具体思维向抽象思维的过渡。学生在开始时画的是实物（苹果、篮子、树木、小鸟），然后过渡到用方块、圆圈画出简易图等。我特别关照学习成绩跟不上的学生做图解的情况。如果不是这种教学手段，他们未必能够学会图解，思考解题的条件。如果学生学会了图解，那么我可以信心满满地说，他们一定能解出题。个别学生连着几个月都无法学会描述解题的条件，这意味着他们不仅不会抽象思考，而且也不会用“形状、声音、色彩和感觉”进行思维。应当教他们学习形象思维，之后转向抽象思维。

如果在你们教的一年级学生中已经有学习成绩差的学生，请尝试教会他们用图解的方式学习。这需要引导他们从鲜明的形象性向象征性映像过渡，从图形向理解关系、从属关系过渡。

第四，从形象的直观性逐渐过渡到语言形象，语言形象，就是从用“形状、声音、色彩和感觉”的思维到用概念进行思维的一个步骤。经验丰富的小学教师不仅可以用语言表达无法给学生们展示的东西（比如，北极的冰川、火山喷发等），而且还可以创造出在我们周围大自然和人类运动中发现的东西。这些语言形式在形成情感记忆、丰富心理学中被认为是内在言语的内容，具有独特的意义。

在这里我们再谈谈如何教育学习成绩跟不上的学生？经验表明，他们的智力发展在很大程度上取决于从形象思维向概念思维过渡需要多长时间，如何逐渐过渡的？个别这样的学生永远无望，就连教师都不知道如何教他们，如何激发他们的思维。主要是因为他们没有经过长时间的形象思维训练。教师催促他们快速实现从形象思维向抽象思维的过渡，而他们完全没有做好准备。这些学生常常无法对费劲学到的规则举例说明。这是形象思维和概念思维分裂的结果，教师急于求成所致。

第五，直观的教学手段就是让学生重视最主要的核心点。

我们再强调一下：运用直观性教学手段需要有很高的本领，需要了解学生的心灵和思维习惯。

37. 如何在新手阶段积累教育经验

我还记得，参加工作的第一个10年过得非常慢。然后，时光飞逝，现在反倒觉得新学年刚刚开始，就已经快结束了。我说一点个人感受，就是为了提醒刚入职教师一个重要的真理：无论韶华时代的劳动如何紧张、不安定，你们在这个时候永远都能找到时间，慢慢地、一步一步地积累精神财富——教育智慧。请记住，20年教龄的时刻将悄无声息地逼近。你们也会到走近50的年龄，到那时，你们将感觉到时间不够用，满怀凄楚地说："哎，如果我知道是这样，我在年轻时就应这样做，在暮年时就要轻松许多。要知道，我还得再工作20年呢。"为了在进入老年阶段不后悔，人在年轻时需要做什么？

需要做很多事情。首先是需要一点一滴积累教育者的精神财富和教育智慧。你们的生活道路漫长，你们会遇到最始料未及的人生命运，寻找问题答案的年轻人求知欲强，他们会向你们求教：如何生活？幸福的本质是什么？在哪里探索真理？为了回答这些问题，需要理解人在追求真理，渴望实现光辉理想的辩证过程，需要用心去了解和体验人类为美好的未来而奋斗的巅峰时刻——实现共产主义。

为了成为真正的教育者，教师需要终身学习科学共产主义理论，用马克思列宁主义的思想武装自己。为了让自己学会用共产党员的眼光发现世界、观察人，还需要很多年的磨炼。在你们的个人藏书中应当有马克思、恩格斯和列宁论社会、论革命、论教育的重要著作。培养共产主义世界观并不是背诵马克思列宁主义的经典语句。我再重申一遍，首先是学习用共产主义思想去认识世界和人。

青年朋友们，我想与你们分享一下，我如何在马克思、恩格斯、列宁的著作中发现，直至现在还在探索解决在实际工作中碰到的最复杂问题的答案。我面对的是每一个学生的生活命运，每一个人都是独一无二的世界。我认为重要教育任务就是为了在这个世界体现共产主义理想，展现其独特的、深度个性化的特点。每一次，当我发现不可复制的人生命运出现微妙的转折时，我感到自己需要重新思考马克思、恩格斯、列宁为之奋斗的共产主义者的标准和理想形象是什么。形象地说，如果我不是一遍一遍地领会马克思列宁主义奠基者论人类的智慧思想，我就无法深刻思考具体的生活命运。他们的著作就是共产主义人学的百科全书。他们的智慧思想有助于我理解共产主义思想发展的逻辑性，如关于个性全面发展的理念。马克思、恩格斯、列宁著作帮助我弄清楚了培养人的兴趣和志向依赖的错综复杂的条件。即使你们可以轻而易举地在图书馆借到任何一本书，但你们还是要建立自己的书库。我的个人藏书就是我的智慧导师，我每天都要翻看，寻找真理，认识真理。寻找如何将人类创造、积累和获得财富从上一代人的心灵与智慧中传给正在成长的一代。我的藏书就是我的人生导师，我每天都在书中寻找答案：如何生活？如何成为学生的榜样？如何用光辉的理想去照耀学生的心灵？青年朋友们，我建议你们每个月都要购买三类书：(1) 论科学问题，这是你们讲授课程的基础。(2) 论青年人楷模的一生与奋斗经历。(3) 论人的心灵，尤其是儿童、青少年的心灵（心理学书籍）。

在你们的私人藏书中应有这三类书籍。你们每年都要丰富自己的科学知识。在你们从事教育工作满 10 年时，你们会觉得教科书只是识字课本。只有在这样的前提下，你们才有资格说自己终生都在为这门课做准备。只有每天不断补充科学知识，你们才有可能在讲解材料时发现学生的思维活动过程：你们关注的焦点不是课程内容，而是学生的思维。这是每一位教师教学技艺的巅峰，是你们要努力的方向。

你们要像寻找宝石那样，去发现讲述杰出人物的生平与奋斗经历的书籍。比如，菲利克斯·捷尔任斯基、谢尔盖·拉佐、伊凡·巴布什金、雅科夫·斯维尔德洛夫，尤里乌斯，弗契克、尼克斯·别洛扬尼斯。你们要把这些书摆放在藏书架显著位置。请你们记住，你们不仅是教师，还是一名教育家、人生导师、道德的引导者。

在你们的私人藏书中还要增加一些心理学文献。教师应是懂得学生内心的人。当我听见或者读到需要个性化对待每一个人这句话时，在脑海中总是浮现出另一个概念——思考。教育首先是一种具有钻研性、探索性的生动思想。没有这种思想，我们无法呈现出哪怕是小的，初看上去不明显的发明和发现，但如果没有这些发明和发现就谈不上教育的创造性。请你们记住，在诸多心理学规律中每条规律都是通过数千个生命的命运体现出来的。我坚信，大学生在师范院校毕业后，如果他在整个教育生涯中都能够学习心理学，加深对心理学知识的了解，那么昨日的大学生定能成为教育事业的大师。

你在整个教育生涯中都应是一名教育者，而教育不可能缺乏美感和艺术性。如果你们会弹奏某一种乐器，如果你们有一点音乐天赋，那么你们就是教育中驾驭全局的人物，这是你们作为教育者的优势所在，因为音乐拉近人与人心灵之间的距离，教育者可以观察到学生最隐秘的心灵深处。如果你们不会弹奏乐器，那么你们具有另一种影响人类心灵的有力手段，比如文学。请你们创建一个文学藏书库，不断地充实文学作品。根据教学对象的年龄段，每年都可以补充几十本。这些书有助于你们发现通向学生心灵的路径。你们不要忘记，学生阅读文学作品，他们用好钻研的头脑和易受感动的心灵去理解文学作品，这种影响力是教师不可及的。学生通过阅读文学作品，使道德天平的砝码偏向了所需要的方向。最主要的一点，就是教师在补充自己的藏书时，需要记住，在你们给学生推荐的书中应当含有引导他们如何生活的内容。学生们崇拜书中的主人公形象，自然就有前行的动力，在他们的内心中坚信人是伟大的和强壮有力的，坚信共产主义思想是真理和善良的最高理想。当我在书店为自己的藏书库选书时，我总是在想：哪个学生需要读哪本书？

请你们记住，教育首先是体贴入微、周到全面、细心谨慎地触碰年轻人心灵的过程。为了掌握这门艺术，你们需要多读书、多思考。你们读过的每一本书都应当作为一种精致的新工具，放到你们的教育工作室里。

教育者必须有高雅的美感。你们应当热爱美，创造美，爱护大自然的美丽，呵护学生心中的美。你们知道，如果你们喜欢种植和培育树木，如果你们走近蜂巢，倾听小蜜蜂在你们亲手种植的开满鲜花的树上嗡嗡作响，你们感到很快乐，那么你们已经找到通往人心灵的捷径，在创造美好的工作中实现了精神交流。

在学校工作的每一年里，你们都应去充实教育工作工艺实验室。教师既要为全班积攒大量的习题和例子，同时也要为个别学生布置个性化的作业。根据教学大纲规定的题目和主题配套要求，年年都要收集。我知道，有一些经验丰富的数学教师，在工作的 15 年间积累了很多本独具特色的代数和几何习题册。这些习题册对学生实施个性化教学非常有用处。

38. 如何做好教一年级小学生的准备

你们在小学工作，现在承担三年级教学工作。但你们很快就要去教一年级的小学生。他们一般是五岁半、六岁的儿童。接受过幼儿园和家庭的教育。有部分儿童，在他们上学之前，父母是他们唯一的教育者。儿童在上学前1～2年接受的学前教育非常关键。你们要认真了解未来每个学生的情况。

什么是了解儿童?

首先，要了解他的身体状况。在儿童上学前的一年半，我已经掌握了未来学生的名单。根据我对儿童父母的深入了解，推测哪些疾病可能遗传给儿童。当然，这些推测是要经过医生验证的。我掌握了未来学生身体最重要器官状况的资料：神经系统、呼吸系统、心脏、消化器官、视力和听觉。

如果不了解学生的身体状况，就不可能实施正确的教育。30年的学校工作经验让我懂得了，需要重视每个学生的身体状态，我们不仅需要个性化的对待，而且还要有一整套保护和增强学生身体的措施。经验告诉我，教育有利于病人的痊愈，摆脱通常在童年时期烙下的疾病。如果儿童的心血管系统受到损害，那么则要求采取特殊的教育方法。还需要有专门的医学教育学理论做指导。

我认为，教师需要了解家庭中相互关系对于预防儿童机体的疾病、对于治疗因为某种原因而患的疾病的影响。儿童神经系统和心脏的状况与家庭环境密切相关。如果儿童在喊叫声、指责声、恶语、不信任、侮辱的环境中成长，那么就很难对他们进行教育。这类儿童的神经系统通常很脆弱，很容易疲劳。尤其需要特别关照。每天呵护这些患有神经官能症的儿童，需要采用特殊的医学教育学方法，教他们学习，培养他们，从而预防负面情绪，也就是从一种情绪急剧转向另一种情绪的情形出现。

我建议，未来的一年级教师要在一年级学习开始前的一年半（如果可能，两年也行），召集家长开会。我们希望父母同时出席，这一点非常重要。教师与家长们聊一聊家庭关系对健康神经系统形成的强大影响，这对儿童形成良好的道德心理品质很关键。

一个家庭的精神氛围在儿童的成长过程极其重要。儿童的一般发展、记忆力在很大程度上取决于家人的智慧兴趣。还有：家长读什么书？他们想什么？他们如何影响儿童的思想？你们要告诉学生的家长：“您孩子的智慧取决于你们的智慧兴趣，与书籍在你们家庭精神生活中占据的地位有关。”

我深信，至少需要用一年时间研究每一个儿童的思维。只有在这种前提下，你们才可能做好教一年级课程的准备。

39. 如何研究学龄前儿童的思维

人类思维有两种类型——逻辑分析或者数学思维和艺术或者形象思维。伟大的生理学家伊·彼·巴甫洛夫做出的这种分类对于解决儿童的教育问题，个人兴趣、能力①的形成问题具有极其重要的意义。在阳光明媚的9月的一天，你召集未来的一年级学生，与他们一道去完成森林游。在这个过程中你很快就能发现两种思维类型儿童之间的区别。儿童们喜欢森林游，尤其初秋的森林更是让他们心潮澎湃。他们感到开心，不由地感慨、赞叹，他们对周围世界具有了逻辑性和感性的认识，也就是用理智去认识、用心灵去感知。湛蓝色的天空，被装扮得五彩缤纷的树木，初秋林边和密林深处的绚丽多彩，这一切都令儿童流连忘返。他们每一个人对周围世界的反映都不一样。如果你们认真观察，就会发现两种认识类型体现了两种思维类型的特征。一部分儿童被和谐的大自然风光所陶醉，他们惊叹大自然的魅力，赞赏大自然的美景，将看到的所有物体视为一个整体。他们既看到日出，又惊叹美丽秋色渲染的树木和充满神秘感的密林。这一切被儿童们视为是多种乐器奏出的复杂音响的和声。他们不是在倾听一种声音，不是在区分周围世界中的个别细节。如果某个物体或者某个现象吸引他们的注

① 伊·彼·巴甫洛夫在谈到人思维的其他类型时写道：“……需要确认，由于存在两个信号系统，由于早已经慢慢形成的各种各样的生活方式，人群被划分为艺术型、思维型和中间型的。”（Павлов И. П. Полн. собр. соч. 2-ое. М.-Л.，Изд-во АПН РСФСР，1951，Т3，кн. 2. С346）

意力，那么和谐的声音就可以通过这个物体或者现象体现出来。比如，儿童注意到一簇野蔷薇，上面结满了琥珀色的浆果，布满了银色的露珠。除了这一簇野蔷薇，他们对其他一切都视而不见，对于他们而言，整个美丽的世界都凝聚在这个大自然的生物中。

这是用艺术思维或者形象思维认识世界的典型特点。具有这种思维的儿童会绘声绘色地给你们讲述他们看到的东西。他们在讲述中呈现出鲜明的形象。他们用景象、形象，也就是色彩、声音、动作进行思维。他们对周围大自然中的音乐，也就是对大自然的美景很敏感。在他们的认识中情感元素占据上风，他们似乎更多是在用心，而不是理智去认识世界。请注意，这将对学习过程中的思维活动产生影响。具有明显艺术思维的儿童对学习文学感兴趣，他们喜欢阅读，对诗歌创作感兴趣。但在学习数学时他们经常遇到很大的困难，这门课程的成绩往往很不理想。

对于另一部分儿童而言，美妙的和声好像根本不存在。你们想象一下，在一个和煦的秋日里，松树林边夕阳西下的景色：火红的晚霞，好似铜铸的树干，平静的池塘水面各种色彩交相辉映。但在这些学龄前儿童中间总能找到一个不理解这种美景的儿童。他会问：为什么太阳落山时是红色的？太阳夜里藏到哪里了？秋天时为什么有些树叶变红了，有些变成橙色，有些变成黄色？为什么橡树的叶子一直到初冬时节还是绿色的？首先跃入他眼帘的不是形象的世界，而是它的逻辑方面，也就是因果联系。这就是逻辑分析思维，或者叫数学思维。拥有这种思维的儿童很容易发现事物之间的因果联系和依存关系，擅长思考事物和现象之间的某种联系。他们很容易从这些事物和现象中得出抽象概念。他们对数学和其他精密科学感兴趣。他们擅长对抽象概念进行逻辑分析，就如同拥有艺术思维的儿童对鲜明的形象感兴趣一样。

这两种思维类型是客观存在的，所有教师需要了解，在每个儿童身上哪种思维类型占据上风。这一点对于从教育角度正确引导儿童思维活动非常重要。教儿童学会思维、发展思维，意味着在每个儿童身上培养两种思维：形象思维和逻辑分析思维，不允许有片面性，但同时善于引领每个学生的智力发展，找到最符合他天分发展的路径。

儿童的思维有快慢之分，可以说是思考的快慢。

一部分儿童的思维非常活跃。这样的儿童刚刚还在思考蜜蜂如何从花朵上采蜜的问题。就在教师给他们展示花朵的复杂结构时，他的思绪已经转到另一个物体上了。或者在解算术题时儿童表现出的思维差异：一个学生在思想上掌握了解题的条件，如篮子、苹果、花园里的树木。另一个学生完全是另一种思维，我称之为稳定的专注型思维。如果思想集中在某个物体上，他很难转移到另一个物体上。他在思考一件事情时，便忘记另一件事情。他在思考每千克苹果的价格，却忘记了每筐装了多少千克苹果，共有多少筐。教师通常将思维的这一特点视为智力发展中的异常现象，这是错误的。无论对于拥有形象思维的儿童，还是对于具有明显逻辑思维的儿童，智力发展缓慢很常见。教师常常对事物的本质不加分析，就对儿童的智力发展做出完全不正确的、草率的结论。不理解那些思维过程明显缓慢的儿童更是一件悲哀的事情。他们往往是聪颖、悟性高的儿童，就是因为思维缓慢导致教师不待见。儿童因此紧张，思想就好像僵住了，通常情况下，他再也无法思考。

教师在开始上课之前就应当发现和了解这一切。在教师上课之前，研究儿童思维的特点是最为容易的事情。我要给将承担一年级教学任务的教师们提点建议：你们应在一年的学习过程中，带着儿童到大自然中去旅行20～30次，追溯思想的源头。你们把儿童带到这种环境中，那里有清晰可见的形象，他们能够发现现象之间的因果联系，他们赞叹眼前的美景，感到惊奇，同时也在思考和分析。

40. 如何培养学生的思维和智力

在我看来，如何培养学生的智慧，提高他的智力水平，通常是学校教育中最现实，但还没有得到充分研究的问题之一。传播知识，这只是智力教育的一方面。我们在分析这一方面时却不能忽略另一方面，即智力的形成和发展。培养思维和智力就是发展形象和逻辑分析能力，影响思维的发展过程，消除思维迟缓的现象。

多年的经验表明，培养思维的专项课程非常有必要。要经常在学龄前阶段开设这样的课程。从一年级上课开始，思维课应成为智力教育的一部分。学生在思维课上学习如何生动、直接地理解形象、绘画，周围世界的现象、物体，从逻辑角度进行分析、汲取知识，锻炼思维，发现因果关系。

如果你们希望“脑筋迟钝”的学生学会思考，可以带他们去了解思维的源头，让他们去发现一系列现象，弄清楚各种现象之间的因果联系。当思维过程迟缓的学生在思想上领悟到这一系列现象，努力记住若干个事实、物体及各种关系，他就是在进行任何东西都无法替代的思维训练。关键在于，学生在观察到的一系列现象中不断地有所发现，思维的火花似乎在他面前不断闪耀，促使思维过程的发展。当思维的火花被点燃之后，学生想知道更多的东西，愿意认识新的现象。这种想法、愿望正是促使思维快速发展的动力。

41. 如何培养学生记忆力

培养记忆力也是学校教育实践中最严峻的问题之一。或许，我们每一个人都有过面对记忆力不好的学生而感到沮丧的时候：今天他已经把材料记得滚瓜烂熟，明天又忘记了。我试图在经验基础上，针对培养记忆力给出一些建议和意见。

通过自身的努力，我们获得了越来越多的知识，逻辑认识越来越深入，触及情感领域，我们的记忆力随之变得越来越强，意识中的新知识越来越呈现系列化倾向。

在儿童开始记忆行为之前，就应当让他去完成我刚刚提到的思维训练。针对记忆力而设计的任务越复杂，越有难度，培养思维、思想和智力的过程就越需要有耐心。如果儿童只能发现物体、物质、现象的表面，而且是在我们看来明显的方面，如果他在深入了解其本质时没有任何发现，甚至现象之间出其不意的相互联系也无法使他感到惊讶，那么他就很难记住这些东西。

我坚信，无论在课堂上，还是在家里，当儿童还没有达到熟记，过目不忘的年龄段时，需要特别重视培养他的记忆力。学龄前和小学阶段是为儿童的牢固记忆力打下基础的黄金时期。当儿童认识周围世界的现象和规律中的重要原理时，应尽量不让他死记硬背，而是要他直接去观察。

或许，我们每一个人都有面对奇怪现象而感到无能为力的情形。一个在小学阶段学习成绩优异的学生，在小学毕业后一下子就学习不好了。怎么回事？为什么会这样？其中一个原因就是在小学阶段缺乏以发展思维、培养智力、奠定记忆力基础为目标的专项训练。在小学阶段需要为获得牢固记忆力打下基础，这就是在教师的指导下，学生在直接认识周围世界过程中提取的、获得的、掌握的知识。

42. 如何爱惜，同时也要培养青少年的记忆力

死记硬背总是有害的，尤其青少年更是不能这样做。如果这个年龄段的学生死记硬背，就会产生幼稚病：他们变得孩子气十足，智力愚钝，妨碍能力和兴趣的形成。死记硬背的结果，也是因此而产生的恶果就是无独创精神。实际上这就是将用于培养幼儿的方法和手段用在了青少年身上，结果一方面导致了他们的智慧不成熟，另一方面又要求他们千方百计学习严谨的科学材料。这就带来知识与实践相脱离，精神和社会活动领域受到限制。

青少年以幼儿使用的方式汲取知识，他们将课本的材料分块背诵，然后按照分块的方法将所有知识向教师“和盘托出”，得到一个分数，这是导致巨大不幸的主要原因之一。过度有意的记忆只能将人变傻。

教育的最重要任务之一就是将这种无独创精神赶出学校。如果初中和高中阶段的大部分材料是要求学生完成有意的记忆行为，也就是要求学生坐在某个地方，不停地背诵，否则他就什么都不知道，而且还不能偷懒耍滑，学生则不能成为教育受益人。面对这种情形，教师应怎么办？

我们唯一可以采用的方式就是确定有意的记忆和无意的记忆之间的合理比例关系。如果我们用 X 表示八年级的学生需要记住的材料数量，那么这时学生需要理解、思考的材料数量就要多两倍，也就是 2X。需要提前背诵和记住的材料与只是需要理解，无须专门记忆的材料之间应有一定的联系，不一定有直接的联系，但希望是问题性的联系。比如，解剖学和生理学都是研究人的神经系统。在这部分有很多完全生疏的东西，几乎都需要记住。为了避免学习变成死记硬背，你们可以建议学生去阅读一些与人体有关的有趣书籍，如关于人体各个系统的书，神经系统著名学者的研究成果。学生们虽然没有专门去记忆阅读过的很多东西，但却记住了，这完全是另一种记忆，是无意识的记忆。这种记忆与有意死记硬背教材中的材料有本质的不同。这种记忆是以鲜活的兴趣、思维、爱好为基础的，认识的

情感元素起到了很大的作用。无意的记忆，也就是阅读有趣的书籍，有助于激发活跃的思想。思想越活跃，有意记忆力保持和再现大量材料的能力就越强。如果一个人理解的材料比从教科书中学习到的资料多若干倍，那么记住教科书中的内容（背诵）就不再是死记硬背了。这种记忆行为成为理解性的阅读，思考性的分析过程。多年的经验使我懂得，如果有意的记忆是建立在无意的记忆、阅读、思考基础之上，那么学生在学习教科书过程中就会产生很多问题。他知道的东西越多，不明白的东西就越多。不理解的东西越多，学习课本时就越轻松。

确定无意记忆和有意记忆之间的合理比例关系首先取决于教师。你们作为传授学科基础的教师，不仅仅是知识的传播者，还应成为年轻人思想的主宰者。在你们讲解和叙述新材料过程中不断燃起星星之火，点燃求知、好学、渴望知识的导火索。学生对你们在课堂上顺便提到的一本书产生了强烈的阅读欲望。他应当一直想着这本书，发誓一定要找到它。

因此，青少年记忆力的提高与初中和高中阶段教学教育过程中思维能力的发展密切相关。

43. 如何培养学生的绘画兴趣

在小学阶段如何安排绘画课，教师在教学教育过程中如何重视绘画课，直接关系学生的智力发展。我在小学教书时，发现了绘画是培养学生的创造性思维和想象力的方法之一。我坚定地认为，儿童画是通往逻辑认知的道路上不可或缺的一个台阶，况且绘画有助于培养学生从美学角度认识世界的能力。

在最初阶段，我教学生学习写生。我们画树木、花朵、河流、昆虫、鸟类。尽管图画的布局结构非常简单，但却能够反映出学生在理解、思维、美学评价的个性化特点。有一次，我们让学生画一片长满三叶草的田地。一部分学生力求把鲜花盛开的田地、蓝天白云、鸣唱的云雀都画出来。另一部分学生只在画一棵鲜花盛开的三叶草，还有落在花瓣上的小蜜蜂。其中一个小女孩在整张纸上都画满了蜜蜂的小翅膀、三叶草的花瓣、太阳等。

我们组织了几次郊游，就是为了让学生们了解思维的源头，从鲜明的美学情感角度认识周围的世界。我们画映照在池塘中的朝霞、晚霞，画夜晚牧场草地的篝火，画候鸟飞向温暖的地方过冬，画春汛的情景。我得出了让我开心的结论：学生画出令人心动、使人赞叹不已、惊奇的东西，这是他们从美学角度独特评价周围世界的方式。当学生能够画出体现美感的东西时，他总希望用语言将这种美感表达出来，从而激发他的形象思维。

逐渐地，一步一步地，我教学生们掌握了简单绘画技巧。他们学会了表达明暗度、远景。在一年级阶段，创作就在儿童绘画中占据很重要的位置。学生们用图画讲故事，绘出童话世界。绘画成为训练创作想象力的源泉。我坚信，训练通过绘画发展想象力与儿童的言语之间有着直接的联系。毫不夸张地说，绘画让沉默寡言的儿童“打开了话匣子”，开口说话。

二年级、三年级、四年级儿童已经开始将绘画融入创造性的写作中，他们将在观察大自然时，观察劳动时获得的素材用到作文中。我发现，每当儿童找不到准确、全面表达自己思想的词语时，他就会去画出来。一个小男孩想表达他在刺猬窝里看到的那些宝藏时的惊讶心情，索性直接画出来这些宝藏，如苹果、土豆、红菜的绿叶、从树上落下的五彩缤纷的树叶。

我希望绘画在儿童的精神生活中应有一席之地。当我们乘车沿着第聂伯河去基辅的途中，同学们陶醉于美丽的草场、高山、森林、草原上远处的山岗之中，他们想用线条和色彩记住这些美丽风景。

我无法想象没有绘画的地理、历史、文学、自然课堂会是什么样的，我给学生们讲述了遥远澳洲大陆的动植物。我并不是每次都能找到现成的画满动植物的图画，然后带到课堂上，所以就在黑板上画出很多植物和动物。这并没有打断学生们的思路，相反还能训练想象力。在历史课上我一边讲解，一边用粉笔在黑板上画了一件很多年前人们穿的衣服，使用的劳动工具、武器。经验告诉我，在历史课上，特别是四年级、五年级的历史课上，在讲解过程中在黑板上画的情节非常有用。比如，我在讲解斯巴达克起义时，在黑板上画出了位于山顶起义者大本营。我在讲解过程中画出的这幅画比色彩丰富的现成画片更好使。在低年级的数学课堂上，有时必须把习题画出来。我在之前已经提到这一点。

44. 如何培养儿童快速书写的能力

阅读和书写是学生需要掌握的两个必要学习工具，也是他了解周围世界的两扇窗户。如果一个学生没有能力快速、有意识地阅读，流利、快速、半自动化式地书写，那么他就好像是半个盲人。我提出的任务目标就是学生在三年级可以做到笔不离纸，写出长词，不看笔记本可以写成词语（甚至短句子），到了四年级就更没问题。半自动化式书写是学生掌握写作和有意识掌握知识的极其重要的条件。学生不应当思考如何写出某个字母，如何把这个字母与其他字母结合起来的问题。只有在这样的条件下，他才有可能思考语法规则的运用，思考他要写的内容。逐渐地掌握快速书写后，也训练了语法规则使用的半自动化。学生不需要思考如何写出某个单词，因为他已经写了很多次。

这一切，包括快速写出字母和词语，逐渐在书写方法上培养半自动化，书写和思考应是并列进行。为了训练快速书写，首先需要有一定数量的手部肌肉练习。多年的经验告诉我，这些练习应在练习书写之前进行。我指的是手部，也就是右手和左手的精细劳动行为。在上学前一年应当让儿童从事一些劳动，如用小刀和剪子剪纸盒和纸张，学习木刻，编织、设计和用木块制作小模型。精细的劳动行为能够训练手指行为的相互配合和节奏，可以使手变得灵活，感受微型图画，如字母就是这样的图画。

应当让儿童的实践行为变成美学的创作，让儿童在制作的作品中重复使用圆形、椭圆形、波浪式的线条，让儿童从小时起就习惯于细腻、平缓地用力，要求工具具有高度的灵敏性。

经验表明，如果儿童完成了大量精细的劳动之后，他已经在很大程度上做好了快速书写的准备。当然，系统地训练书写是必要的。

45. 如何培养儿童用左右手创作

人类历史发展进程的结果是与思维相关的，用手指传递思维的最智慧劳动行为都是由右手完成的。左手在创造性劳动过程中起着辅助作用。我们用右手拿工具，用右手拿着钢笔和铅笔，画家用右手创作出了不朽的绘画作品。

人利用右手，足以登上他要达到的精神文化顶峰。假如所有人都能用右手完成最精细的劳动行为，个别人也可以用左手完成，那么这些人的劳动技艺、艺术、智力的发展一定会很快。这里不仅仅指劳动教育的又一个前提。手和大脑之间有着千丝万缕的联系，而且具有双面性。一方面，手有助于大脑发育，创造出智慧的大脑。另一方面，大脑促进手部发展，将其变成创造的智慧工具、形成思维的手段和镜子。多年的经验使我懂得，如果最细腻的、最智慧的劳动行为不仅由右手，而且还由左手来完成，那么手脑之间的联系会更多，表示物体、物质、过程、状态之间的相互作用和相互关系的高超经验从手部传到大脑。这个结论虽然是通过经验的途径获得的，但却反映了现存的规律：通过双手完成的创造性劳动活动被认识和理解的相互作用，使得思维的行为具有了新特点——人借助于思维发现相互联系的现象，将其视为统一的整体。

我连续七年训练学生（7～14 岁）使用双手，他们学会了运用两种刀具，学会了用左右手组装复杂的零部件，在加工木材的车床上进行操作。我发现在这些学生的活动中创造性的元素逐年增多。这些学生的创造特点就是构思新颖、具有想象力。在用双手创作的大师们远比只会用右手创作的人发现的东西更多。这些大师们在使用工具加工材料时与众不同，他们在劳动时特别精细、柔美、富有张力。他们热爱这种创造性的劳动。

46. 如何向经验丰富的教师学习

如果一个教师工作的集体是由几十位教师组成，那么他比在小学校工作的教师更容易提高技艺。在一个庞大的集体中总是有经验丰富的教师。但教学经验的借鉴是一件复杂的事情，是创造。

当你大学毕业了，有了小学教师证。除了你之外，在你工作的学校还有 16 位小学教师。他们当中的一部分已经被校务委员会会议评为优秀教师，另一部分则表现平平，还有一部分时不时地被点名批评。你作为教育战线上的一名新人，几乎需要向每一位在学校已经工作若干年的教师学习。但你在取经时，还是需要节省时间。如果你按照顺序，去听每一位教师的讲课，很难得到真传。

我建议你在开始时浏览一下小学所有同事的学生练习本。如果你看到绝大多数学生的书写都很漂亮、清晰、条理清楚，那么直觉告诉你，在这个班级可以学到东西。学生的练习本是教育工作的一面镜子。你就去听这位教师的课，不仅仅听书写课，还有其他课。练习本反映了教育过程的结果。书写与学生如何阅读，阅读多少有关。

你如果不深入理解教师做的一切，不去了解儿童是如何接受教师的影响，就不可能了解教育过程的某个方面。你第一次去听一位经验丰富的教师讲课，目的是弄清楚他是如何教会儿童工整地书写，但你发现很多东西似乎与观察到的对象没有直接联系。不要迷失在现象的复杂依存关系中。你首先要明白，经验的获取与哪些条件有关。否则，既无法理解，也不可能借鉴到他人的经验。要知道借鉴最好的经验不是将个别方法和手段机械地照搬到自己的工作中，而是要学习思想。为了向优秀教师学习，需要有信念。

你不仅注意到同事所在班级的学生练习本，还发现这个班的学生阅读也很优秀。他们在阅读时，能够快速用眼睛捕捉到词语和部分句子，做到边读边思考，阅读具有突出的情感语调色彩。你认真地观察阅读教学法，但并没有发现任何意外和新鲜的东西。你不停地听课。将这些课程与自己上的课程进行对比。你虽然照做一切，但效果并不明显。你在寻找，执着地探究，究竟是什么决定了良好的效果。

你仔细询问每一个同学，想了解他们的家庭生活，这时你逐渐发现学生们之所以阅读优秀，与很多因素有关：家庭的精神生活、童年时期听过哪些童话故事、课外阅读制度，以及教师对待知识和实践能力之间的关系问题。你发现，在教育事业中任何一个结果都不只与一种因素相关，也就是说，即使你这样去做，也不一定就有结果。每一种结果都与数十个、数百个，有时甚至好像是与研究、观察和分析的对象毫不相干的因素有关。

汲取教学能手的经验有助于教师去揣摩自身实践中的成绩与哪些因素有关。

提高教学技艺，首先要求有自我修养、个人的努力，需要提高工作能力，还有思维发展水平。如果个人不努力思考，工作没有进取心，那么就无法谈及任何教学成就。

教师越是研究和观察年纪稍长一些同事的教学经验，就越需要学会自我观察、自我分析、自我完善、自我修养。在自我观察、自我分析的基础上去达到个人的教育目标。比如，在分析为一件事付出的努力与结果之间的联系时，你发现，今天将种子播撒在一片肥沃的土地上，但并不总是明天就能看到种子发芽。你今天的付出，在很多情形下需要经过若干年之后才能得到认可。这就是教育工作很重要的规律之一。这项工作促使我们永远在憧憬未来。

47. 如何引导单班制学校的教师，给他们提出建议

无论是现在，还是将来，学生数量不多的学校一直会存在。单班和双班制的小学校，通常只有两位教师，甚至只有一位教师在工作。

如果你们在这样的学校工作，很难在自己的周围创建一种丰富的多元化精神生活氛围，更别说长期保持下去。要知道，这是最主要的方面，如果你们缺乏崇高的教育修养，就可能不求上进，将自己所在的偏远村落变成了荒蛮落后之地。如果是这样，就只能是教师的过错。在远离城市的偏远闭塞山区能否点燃文化、思想、创作的熊熊火焰，这一切都取决于教师

的工作。你们的所有付出都是为了让火焰燃烧得更猛烈。你们的付出是学生获得教育，提高文化水平，汲取知识的关键。

你们需要专门去做很多事情，保障文化和思想的火焰一直燃烧下去，永不熄灭。在遥远的山村根本没有大型图书馆，但这里需要最新的书籍，这些书籍就犹如空气一样，在这里必不可少。

所以，你们要把自己变成大型文化中心地的图书馆的读者，如苏联国立列宁图书馆和乌申斯基教育科学图书馆。你们要去看《书刊评述》，任何一本必要的，你们感兴趣的书籍都要借阅两三周的时间，读一读。我知道，有一些遥远的农庄，那里的教师多年都不外出，一直在工作。他们创建了人民图书馆，农场的员工可以在这里阅读书籍。你们也可以想一想，在学校创建一个人民文化的阵地。

在单班制的学校里学生的课内阅读非常重要。你们要与全社会一道去关心，如何保障学校图书馆里有学生需要的书籍。在每一个远离城市的小学校都要有被列入世界文学名著库的书籍，供学生阅读。做这件事情并不难，只要有爱，只要付出，就能做到。我相信即使在这些远离城市的学校也可以创造条件，使得阅读成为学生提高精神文化的主要发源地。

你们需要考虑购买一部电影放映机和幻灯片放映机，及时订阅新的教学用电影和幻灯片。

对在偏远的小学校工作的教师来说，经常与大型村庄或者城市的优质学校保持联系，这一点很重要。我建议你们每年两三次去参观这些学校。在那里待上三四天，听听课、与教师交流经验。需要目睹每一个善于思考，创造性地工作的教师向往和追求的目标。当你们在评价学生的成绩时，以这种成果（知识、能力、学生的作业）为参照本。如果有可能，邀请你们的同行当中的一位优秀教师到你们小学校，他哪怕只待两天也行。

春天和夏初时节，你要带着学生去远处旅行，让他们体验一下城市的生活，参观工厂、印刷厂、你们要利用每一次旅行，去补充学校图书馆和影片库。

夏天，你们不要只待在学校，去大城市转转。做一下旅行计划，保证在偏远学校工作期间能够游览莫斯科、列宁格勒[①]及其他一些大型文化中心。在城市逗留的时间应当是充实的：看戏、听音乐会、欣赏我们国家优秀演员的演出。我再重复一次，不要忘记买书。

我建议你们去完成几次环游，看看乌拉尔、西伯利亚、阿尔泰、中亚、

---

① 编者注：现圣彼得堡。

高加索、俄罗斯北部的阿尔汉格尔斯克州、诺夫哥罗德州。你们能够讲解的内容越多，影响学生的教学法宝典就越丰富。

48. 如何制订有效的计划

这个问题很尖锐，教师有时被一些无用的文牍工作占得满满的。但常常在激烈抨击“官僚式的文牍”时，个别教师却走极端，认为不需要制订任何计划。

两者都不正确，有利于工作的计划还是需要制订的。

对于小学教师而言制订一项适用于几年的远景规划非常重要。这项计划都包括什么内容？我根据自己的工作经验总结出下列内容：

（1）学生需要在小学学习阶段读完的文学作品书目。当然，只有当学校图书馆有这些必要的儿童书籍时，这项计划才能成功实施。

（2）学生在学校需要欣赏的音乐作品（学校最好有音乐教室）。

（3）可以作为学生交流使用的绘画作品。

（4）需要背诵的文学作品片段。

（5）最低词汇量，也就是学生在小学阶段需要永远熟记，书写正确的单词。

（6）列举科普书籍和小册子的书目。学生阅读这些书籍和小册子有助于扩大视野，特别需要列出针对学习困难的学生的书籍，因为这些学生的思维过程跟不上。

（7）思维课的主题就是带领学生们去体验思想和母语的源头。

（8）学生在小学学习阶段需要写作的题目。

（9）教师和学生制作的直观性教学用具的基本清单。

（10）在小学阶段需要完成的游览项目。

我也建议初中教师和高中教师针对所教的课程制订类似远景规划。当然，要考虑每门课程的特点。比如，生物教师应当将观察大自然列入远景计划中，使学生对一些必要的概念有所了解。地理教师要把需要记住的术语列到计划中。物理教师应将观察工业和农业活动列入计划中。

远景规划是很重要的指南。教师根据这个指南，每年都要去阅读和思考大纲，就好像在自检，什么已经完成，什么还需要去完成。根据远景规划实施的情况，判断学生对知识的掌握程度。

每一位教师都还要制订专题计划或者每堂课的计划。专题计划是根据教学大纲制订的，通常利用几堂课时间完成的一个专题。专题计划只针对不大的题目（3～5 课时完成）。专题计划中标注了学习的内容和学习方法。在这里应当避免以书面形式表述冗长的讲课内容。教师传授给学生的知识应当在他的大脑里，不需要做类似的笔记。专题计划是教学的预期和依据，而不是详细的笔记。计划中应记录创造性理解的材料。比如，在检查作业环节学生需要回答哪些问题，学习新材料时需要自主完成的作业类型。习题与练习一般不列入计划中（教师一般将这些习题与练习抄写到专门的卡片或者笔记本上）。

在写专题计划的笔记本上必须留出空白处（页边），便于在没有预见到的偏离计划情形下对计划做出相应的调整。

一些教师认为，制订每课计划要比制订专题计划更好。他们仔细琢磨题目，预先做出标记，但这只是一堂课的计划。每一位教师都可以按照自己认为最合适的方式去做。主要是以远景规划为方向，不要忘记最终目标，时不时地琢磨一下教学大纲及其解释说明，将其与教学大纲加以比对。

担任班主任的教师要制订教育工作计划。以后我们谈到教育问题的建议时再说一说这个计划。

49. 如何看待教育日记

我建议每一位教师都要写教育日记。教育日记不是正式文件，没有一些形式上的具体要求。日记就是个人随笔、札记。在日常工作中很有用。这是思考和创作的源泉。如果我们连续 10 年、20 年，甚至 30 年写日记，这就是一笔巨大的财富。每一个善于思考的教师都有自己的体系，教育修养。如果一位富有创造性的教学大师在结束自己的创作生涯后，将毕生工作和探索得到的一切带入坟墓，我们将失去多少宝贵的教育智慧。我希望将教师的日记作为无价之宝珍藏在教育博物馆、科研所。

我写了 32 年的日记。我作为小学教师迈进学校，从开启教学生涯的第一天起，我就开始思考一件事情。我所在的村子有一位医生，大家都认为他是一个怪人。我发现，这个怪人为每一位入学的儿童测量身高和体重，认真地记录下所有数据。于是，我们攀谈起来。我翻看一下他的笔记，他已经连续 27 年统计这样的数据，这使我大为震惊。

我问他："您为什么要记录这些数据呢?"。

医生这样回答："这是一件很有趣的事情。您看，27 年间儿童平均身高增长了 4.5 厘米。哎，真想再多活 30 年呀……"

当时，根本没有人想到儿童身高增长的问题。战争开始后，医生病倒了。他把记录本转给了我。于是，我从第一天在学校上班起也开始记录儿童的身高和体重、他们的智力发展情况。我认为，现在我已经掌握了同一个村子的儿童在 59 年间的发育情况，这是一份最珍贵的资料。连续 32 年，每年开学的前两周，我都记录下儿童的知识水平和他们掌握的概念情况。儿童都要回答同样的问题。

从 1 数到 100……说出你知道的植物、动物、鸟类……说出机器的名称，讲一下在哪里可以用到这些机器，机器的用途是什么……

我认为，这些问题的答案也具有很大的价值。有趣的是，1935 年，35 个一年级小学生中只有一个能从 1 数到 100，五个小学生可以数到 20（当时儿童是 8 岁上小学）。1966 年时，36 个小学生中已经有 24 个能数到 100，剩下的 12 个学生可以数到 20、30、40（7 岁的儿童）。儿童对于机器和工艺流程的了解呈逐年增加的态势，但很遗憾的是，儿童对植物、动物、鸟类的了解逐年减少。

1935 年，35 位同学见过夏天的朝霞，能够描绘出日出的景色。1966 年，36 位小学生中却只有 7 位同学见过六月的朝霞和日出。

我在日记中记录了学生的家庭图书角有哪些书籍，他们父母的受教育程度，父母会用多少时间教育孩子。比对这些资料也是一件很有趣的事情。

在我的日记中很多内容都是与学习成绩不好的学生情况相关。我认为，观察他们在课堂上和家里的行为、思维活动中的最细微特征非常重要。记录和思考观察到的情况对教师的工作很有借鉴意义。所以，我结合儿童的知识面相对有限、智力过程发育迟缓这种情况，得出儿童应当选择什么样的科普读物、如何阅读等一系列结论。

50. 如何教育子女

很遗憾，生活中有一种奇怪的现象。教师教育别人家的孩子，却没有时间教育自己的孩子。我们需要避免这种情形的出现。我想给从事教师职业的父母们一点建议。

不要忘记，你们在家里对自己的孩子来说已经不是教师，不是班主任，而是为人父、为人母的角色。不要把家变成“迷你”型学校，尽可能不要将学校的气氛带回家，这样你们和孩子就只是一个和睦家庭里的成员。

教育不是某些人为的专门组织的活动，而是一种生活方式。教师的手中掌控着有力的、同时又不是很安全，但却需用大智慧和谨慎的态度对待的一种工具，这就是管理人的权利。你们只需要在学校智慧地、谨慎有加地利用这种工具，千万不要带回家。需要将诸多习惯、传统的教育手段留在学校，千万不要让自己的孩子染上“教师的特征”。如果你们的子女熟悉教师职业的很多细节，知道教师工作是什么，与什么相关，知道什么是正确的，什么是错误的，深知教师有权利做什么，没有权利做什么，就不是一件好事。做教师的父母决不允许当着孩子的面毫不留情地评述个别学生和教师。教师的孩子听惯了这类的谈话内容，就会变得自负，面对其他同学表现出一种优越感。他们常常侮辱教师，之后甚至顶撞父母。你们身为父母，即使你们是经验丰富、智慧型的教师，但却可能在自己的孩子面前毫无威严。所以，任何时候，都不要让你们的孩子觉得自己与其他学生有什么不同。

如果有可能，就把自己的孩子分配到同事任课的班上，最好不要安排在自己的班里。这样就要好一些，作为父母的你们可以更加亲近自己的子女。

虽然在生活中我们处处都是在教育学生，但教师也需要时间专门教育子女。每天找时间与自己的孩子聊一聊，一起读书，一起漫步在大自然中。这对于作为父母的你们非常重要。

不要将愤怒、激动的情绪、对教育的某方面和学生行为的不满情绪从学校带回家。对孩子来说，这就是不好的榜样。如果你们的子女从儿时起就发现了学校带给父母的不快乐情绪，他们慢慢就会讨厌教育工作。这种情感的恶果就是你们的子女不愿意成为一名教师。这只是不幸的开始，实际上问题远比这复杂得多。如果学生厌恶教师的工作，他就会变成虚伪的人，一个多嘴多舌的人。

你们具有教育孩子爱劳动、爱书、爱科学的优势。就本质而言，教师的工作是高尚的样板。就让你们的子女去感受你们从事的职业的高尚，体会你们对他人命运的关切。

你们家有自己的藏书。当你们的孩子成为一名小学生后，你们要为他的书腾出一个书架。教育他热爱读书，尊重文化瑰宝。

第二部分

51. 如何教育儿童，谁能够教育儿童？在教育领域哪些因素与教师本人有关，哪些因素与其他教育者有关

有时过分片面地、绝对地强调某种教育因素是唯一主要的，会令年轻教师无所适从，因为在教育过程中一切都重要，一切都有自己的作用。

我希望将我们要培育和培养的儿童比作一块大理石，几位拿着刻刀的雕塑家同时出现在这块大理石的旁边，他们要雕刻一座雕像。这座雕像要具有灵性，体现出人类的理想。这些雕塑家都是谁？有多少个这样的雕塑家？

多方力量都参与到教育人的过程中。一是家庭。家庭中最细腻和最智慧的雕塑家就是母亲。二是个性十足的教师。他在精神上非常富有，是一个有智慧、有知识、有能力、有爱好，生活经验丰富的人。他有精神、美学、创作的需求，具有广泛兴趣和志向。三是集体（儿童集体、青少年集体）对每一个个体具有强大的影响力。四是受教育者个人（自我教育）。五是受教育者在智力、美学和道德价值领域的精神生活，首先我指的是书籍。六是意外出现的雕塑家（学生在街上认识的伙伴，还有亲戚和熟人，他们到家做客，一周的时间让小孩终生迷上了无线电技术或者憧憬星球世界）。

假如所有这些从事教育的雕塑家式的教育者，像成功组合的交响乐团一样发挥作用，那么导致教育的长矛和盾牌交锋、彼此打架的很多问题都会迎刃而解。

每一位雕塑家都有自己的性格、风格、优点（有时也有不足）。有时，一个雕塑家对另一个雕塑家的技艺和创作评头论足，他不仅追求在没有加工过的大理石上用刻刀精雕细琢，而且还在另一位大师刚刚成功完成的作品上粗鲁地修来修去。之后，“大理石”不再是“石块”，变成了有思想的物体，不仅能够认识周围世界，而且还可以认识自身，不仅用智慧，而且还能够用心灵认识。“大理石块”有了想照一照镜子的愿望：哎呀，尊敬的大师们，你们在干什么呢？未完成的雕塑作品拿起了自己的刻刀，对着镜

子（也就是仔细看着周围的人们，他在欣赏一些人，对另一部分人视而不见，还有一部分人令他生气），开始雕刻，甚至还修改其他人刻完的部分。这时创作的激情被激发出来：刻刀就像宝剑一样上下交错，大理石屑四处乱飞，有时从贵重的大理石上噼里啪啦整片式地往下落……

当你们看到宝剑般的刻刀相互辉映，听到金属与金属之间的碰撞声，从事教育的雕塑家在“对骂”时，你们在想：在教育中有关主要和次要因素的论断是如此天真幼稚！这种天真幼稚给教育事业带来了多少害处！假如故弄玄虚，认为个别从事教育的雕塑家无所不能，这种说法渗透到家长的意识中，我们就会听到类似言论，比如，“我把孩子交给你们，你们教育吧。这是你们学校的事”。

你们步入学校的大门，决心为培养人才，也就是共产主义社会建设者而奉献终身。要记住，你们不仅是活的知识储备库，不仅是有能力向年青一代传授人类精神财富，点燃他们内心的求知欲和热爱知识火花的专家，你们还是创造未来人才的雕塑家，是不同于他人的特殊雕塑家。教育是培养真正的人，这是你们的职业。社会把你们看作是雕塑大师，我们国家的未来在很大程度上取决于你们。请你们记住，你们的每一点失误都可能导致人性的变态，心灵的扰动、痛苦。你们是培育人的人，运用自己的技艺、能力、艺术为其他雕塑家做出榜样。为了使我们在学校培养出的人成为道德、精神、美学的典范，所有雕刻“大理石块”的雕塑家必须步调一致，在培养真正的人时必须行动一致。究竟谁应成为这种一致性行动敏锐而智慧、细心而果敢、经验丰富的指挥？教师。

你们作为教师的任务首先是要观察雕塑大师乐团全体成员，细细品味每一个演奏者的表演，去伪存真。换言之，你们需要分析，在困难重重的教育过程中哪些因素与哪些人相关。必须看到，每一个从事教育的雕塑家都会在大家共同培育的人身上留下了痕迹。年轻朋友们，刻刀轻微地触碰一下贵重的大理石，都可能为其留下一生都无法抹去的痕迹。你们应当知道，是谁、在什么时候、如何触碰到你们的创作？为此只有对儿童的热爱还不够，像神话中的雕刻家皮格马利翁醉心于亲手创作的雕塑伽拉忒亚一样，只喜欢自己的创作还不够，需要了解和拥有从逻辑角度分析原因和结果的能力。

做一个智慧的雕刻大师乐团指挥并不意味着需要仔细划分责任和义务：这一块由家庭负责，这一块由学校负责，而这一块是少先队组织负责……我们并不是按照各个部分塑造人，比如一个人雕刻耳朵，另一人负责额头，第三个人雕鼻子，等等。在我们复杂和艰难的事业中不可能是这种情形。你们从在学校工作的第一天起就必须常常与家长沟通，如在家长会上，更多需要个别交谈。任何时候都不要试图严格划分责任：你们家长负责这一块，我们学校负责这一块。学生的智力教育不仅是由学校完成，家长也可以做很多事情，使我们共同的孩子具有聪明才智，成为一个具有敏锐理解力和深刻感受的人。请你们记住，我们雕刻的伽拉忒亚塑像上的某个点有时可能汇集了各种力量。你们刚刚教会学生要做一个诚实的人，爱护公共财产，而意想不到的雕塑家教他去偷窃、欺骗。这是你们和家长始料未及的。指挥在教育过程中表现出的才智和技艺就是发现任何一次触摸行为。

乌克兰哲学家、教育家斯科沃罗达说过：了解原因就意味着得知一切。[①] 青年朋友们，这一教导值得深思。在学校生活中有很多这样的情形，教师没有弄清楚行为的原因，就做出了错误的结论，常常是责任在学校，却把家长叫来，说他们对孩子管教不严、溺爱等。

有时善恶交织在一起，难以分辨。但是必须分辨，这是教师的神圣职责。青年朋友们，你们进入了高尚的国民教育领域，不仅是若干个在工作坊创造共产主义新人的雕塑大师之一，你们还应成为其他大师的导师。你们的优势就是能够依据教育科学理论认识学生。假如我不相信教育人这门科学的巨大潜力，我可能一天都无法在学校工作下去，也不可能写出这本书。你们应是科学教育知识的火炬，照耀着其他培养人的雕塑大师的工作。你们作为教师，作为班主任，用哪些手段去影响家长呢？一个人的自我教育是如何实施的？教师的任务是什么？集体具有巨大教育力量的奥秘在哪里？在什么条件下有集体的存在？在哪些条件下没有？书籍在教育人方面起到什么作用？如何使意想不到的教育者对年轻心灵的影响与学校一致？我觉得，关于这些问题的建议对每一个年轻教师都有益。

---

① 瓦·阿·苏霍姆林斯基在这里可能是引用了格·萨·斯科沃罗达关于“无政府状态的”，隐藏在人身上永恒的、无所不包的原因。（……一切都在于和始于无政府状态下的过错，这种过错源于自身，现在和将来都与自身相关）。请参 Сковорода Г. Твори. В 2-х. т. К.，Изд-во АН УРСР. 1961.，Т1. С259.

52. 如何引导父母做好家校联合工作

我认为，在我们的时代从培养共产主义社会人才方面而言，没有比教会父母培养儿童更重要的任务。我们根据多年的从教经验得出结论，如果我们不去关心父母的教育修养，就不可能解决任何一个教学和教育任务。家长教育学，也就是父母如何将子女培养成人的基础知识。这是整个教育理论和实践的基础。在母亲教育学研究室的显著位置上写着尼·伊·皮罗戈夫的话："应当让女士们明白，当她们在照料摇篮里的婴儿，设置童年的游戏，教会他咿呀学语时，她们就是社会的主要建筑师。"① 这些话表达了我们与家长一道工作的基本思想意向。

我们有为父母开设的教育学校，设有学前部、一年级至三年级、四年级至八年级、九年级至十年级家长部。父母在儿童入小学前三年开始在家长学校学习。他们一周要学习两次，听校长、负责教学一教育工作的副校长、主管课外工作的副主任，以及在三年后要教一年级的教师们讲课。这是 1964—1967 年（在教育学校学习过这些家长的子女于 1967 年秋入小学一年级）教育学校学前部的工作计划。

（1）4～7 岁儿童身体和心理的发育。

（2）如何预防儿童生病。

（3）儿童的作息制度、饮食、身体锻炼。

（4）4～7 岁儿童的智力教育的本质。

（5）父母对于儿童语言和智力的关注。

（6）如何预防儿童患神经官能症。

（7）4～7 岁的儿童劳动教育。

（8）如何教育儿童尊敬长辈。

---

① 引文缩略的形式。全文应是："要让妇女们懂得在人类生命这座花园中的自己担负的崇高使命。让她们懂得在照料摇篮中的婴儿时，设置童年的游戏，教会他牙牙学语，将他们变成社会的主要建筑师，妇女们用双手奠定了基石。"（Пирогов Н. И. Избр. пед. соч. М.，Изд-во АПН РСФСР，1952，C83）

(9) 大自然在学前儿童教育中的作用。

(10) 发展学前儿童的需求和兴趣。

(11) 学龄前儿童对于现实的认知及情感的发展。

(12) 如何培养儿童具有人的情感。

(13) 培养 4～7 岁儿童的美感。

(14) 4～7 岁儿童的创作。

(15) 如何预防儿童缺乏同情心。

(16) 如何教会儿童控制自己的欲望。

(17) 将儿童对植物和动物的关注作为教育的一种手段。

(18) 游戏及其在学龄前儿童的智力、道德、情感和美学教育方面起到的作用。

(19) 母亲是儿童的第一个教育者和教师。

(20) 家庭是有助于儿童学习处理人际关系的学校。

(21) 父子关系。

(22) 母女关系。

(23) 儿童在心理上做好去学校上学的准备。

(24) 儿童道德修养的关键要素。

(25) 我们如何看待你们的孩子，你们应当怎样看他。

(26) 父母在教育子女上会犯哪些错误，如何避免这些错误。

(27) 祖父母也是教育者。

(28) 在学前阶段教儿童什么内容，如何教。

(29) 如何使你们的家庭充满善良和和谐。

(30) 如何教育子女对人谦和。

(31) 如何做到相互谦让。

(32) 如何抑制情感冲动。

(33) 如何培养儿童成为好人的愿望。

(34) 如何防止儿童的任性行为。

(35) 什么是父母的权威，如何利用父母的权威。

(36) 家长在不采用惩罚措施的前提下如何教育子女。

(37) 惩罚的益处多还是害处多。

(38) 要求儿童做什么和禁止做什么。

(39) 教育儿童是父母最重要的社会责任。

作为教师的你们需要准备和讲授这些主题，我想针对这件并不简单的事情给你们提几条建议。你们要告诉家长，教育是最高尚、充满人文性、崇高的创作行为，体现了高度的社会责任。优秀的班主任，通过每堂课和谈话为家长输送培养人的主要思想，激发父母的自豪感，因为他们创造了地球上最美好、最高尚的东西。他们将家长教育学理解为劳动、科学、技艺和创作。

这些班主任从来不会在课上和谈话中“狠狠地批评”那些在教育中犯错误或者有失误的家长。亲爱的朋友们，我也建议你们不要这样做。在个别家庭的生活中还有一些负面现象，但如果你们开始“揭短”，将人的不幸曝光于大庭广众之下（不会教育首先就是不幸），那么到你们这里学习的家长将越来越少。你们将他们推出学校，他们对一切都无所谓了，这是最可怕的事情。“反正我做什么，都成不了一名好父亲，其他家长的孩子多么优秀，而我的孩子注定是坏孩子。”任何时候都不要忘记，当你们与家长谈到他们的孩子时，似乎在强迫他们照镜子。如果你们对一个人说，看你多丑……他会怎样对你们。

这条建议并不意味着在教育中需要绕过荆棘，削平棱角。相反，一部分人的失败可能成为另一分部分人得到的教训。没有比家校教育更复杂的和矛盾的事情了。其中矛盾重重，需要以智慧的头脑，巧妙、讲究方式方法，不喊叫，不忙乱地解决这些矛盾。但是不好的事情也需要讲，但不要侮辱、贬低人格。如果需要当众讲不好的事情，我们也不要说出犯了错误、有疏忽的家长姓名。

为了深入思考犯下的各种失误和错误，为了开诚布公地谈论某个具体家庭环境中的教育，我们可以采取另一种工作方式，与家长个别谈话，尤其女教师与儿童的母亲，男教师和儿童的父亲之间的谈话更为重要。决定家庭中一般精神和教育修养的条件和前提不可能完全一样。每一个家庭都有某种独有的特点。所以，与父母的个性化谈话，在儿童不在场的前提下，是我们学校教育工作中的有机组成部分。我专门强调在儿童不在场的情形下这几个词语，千万不要将儿童置于困境和痛苦、教育的成功与失败中。除了害处，没有任何好处。在优秀的家庭中父母的善良与和谐、相互尊重、互爱互让，是教育影响力的主要方面。儿童并不怀疑，正是家庭的优越环境培养了他。

我们成功地做到了让学龄前儿童在家庭中接受母亲学校的教育。这种道德、智慧、情感和美学教育的学校是任何东西都无法取代的。甚至最理想的幼儿园都不能代替母亲学校或者填补母亲和父亲在一个人最细腻的精神生活领域，也就是个人的教育中缺失的东西。我们在母亲学校关注人的情感教育。在讲解这个问题的课堂上，在与父母亲的个别谈话中，我们以实例展示如何培养儿童的精神能力，也就是感受生活在人群中时，需要学会克制自己的欲望，考虑别人的利益的能力。在为学龄前儿童父母开设的教育学校中我们逐渐分离出了最复杂的对象，也就是在人群中生活的能力。

很难评价母亲教育修养的重要性有多大。我们的教育团队坚信，父母教育学是共产主义教育学的第一章。我们力图让母亲成为一个机敏的、智慧的、在精神上唯美的、懂得道德美、高尚的雕塑家。最终，我们要让儿童在心灵上更敏感、富有同情心，使他的内心深处永远都存有善良和美好。

53. 如何使教育者的话语深入受教育者的内心

我们致力于通过母亲学校培养儿童具有细腻的、温存的、有同情心、敏感的心灵。希望儿童不仅用智慧、理智，而且还要用内心去认识周围世界，希望他们密切关注是谁折断了树枝，关注从鸟巢里掉到草丛中，有气无力地挣扎着的小鸟。花园里有一只不知被谁抛弃的无主小猫。我们一直给父母强调，如何在实践中为儿童发展自理能力创造条件。当别人有需要时，儿童永远都应充满同情，有怜悯心，爱抚他人，呵护他人，关心他人，为他人遇到的某件事着急、悲伤。青年朋友们，30 多年的学校工作让我明白了，作为教师，我如果只是在儿童入学后才开始进行情感教育，去触碰他的父母还没有动过的大理石，那么为时已晚。如果在家里儿童没有接受过情感教育，他就不可能用心去认识世界和理解教师的教诲。他只能理解所听、所读东西的逻辑意义，内心情感的潜台词对于他而言可望而不可即。

这是家校教育最复杂的问题之一。为什么儿童常常在上学几天后还完全不理解教师的善良言语？为什么教师必须大喊大叫，敲桌子才能解决问题？为什么开学一个月之后儿童还在墙角罚站，受到惩罚，而且还毫无用处？恶根就在于情感教育的缺失。

青年朋友们，如果你们追求让学生用心倾听你们的话语，感受话语，那么就要留意家庭中丰富的情感关系。心灵的孤独对于道德而言，就犹如思想脱离于人一样危险。你们要让儿童与某个人之间相互负责，相互吸引、尊重和关心。学生的道德在很大程度上取决于他是否愿意对别人多一点发自内心的爱，还是封闭在自己的世界中，只关心自己和狭隘的利益。个人主义始于情感教育的缺失。

去学生家走访（三年内要去每个学生那里家访两到三次），体验一下，什么可以给儿童带来快乐：是长辈给予他的东西，还是他用自己的微薄之力为别人做点什么。如果他获得快乐的唯一源泉就是消费父母创造的财富，这就不好，这样的学生在学校也是无怜悯心的人。与他们的父母谈一谈，一起想想，如何为他们开启其他的快乐源泉。比如，他们在花园种一棵树，或者栽种玫瑰花，开辟一个供人休闲的小葡萄园，制作玻璃缸，建立小图书馆和供父母休息的美丽角。你们知道，如果你们关注到这一点，你们是在提高学生的精神境界，为在学校实施道德、智慧、美学、情感教育打下基础。

你们在重视培养学龄前儿童高尚情感的同时，不要对儿童采取体罚措施。没有比有力的强制手段更有害、更坏的方法了。用皮带打儿童，打后脑勺代替了智慧的、温柔的善意话语，这就犹如一把生锈的斧头代替了雕塑家脆弱、温柔、锐利的刻刀。体罚不仅是对身体施暴，而且还伤害到人的精神。皮带不仅使后背变得无知觉，也使心灵和情感受到伤害。在家里习惯了皮带抽打，习惯了后脑勺挨打的孩子，在学校里也会对善意的话语无动于衷。我知道有些儿童，正是因为被痛打才变得冷酷无情、残酷。被打的人也想去打别人。在童年时期就想打人的人，成年以后也想打人，犯罪、谋杀、暴力的根源就在童年时期。我在家长教育学校学前部已经讲课十年。多年从事这项必要的教育工作让我坚信，父母应意识和明白一个真理：在幼年播种在人类心灵中的一粒小种子在成年阶段变成一棵大树。一切都取决于是什么种子，种到什么样的土壤上。如果在儿童入学前三年我还没有使儿童的心灵变得敏感、温柔、善良，不向罪恶和谎言妥协，没有做到让他热爱善良，憎恶罪恶，那么我没有权利以人民教师自居。

同时，如果你们想让学生成为真正的人，教会他们的父母在孩子五岁，甚至四岁开始对他们进行劳动教育。从儿童用手拿起勺子，自己送到嘴边那一刻起，就要劳动。智慧的教育学教会我们这样做。我们在教育工作中遵循着古老的智慧。不要担心这样做是迫使儿童过早参加劳动。如果有人有这样的担心，说：“啊，这么早!”那么在某个美好的时刻他会痛苦地说：“太晚了。”我们认为自己的神圣职责就是鼓励父母们，让他们的孩子在春天时种下母亲苹果树、母亲葡萄苗、父亲苹果树、父亲葡萄苗、祖母苹果树、祖母葡萄苗、祖父苹果树、祖父葡萄苗。当然，小孩子在哥哥姐姐的帮助下圆满地胜任了这项工作。然后儿童会精心照料苹果树和葡萄藤，因为他们的理想就是给父母、祖父母带来快乐，让他们享用果实。

形象地说，在教师言语的影响下，儿童对土壤的情感迸发就出现在这一刻。对于在上学前就已经体验到无与伦比的情感，也就是将亲手栽培的葡萄送给母亲的儿童来说，母亲这个字眼完全不同于只知道挥霍带来快乐的儿童。青年朋友们，你们知道吗？要用温存、善良去教育体验到因创造带来快乐的儿童，不需要对他们大喊大叫，也不需要惩罚。

读者可能产生疑问：教师有能力做到这一切吗？他可能胜任当下培养学生的工作，同时又承担培养学龄前儿童适应学校的工作吗？

我这样回答：我们在工作中不做没有实际收获的事情，也就是最后并没有减轻我们的繁重工作的事情。问题是我们对学龄前儿童教育的所有付出都会得到百倍回报。正是这些付出，我们能够开心地工作，感受不到其他学校遇到的困难。据我所知，这些学校甚至无法组织正常的教学一教育工作。我们没有不遵守纪律的学生，没有学生不愿意学习的情况。我们甚至都没用过其他学校采取的惩罚措施。但我们取得了成绩，这是家、校共同合作的结果。这项工作具有非常重要的作用，我们不会要求家长，跟他们说：你们做这件事吧，去不折不扣地完成我们提出的要求吧。问题恰恰就在于我们是两个并肩作战的雕塑家，对理想拥有一致的认识，劲往一处使，在创造人的过程中两个雕塑家的立场并不是对立的，这一点非常重要。

54. 如何使作为教育者的父母与学校教育步调一致

我们应当要求父母与学校在共同教育儿童方面达成共识，父母对自己的要求也一致。父母双方作为教育者也要步调一致，这意味着教会他们将明智的母爱和父爱、善良和严厉、温存与严格相结合。在不触碰个人的敏感的东西的前提下，我们采取策略，防止父母在精神生活的细微方面犯错误。没有智慧的家长教育，那么父爱和母爱也许使儿童畸形发展。我们以具体的例子证实一下，溺爱式的爱、暴君式的爱、收买式的爱将给儿童带来多大的危害。

溺爱是父母与孩子之间关系中最悲哀的一种爱。这是本能的、不理智的，甚至有时将其比作是母鸡式的爱。父母为孩子迈出的每一步感到高兴。

根本不去思考迈出了怎样的一步，后果是什么。溺爱教育出来的孩子，根本不知道在人类社会的共同生活中有“可以”“不能”“应当”，他觉得什么都可以做。他成长为一个任性的常常病态化的人，生活中的一点小困难都变成难以承受的重力。溺爱教育出来的孩子如我们常说的，自私透顶。他不知道自己对父母负有责任，不会，而且也不想劳动，因为他看不到，内心也体会不到周围的人，父母、祖父母也有自己的愿望、自己的需求、自己的精神世界。他觉得，他生存在世上，活着，就能给父母带来快乐、幸福。

你们需要与儿童的父母同时谈话，才有可能防止溺爱情形的出现。这里指父母情感的教育。情感是微妙的东西。我们作为教师，邀请学龄前儿童（也就是我们未来的学生）的父母，不仅学习教育学校的课程，而且还要进行特色实践，目的就是使年轻父母接受情感教育。当低年级学生（尤其一二年级）在完成对社会有益的集体活动时，年轻的父母们要助我们一臂之力。与我们一道管理劳动过程的同时，他们要教儿童控制自己的欲望，以劳动为主，服从纪律和集体的意志。在教孩子的同时，父母作为教育者也在学习。

父母们还要避免一种非理智的、本能的爱，这就是暴君式的爱。某些父母又自私，又没有教养，就是滋生这种爱的土壤。他们把自己的孩子当作一个物件，“这是我的桌子，我想放哪儿就放哪儿。”“我的女儿，我想说什么就说什么，只要我想到的，就要求孩子去做。”我就知道有这样一位父亲，他的做法令人发指：他给 15 岁，在八年级就读的女儿买了一双鞋子和一件漂亮的连衣裙。他把鞋子就摆放在女儿学习功课的桌子旁边，裙子也挂在那里。他警告女儿，期末各科考试分数不低于 4 分，就可以穿这件裙子和这双鞋。如果有一门成绩是 3 分，就不要去碰这双新鞋和这件新衣。

青年朋友们，在我们社会中有一些人在控制别人时能获得暴君式的快乐。你们知道吗？与这种现象做斗争是很难和很复杂的事情。我们教师要抵制这种暴君式的爱。

在一个家庭环境中不允许出现任何吹毛求疵、指责、歇斯底里般的抱怨和指责。在这样的氛围中小孩就会变得冷酷无情。在我看来，这对年轻的心灵而言就是最可怕的打击之一。在课堂上、在谈话中，你们要告诉家长们，不起眼的一件小事可以将善良的人变成了恣意妄为的人，而刚愎自用又将排挤心灵感触，而这种感触是正常家庭中儿童的善良、理智的克制和谦让的基础。这种心灵感触就是抚爱，一个人在童年时期如果没有体验到抚爱，他在少年和青年时期会变得粗鲁、冷酷。

你们大概见过，父母战战兢兢地说，孩子小时很善良、容易沟通、听话，长大了反倒变得粗鲁、任性。为什么会这样？如何解释，建议父母做什么呢？我无数次地说过，出现这种现象的原因就是他们不善于利用父母的权利。所以，同时与父母交谈很重要，因为父母的权利就是父母智慧的叠加，意志、情感、欲望的统一。如果两个深爱自己创造出作品的成年人没有将自己各自的智慧整合在一起，父母的权利就变成专断。如果儿童只感觉到父母对可以、禁止、需要的理解不同，那么他可能把最合理的东西也视为是暴力、强迫、压制自由。这时父母也不得不感到惊讶，为什么不打后脑勺，不用皮带和棍棒惩罚，他们就不可能教会孩子生活？是因为儿童将聪慧的、必要的要求理解和视为一种恶势力，压抑他的意志。

还要防止一种来自家长的非理智之爱——收买的爱。有一些父母真诚地相信，只要满足孩子的物质需求，孩子就会完成父母赋予他们的责任。孩子吃穿不愁，身体健康，所有的教科书和学习资料一应俱全。你们还想要什么？父母认为，他们的爱是可以用物质消耗来衡量的。在这种情形下，学校就要与这些为数不多，因道德情感的麻木而感到痛苦的父亲们打交道。实际上，他们并不知道，究竟什么是父母的关爱。如果说母亲与孩子之间联系的纽带是共同的精神追求，那么在孩子当中就几乎没有这样的人。道德情感的麻木、对自己的孩子无情冷酷，并不总是父亲学历低的结果。这是因为他们把儿童的教育视为某种完全独立的，与社会责任完全无关的东西。

为杜绝这种弊端，我们建议父母，尤其父亲在教育孩子方面，始终要有社会责任感，要有对孩子未来负责的观念。

如果在家庭中父亲认为自己的义务只是保障孩子的物质需求，母亲也没有成为孩子精神生活的中心，那么这种孩子就会感到精神匮乏且空虚。他们虽然在人群中生活，但又不了解人，这是家庭面临的最危险的事情。如果儿童的心灵对抚爱、关心、同情、有善心等细腻的人的情感一无所知，而且也接触不到，那么他们对情感可能一无所知。对于这些儿童的教育，学校的义务更加凸显：这些儿童需要在教育机构里完成专门的情感教育课程。这是理论教育学和实践教育学的一整套问题。很遗憾，在教育理论中实际上缺少这一章。谁也不会专门研究如何培养情感，尤其是如何培养由于家庭环境的因素而导致道德情感世界空虚、没有个性的儿童。

55. 如何理解培养情感的学校

这里所涉及的所有内容都是教师与父母的共同协作。我们不仅要谈到失去父母诚挚关心、精神呵护的儿童教育，而且还要讲一讲所有儿童的道德情感教育。

教儿童发现、理解、用心体会人的存在，就好像是花园里溢满香气的花朵，它的名字叫作情感教育。我们关爱儿童，就是去激发他们用敏感的心灵去关注周围的世界，关注人创造的一切，造福于人的一切，当然，他们首先是关心人。我坚定地认为，在儿童的内心中培养人的高尚情操，就是要让儿童从人性化地对待人开始，学会用纯洁、高尚的情操去敬重人，首先是敬重父母。

儿童刚刚进入学校大门，成为小学生。在学校生活的最初阶段，家校之间的联系特别重要。我再强调一下，是与两位家长，也就是父母之间的联系。教师的个别谈话、校长与父母们的谈话、思考、建议，都是我们的教育实验活动。我们一起想一想，儿童应当做什么，让他做什么样的探索活动，才能使他真正感受到自己是生活在人群中。

我们与父母们一起努力，使得儿童的求学时期，尤其低年级学习阶段成为培养诚挚善良品德的阶段。在这个阶段最有价值的课程就是教会儿童去创造美，关心一切与人有关的美。一切能够给儿童带来美学享受、快乐、满足的东西都有奇迹般的教育神力。儿童为家庭、为父母、为他人创造美丽。

秋天时节，我们举办玫瑰节。这既是家庭的节日，也是学校的节日。但首先是家庭的节日。儿童并不集合在一起，也不需要营造出隆重的氛围，因为在这样氛围中缺少真诚的、真正的儿童情感，很多人为的，儿童天性中没有的成分太多，这一点很是令人遗憾。我们的儿童节日主要是在家庭中度过的，但是由学校筹备发起的。

在秋天的玫瑰节那天，每一个儿童都要在家里旁边的田地上种上几株玫瑰。我们为儿童提供花卉的幼苗。他们只需要拿走、种上、精心照料、营造出美丽的氛围，然后为父母和祖父母带来快乐。

儿童种下玫瑰之后，我们经常提醒他给玫瑰松土，浇水，防止玫瑰受冻。他们还不习惯整天操心，每天劳动。要让劳动成为一种乐趣，这对他们而言还是一件很遥远的事情。我们告诉儿童，他们每天劳动的结果就是看到芳香四溢的花朵绽放，但在他们的想象中这件事的发生还很遥远。儿童还不会心甘情愿地默默等待，他们急于看到结果，所以需要教他们学会这一点，并且通过劳动教会他们。

这不，已经出现了第一个花苞，第二个、第三个……花苞绽放了，在阳光的照耀下，红色、粉色、蓝色、淡蓝的花瓣熠熠生辉。这时儿童的眼中洋溢着一种难以媲美的快乐火花，完全不同于儿童收到父母赠予的礼物时体会到的快乐。这不是休闲的快乐，不是想到旅游的开心而带来的快乐。这是为最亲近的人——父母、祖父母创造美丽而产生的快乐。这种善事打动了儿童的内心，令他激动和欣喜，这种善事就是美丽。

在儿童剪下一枝花，亲手递给母亲的瞬间，我看到儿童闪闪发光的眼神，我幸福极了。儿童的眼神在这一瞬间散发着纯洁的人性光辉。他们的眼神因内在的喜悦而炯炯有神。

这是培养情感最需要、最有意义的一课。儿童经历了为人而创造美丽的快乐之后，对美丽有了新的感悟。枝繁叶茂的苹果树，葡萄藤上成熟的串串葡萄，若有所思的菊花体现出来他们付出的劳动、关心和担忧。所以，他不会轻易地抬起手去折断树枝，掐掉花朵。

当然，青年朋友们，我不是抽象地表现美丽，我是在强调美的本身。当美因充满了崇高的理想、共产主义的人格，也就是热爱劳动人民，对社会的不公、人压迫人的现象不妥协、不容忍时，美才能成为强大的教育力量。

第一年的学校生活结束了，儿童进人二年级阶段学习，我们与他们一起创建了一个感恩园。这是为那些在祖国大地上工作了 40 年、50 年、60 年、70 年，甚至还有工作过 80 年、90 年的老人们建造的园子。通常，我们会选择一块废弃的不毛之地，将这块地变成一片肥沃的土地，种上葡萄藤、苹果树、梨树、李子树。这项劳动可不轻松，我们常常要搬运数十吨有利于植物生长的淤泥，激活土地的生命力。这项劳动具有崇高的目标，那就是我们要带给人们快乐。这种劳动的快乐是任何快乐不可比拟的。

感恩园里的第一批果实成熟了。儿童们邀请尊敬的同村人，也就是老爷爷、老奶奶们，来到园子。对人的尊重表现在对老人的尊敬。对老年人的不尊重，甚至冷漠，就是在残酷地报复社会，就是冷酷无情、恶毒、心灵空虚、犯罪行为的体现。

亲爱的青年朋友，教育学生沿着道德发展的这条小路走下去，让他们的劳动充满崇高的精神。你们将见证他们在感恩园摘下果实，献给那些在祖国大地上工作了半个世纪的老人们的瞬间。

儿童体验到无私做善事的快乐，同时也获得了宝贵的心灵财富。他用心去感受同学、朋友、身边的任何一个人在什么时候，在哪个地方需要帮助。如果儿童有做善事需求，同时也需求别人的善意，他就会对周围世界、人、行为、事件、人与人之间的相互关系很敏感，很好地领会，表现出同情心。马克思认为这种需求就是一个自由人的最伟大的精神财富。①

56. 如何才能使儿童愿意学习

我坚定地认为，人性化的脑力劳动，希望给父母、给他最亲爱的人带去快乐的高尚情感是儿童能够有意识地刻苦从事脑力劳动的最强有力刺激因素。富有同情心、乐于助人的儿童在看上去没有不良行为的地方也能体察到不当。有一次，四年级的学生科里亚对我说："我要好好学习。妈妈心脏不好。"儿童已经感觉到，如果在他的成绩单上出现不好的分数，妈妈会伤心。他想让妈妈平静。他知道，自己的劳动能够安慰妈妈的心脏，他不愿意让妈妈担心。

如果你们想让儿童有好好学习的愿望，而且他也在尽力给父母带来快乐，那么请爱护、保护、培养他作为劳动者而获得的自豪感。这就意味着，儿童应当去发现、感受自己在学习上的成功。不要让儿童因为学习跟不上或者其他不足而感到莫名痛苦。儿童的乐观情绪、相信自己的力量就是一条连接学校与家庭的纽带，是一块吸引父母参与学校生活的磁铁。如果儿童的乐观主义的世界观被破坏，意味着在学校和家庭之间筑起了一堵墙。

---

① 卡尔·马克思在《1844年经济学哲学手稿》中描述共产主义社会，强调共产主义与人道主义的一致性时写道："我们看到，富有的人和人的丰富的需要代替了国民经济学上的富有和贫困。富有的人同时就是需要有人的生命表现的完整性的人，在这样的人的身上，他自己的实现作为内在的必然性、作为需要而存在。不仅人的富有，而且人的贫困——在社会主义的前提下——同样具有人的因而是社会的意义。贫困是被动的纽带，它使人感觉到自己需要的最大财富是他人。"（Маркс К.，Энгельс Ф. Из ранних произведений. М.，Госполиздат，1956，c596）

为了保护乐观主义的微微火花，形象地说，父母需要站在儿童知识摇篮的旁边，直接参与孩子学习过程。父母与孩子一道，为他取得的成绩而开心，真切地关心他的成功与失败。这一点非常重要。母亲教育学不仅仅是教育过程，更是教学过程。在儿童上学之前两年我们就要开始有目的地全面规划学校和家庭之间的协作，培养儿童基础性的读写知识和计算能力。即将入学的小学生每周都要到校一次（入学前半年每周两次），由承担小学阶段课程的教师带着儿童学习。儿童学习字母，阅读，练习解题。当然，如果儿童在家里没有坚持这种学习，那么每周一小时的学习就会毫无效果。我们在父母学校的课堂上告诉父母、祖父母，如何教会儿童识字和算术。我们研究出了有趣的家庭教学法。这些方法的基础就是儿童要对书籍、知识感兴趣。将游戏与目的明确的探索活动相结合，儿童与家长之间要经常性交流思想。高年级学生为讲解识字和算术准备了专门的直观教具。我们的儿童进入到一年级之后，学会了阅读和数数字，这在很大程度上减轻了下一步的学习压力，使得探索活动变得有趣起来。但问题不仅仅在于此。准备入学的过程在精神上拉近了儿童与父母之间的距离。父母关心孩子的成功与失误，了解了一门精密科学，也就是尊重儿童成为好学生的愿望。与此同时，学前教育能够防止父母产生错误的想法，认为只要给儿童施压，他就能在学习中得“五分”和“四分”。我们一直希望父母明白，成绩的评价等不能代表道德评价。如果违反了这一点，就会给儿童带来深深的创伤，有时摧残他的心灵。在各科分数与道德分数之间画等号就是不假思索地追求表面的幸福指数——数字的结果。我们认为，不能把一切都归结为片面的结论：好分数就是好孩子。分数不好，就意味着学生没有达到水平。人作为一个具有多种特点、品质、能力、喜好的和谐综合体，就这样被淹没在这种奇怪的、无知的观点中。

很遗憾，这种观点已经渗透到很多家庭，弥漫到社会生活中。我听到和读到各种文章，我无法抑制住自己的愤怒，因为这些文章自始至终贯穿一个主要思想，如果是三分的成绩，表示学生对知识掌握差，一无是处。尊敬的同事们，你们该告诉自己，三分的成绩意味着学生对知识点完全掌握了。而且，如果所有教师都能正确地看待这些东西，蒙混过关现象就会消失，没掌握好知识就不会被评价为三分。很遗憾，这样的做法很普遍。父母千万不要让孩子去做他力所不及的事情。因为并不是所有人的能力都是一样的，一些儿童轻松学习，就能得五分的成绩。对另一些学生来说三分已经是很好的成绩。现在我们正处于普及普通中等教育的开始阶段，记住这一点特别重要。

57. 如何随着儿童的成长与发育深入对家长的教育工作

我们将一系列教育思想贯穿于学校与家长的全部工作中。在我们看来，儿童的家庭精神生活和学校教育统一特别重要。教师们想尽办法让家长明白，家庭中应当有尊重科学、文化、书籍的氛围。我们联合家长举办图书节，而活动的意义就是让父母为家庭图书馆购买文学作品。我们在为父母开设的教育学校所有的课堂上，我们在与家长之间进行个人谈话时，都在强调家中的书籍和家中的精神生活。我们努力培养儿童多面的精神兴趣和需求，其中对于书籍的需求占据第一位。在很多家庭中，黄昏时分的一小时成为阅读时间。儿童和青少年阅读家庭的藏书，或者从学校图书馆借书阅读。我们已经做到了这一点。

因此，我们需要特别重视教育学中的一个重要观点——儿童、青少年的自我教育，并且这种教育不可能脱离开家庭和书籍。我们努力做到，让正在成长的人善于利用业余时间，重视起来，利用这段时间开展和丰富精神世界所必要的活动。

我们告诉父母们，公民的特质从儿童懂事时起就应在他的内心形成、树立、强化。公民的意识和公民的情操源于童年时代。小小的一粒种子植入到儿童的内心，生出强壮的幼芽，深深扎下根。如何播撒公民的种子，如何产生公民的意识，我们认为这些建议很重要。我们告诉家长，在家庭氛围中，也就是在儿童的精神生活中要体现社会利益。这一点非常重要。要培养儿童的意识，使得公共福利、关心他人的利益成为未来公民的个人事情，使得他的思想和情感世界不仅局限于物质财富和精神财富的消费。在这里又不得不提到一点，一个人的道德面貌在很大程度上取决于他在童年体验过的快乐源于何处。生活为儿童真诚地接受初看上去与他无关的事情提供了很多机遇，我们在帮助父母用心发现、感觉这些机会时，告诉他们教育就是创作。比如，在家中庭院对面的街道上长着一棵干枯的小树，父母并不知道是谁、什么时候种下的这棵小树。如果不理会它，它就会死去。让他们的儿子，一个二年级的小学生去发现至今为止他还没有注意到的这棵小树。如果不在他的心灵中唤起公民情感，他可能永远都看不到。让他去照料枯萎的小树，给他浇水，防止虫害侵袭。帮助他再栽种三棵小树，让他体验为人做事时获得的第一自豪感。随着儿童慢慢长大，他所做的事情就越有意义，因为这些事情是公民情感、忧虑和关心的基础。

在我们针对父母所做的工作中，还需要特别重视青少年的社会成熟问题。在这个也是非常细腻，很难捕捉到的精神生活领域中，家校的共同努力具有特别重要的意义。没有家庭的协助，什么事情都不可能完成，撇开母亲教育学谈论社会成熟性等于白白浪费时间。青少年社会成熟的最主要根源就是对家庭的劳动贡献。按照我们的观点，绝对不容许青少年在中学毕业之前只是物质财富的消费者，这是导致部分青年人患幼稚病的主要原因。我们与家庭一道共同关注初中和高中学生的社会成熟性问题，我们尽量使每一个青年男女都积极参与到社会生产中，真正地去劳动，不是为了实现学校提出的教育目标，而是为了物质目的，为了创造物质财富。这样才具有生活性，正是因为提出了生活化的、实用的目标，劳动从某种没有独创精神特点的活动变成生活中的事业。在劳动中学校的教育，准确地说，没有独创精神的教育越少，劳动的真正的教育意义就越深刻。由于学校和家庭思想的统一，以及对于青少年劳动生活的要求统一，我们这里形成了传统：

12～14岁少年挣钱用于购买冬天穿的鞋和服装；

14～17岁的青年要挣够买一年服装和鞋的费用。

通常从10岁开始，学生们需要通过劳动弥补教科书和教辅的费用。

人如何劳动，他做什么，抱着什么样的目的，决定了他思维的方式。如果在学校时期劳动只是教育的某种附属品，那么任何有意识的未来规划，任何严肃的职业方向都无从谈起。如果青少年的劳动不是真正严肃的成年人的事情，我们甚至无法与父母们交谈儿童的思维成熟、独立完成功课、公民的责任感、做好组建自己家庭的精神准备等问题。

58. 如何与家庭一道指导儿童的劳动

我再一次强调，儿童、青少年的劳动需要纳入家庭的经济生活中，成为必不可少的有机组成部分，父母将劳动视为儿童的神圣责任，这一点非常重要。如果不这样做，学校教育的妙计就都不会产生应有的效果。如果家庭不需要儿童的劳动参与到其中，如果父母通常自己想办法减轻儿童的劳动负担，不让他们参加劳动，那么学校组织的周实习课、双周实习课、月实习课，对于儿童而言都不会成为真正的劳动，只是游戏，说实话，只是一种令人讨厌、沉重、想尽快摆脱的游戏。只有当劳动成为一种经济的需要时，才具有教育力量。如果是这样，那么如常言所说，其余一切就能迎刃而解：学习也是一种劳动，父亲生病，不能工作的事实引发了少年真正的成年式思考。

在乡村学校解决儿童劳动中的组织教育问题并不难。是的，我再重复一遍，就是儿童的劳动。只有当劳动对于人而言不再是抽象的教育训练，而是一件事情，缺少了它吃穿都成问题时，这个人才能成为真正的劳动者，真正的人。我们与父母一起试图找到儿童力所能及的，生产效率高的工作。7～8 岁的儿童可以与母亲、哥哥姐姐们一起在养蚕小组劳动：他们摘桑树叶，放到架子上，整理好，收拾垃圾。9～10 岁的小男孩和小女孩不仅要在养蚕小组劳动，还要选玉米种，培育蔬菜种子，采集农家肥，然后播撒在菜地里。十一二岁的儿童可以晾晒干草，收获蔬菜和水果，放牧。

少年们在畜牧场饲养牲畜，青贮饲料作物，给种子去壳。有些 12～14 岁的男孩可以在菜园子里驾驶拖拉机。青少年们驾驶着各种各样农用车耕地，给种植经济作物和蔬菜的田垄松土、播种、收割庄稼。

青年朋友们，你们或许觉得提前让儿童参加真正的生产劳动，有点不可思议。我知道，个别教师对我们的劳动教育体系表示了担忧。这样儿童有休息时间吗？他们的压力会不会过大？我们根本不需要担心这个。这种体系并不是我们想出来的，而是国民教育体系的优秀传统：儿童帮助父母劳动，父母在劳动中不能没有孩子的帮助。当儿童学会了用手拿饭勺，把碗里的食物送到嘴里时，他就是在工作。这样做并不是为了让儿童在劳动中得到锻炼，而是因为儿童周围的每个人都要劳动，否则无法想象他们将如何生活。

国民教育学已经规定了儿童能够做什么，不能够做什么。因为国民教育学将生活的智慧与父爱和母爱有机结合起来。国民教育学并不担心劳动带来疲劳，因为它的本质就是劳动不可能没有汗水，手上不可能不长老茧。

国民教育学认为劳动具有神力，为我们开辟了书本教育理论中没有提到的教育智慧的新源泉。我们坚信，只有劳动，流汗、手长茧、疲劳，人的心灵才会变得敏感、有温情。因为劳动，人获得了用心认识世界的能力。

儿童和少年作为劳动者对待人的态度完全不同于那些不懂得什么是真正劳动的人。

59. 如何通过劳动美化心灵，培养人性

我还记得有一个小姑娘，她叫卓雅。她的母亲宠爱女儿，总是由着她的性子。这不，母亲病了。这是一种慢性折磨人的疾病，身体时好时坏，没有任何先兆。卓雅是一名三年级学生，她所在的班级准备去第聂伯河完成一次有趣的旅游，时间为五天。卓雅的母亲来到学校，咨询需要给女儿准备的路上用的东西。她当时感觉自己身体很不好，但她尽量淡化病魔折磨的影响。我千方百计说服她，不让卓雅去旅行。我把小女孩从课堂上叫出来，告诉她不能去。卓雅听后号啕大哭。

我问她："难道你没看到妈妈的状况吗？她病得很严重。她使劲地装出很健康的样子。难道你不担心吗？"

小女孩一脸懵地看着我。

卓雅非常冷淡地说："我怎么知道？妈妈并没有说她病了还是没病。"

小女孩对于无法与同学们一起出行表现出明显不满，但理智告诉她，不能丢下母亲。然而她在内心并没有表现出来，就是悲剧。

我不得不用几年的时间去唤醒这位小女孩的心灵。我设计了第一个教育任务，让卓雅体验到为母亲、为同班同学付出劳动而获得的自豪感。我看到了她的眼中闪烁着作为人的自豪，我现在可以说，在这个生命中一个真正的人诞生了。

现在卓雅已经成年，已经是两个孩子的妈妈。她的大儿子是学龄前儿童，我们已经开始与他的妈妈共同来培养他。

学校培养具有共产主义理想的人。在我们创造的社会中人与人之间应是朋友、同志、兄弟。只有当一个人为他人幸福奉献一小部分心灵时，才能培养出这些高尚的品质。只有奉献出精神财富，才能获得精神财富。当一个人为另一个人而创造，人与人之间的关系在这样的劳动中尤其凸显。劳动是一个无穷尽的概念，因为这个概念与人有关。劳动不仅体现在种庄稼或者种树中。最细腻的、最复杂的劳动就是当人来到另一个人面前，在

他的眼神中看到，在他的一连串话语中感受到了他的求助信号，这种劳动是人精神活动的最高境界。但是为了达到巅峰，必须经历最初的阶段，为家庭的物质富足而付出，创造必要的物质财富，满足人的吃、穿，保障他能住在设备齐全的房子里。

60. 如何使学校与家长一道来培养未来的父母

是的，学校只有与家长一道，才能完成这个任务。学校培养人，这个人不仅是公民和劳动者，还是未来的父亲和母亲，也是子女的教育者。我们教师们还要关心一件事情，这就是如何预防轻浮、草率地对待婚姻、爱情、生儿育女的情形。遗憾的是，这种情形在年轻人中很常见。我们与父母分享自己的忧虑。我们通过教育学校课堂，告诉家长们重视他们的子女们已接近于性成熟期的阶段。这时家长的任务是什么？关于如何理性地对待性本能的问题，我们与家长们达成理论一致的观点和看法。之后，儿童成长为青年，这时我们的男教师和父亲与男生，我们的女教师和母亲与女生分别交谈。多年的学校工作使我相信，这是一件非常必要的事情。可以说，这是我们与青年人心灵之间发生的最温柔、最细腻、最贴心，同时又是必要的碰撞。我们引导青年人体验生活，告诉他们如何成为真正的人。只有最敏锐和仁爱的教师可以担当这份使命。

根本不存在专门的“爱情学”。我们告诫年轻人，也告诉他们的父母，有一门关于人性的科学。谁掌握了这门科学，意味着他在处理精神一心理和道德一美学关系方面已经做好了准备，在创造新人方面做好了准备。爱情是对人性最严格的检验。一个人在童年和青少年阶段将自己的一部分精神力量奉献给他人的时候，就已经通过了这门课程的初级考试。

青年朋友们，我想给你们提出建议。当你们在培养学生，完成这一部最智慧的作品，也就是创造人的过程中，你们需要从相互关联、相互依赖的角度培养他的智慧、意志力和情感。在精神生活的这个领域，智慧和意志力是情感，也就是性欲的特别警觉的捍卫者。不要相信某些作家和政论家的见解。他们认为情感不可控，说人不能支配七情六欲。这是一块柔软的罩布，他们试图用它遮掩纵欲行为和所谓的“爱情自由”。列宁曾激烈地抨击了这种观点。

青年朋友们，你们将伟大的人类真理告诉处于生活起点的年轻人：爱情首先是为他爱的另一半担负责任。如果一个人在爱情中只是寻找享受，那么他就是一个贪淫好色之人，是一个下流无耻之人。爱意味着首先是奉献，将自己心灵的力量奉献给所爱之人，为所爱的人创造幸福。

让你们的学生永远记住，他们一生的道德纯洁取决于男女婚前关系的性质，取决于精神一心理、道德一美学成分在这些关系中的占比有多大。

不要害怕告诉青年人，什么是家庭生活，精神和物质是如何交织在一起的。我们提醒年轻人，不要让情感遮蔽了他们对未来家庭中物质幸福的思考。古语云："与心爱的人在一起，住窝棚也是在天堂。"这句话在我们的时代已经不适用了。如果缺乏生活必需品，就不在天堂，只有痛苦。我们告诉青年人，在思考组建家庭之前，一定要掌握一门专业，获得一份薪水，自食其力。

话语在教育中起着很大的作用。但要让年轻人真正懂得如何生活，还需要有很多条件。我再重复一遍，只有从事劳动，把为他人创造福祉的愿望带到劳动中的人，只有已经体会到了为他人创造幸福而感到快乐的人，才能与话语的内涵产生心灵的共鸣。只有当一个人在进入青年时代的最初阶段之前，也就是还在少年时代，他已经拥有了大量的道德一劳动经验，话语才能进入年轻人心灵的隐秘角落。首先教师需要唤醒人的内心，使得他在内心体验到为人创造福祉的快乐，然后说出激动人心、充满崇高理想的话语去启发他，这就是教师对年轻心灵施加影响的逻辑层次。在这种影响中积极的精神活动与话语有机地结合在一起。当谈到为了未来的丈夫和妻子、未来的父母的教育时，这种结合特别重要。受教育者的积极精神活动和教师话语在人类生活这个领域中的结合源于世界最纯净的小溪，它的名字就是尊重女性。没有家校的协同作战，这条小溪很快就会干涸，供水的源泉就会枯竭。

61. 如何培养对女性——女士和母亲的尊重

青年朋友们，你们要善于让学生从内心和理智上接受一个真理，即神圣的爱国主义情感源于母亲。你们要善于教会学生观察生活，因为在生活中人际关系极其复杂，它们直接面向年轻人，有时甚至是大声疾呼：不要视而不见，要去干预你们看到的事情。

在寒冷的一月，到处都是积雪。八年级学生们费了好大劲才来到了学校。他们聚集在学校温暖的走廊里，拍打着身上的雪。这时有人想起了，在我们学校的旁边还住着一位老妇人。她现在怎么样啦？大雪已经下了一天多了。我们去看看她吧。难道我们可以静静地坐在暖和的教室里，却忘记了大雪已经覆盖了住人的小屋子？或许，甚至都没有人给这位老妇人送口水喝。

他们穿过雪堆，艰难地来到了小屋子前。他们打开门，老妇人发烧了。怎么办？有人给医院打了电话，需要将病人送到医院。农场派出了一辆汽车，根本无法开出院子。老妇人在呻吟，因为发烧，她辗转反侧。这些年轻人急得团团转。我从来没见到这样的情形。这就是勇气，他们将助人付诸行动。我们做了一副担架，用皮大衣将病人裹起来，我们 6 个人一起抬起她。6 个人抬着走，12 个人在前面开道。每走 20 米我们轮换一下。我们拟订一个计划：一部分人抬到一个雪堆，另一部分人接着抬到另一个雪堆。雪花落在了眼睛上，外面是零下 20 摄氏度的严寒，我们浑身却湿透了，完全感觉不到寒冷和劳累。我们用了 5 小时，终于来到了医院。直到黄昏时刻，我们才把病人放到了病床上。

就是在这一天，真正的男子汉诞生了。14 岁的少年登上了勇气的第一级台阶。他们永远都不会忘记这一天。现在他们已经敞开了心扉，聚精会神地听着我对女士、母亲、姑娘、美丽和勇气的阐释。连着几天，在寂静的夜晚中，我们聚集在被称作思想空间的房间里。我感受到了，高尚的行为随着话语的渗透改变了心灵，开辟了心田，尽管在一些情形下话语具有巨大的教育力量，而在另一些情形下却可能只是空洞的语音，同样的话语，讲述的同一件事……为了使有关女性的话语打动年轻人的内心，那么就让这些年轻人登上勇气的第一个台阶，让他们为了女性而完成高尚的行为。

我给少年们讲述已经成为母亲的那些女士们。我告诉他们，作为儿子他们永远都不要忘记，母亲是生命缔造者。她给予了你生命，哺育了你，为你展示了世界和母语之美，让你懂得了善恶、荣辱这些基本概念。作为儿子的你们，请记住，母亲为子女着想，为他们的命运焦虑、担心。子女心地善良，做善事，这就是她的幸福；相反，则是她的痛苦。每一位女性都还是母亲或者未来的母亲。她按照自己的方式，深刻、高尚地感受对全人类的责任。母性使得女性变得美丽而智慧。从她成为母亲那一刻起，她的情感就具有了崇高的，除了她之外，任何人都无法理解的含义。

62. 如何才能使教师作为教育者具备应有的品质

只要学校还存在，康·德·乌申斯基的一段话就是永恒不变的真理："在教育中一切都要以教育者的个性为基础，因为教育的力量只能源于人的个性这个活的源泉，任何规章和纲领，任何人为设置的组织机构，无论它设置地如何巧妙，都不可能在教育事业中取代个性……没有个性化的教育对受教育者的直接影响，就不可能有渗透到个性中的教育。只有个性才能影响个性的发展与确立，只有用个性才能创造个性。"①

生活使我们明白，受教育者就是教育者的一面镜子。教育的艺术和技艺就是为了从受教育者形象中，在我们从小开始塑造的有思想、有情感和有体会的人身上发现自我。"一个有文化修养的人，人的形象在他的身上总是占据主导地位。"② 卢那察尔斯基的这句经典话语促使我们认真思考教师的真正作用。一个人的文化修养不仅体现在知识层面，而且还表现在多面体的人的形象上。教师个性的教育力量取决于他将教书和育人有机结合的程度。如果我们说，学校是用知识培养人，那么知识的这种教育力量首先隐藏在教师的个性中。

青年朋友们，让学生懂得自己，并不意味着机械地将自己大脑中的知识一股脑地倒给我们所教的学生大脑中。一刻都不能忘记，我们帮助人认识周围的世界，同时我们自身作为周围世界的最重要元素也呈现在他的思索和心灵面前。一个人在认识世界时，不可能不认识我们。我们教给他的知识，不是某种脱离于人的个性的东西，而是与人的情感世界和体验融为一体的。在这种融合中隐藏着一个"秘密"。按照我的观点，这就是在教育教学工作中培养人，也就是将知识变为信念时最难捕捉的一方面。问题在

---

① 引自于康·德·乌申斯基《学校的三个元素》一文。（Ушинский К. Д. Собр. соч. М.，Изд-во АПН РСФСР，1948，Т. 1. С63-64）

② 请参阅阿·瓦·卢查尔斯基《教育是什么?》一文。（Луначарский А. В. О народном образовании. М.，Изд-во АПН РСФСР，1958，С. 61.）

于，我们的学生对待在学校获得的知识持什么态度，在很大程度上取决于他们如何对待作为知识传播者的教师。如果教师热爱自己的学科，那么学生也会对知识、科学、书籍满怀爱的情感。教师的话语不仅代表了学科的意义和内容，还有思想的情感特征。只有热爱科学的人站在学生面前时，才能唤起他们对科学的情感、体验。

热爱科学是指什么？这种爱的源头是什么？如何培养学生热爱科学？我深信，这首先是教师要具有取之不尽的精神财富。在课堂上讲授的知识，只是储备的很小一部分，这样的教师才是真正热爱自己学科的人。教师的知识越丰富，他个人对待知识、科学、书籍、思维活动、精神生活的态度就越凸显。这种精神财富就是教师对自己学科、对科学、学校、教育的热爱。

一个热爱自己学科的教师，具有极高贵的品质。他不仅教给学生真正的知识，而且还促使他们去思考，所有教师都希望并且努力去做一个用知识、用对学科的热爱培养人的人。他们把教师个性对学生的影响视为一个人将自己的智慧、清晰的头脑、固有的求知欲和对知识的渴求通过另一个人体现出来。只有在课堂上必学的知识和超纲的知识之间架起了一座小桥，教师引领学生沿着小桥前行时，才能体现教师个性对学生集体和个性的高超的教育影响力。我把学生在课堂上获得的基础知识视为一粒种子，然后变成粗壮的思想枝干，提供丰富的收成，也就是让学生渴望知识，努力变得更聪慧，智力上更成熟，思想上更丰富的人。如果没有这样的收获，学习就是死记硬背，上课就是教师检查死记硬背的内容，学生就是听话的背诵机器。我认为，只有当学生产生了渴求比在课堂学到的多得多知识的愿望，而且这种愿望是激励学生学习、掌握知识的主要刺激因素时，教师才能成为知识的传播者，因而也是教育者。

我尽力做到，在课堂上将种子播撒在被耕过的土地上，课后开始丰富的精神生活。在这样的生活中，我的学生从知识的河流出发向知识的海洋游去。如果学习过程仅局限于课堂上、教科书中，从某一页至某一页的家庭作业中，我就不可能成为教育者，知识也不可能起到培养人的作用。学生们只有在课后燃起了无数个活跃的、好钻研的思想火花，知识的种子才可能破土发芽，长成思想大树。

首先，进行个性化的阅读，在书海中获得充实的精神（我们还会再讨论这个话题）。其次，非常重要的思想火花就是组成学习小组。教师因为这样的思想火花成了教育者，学生成了受教育者。我坚信，没有这个精神生活发源地，课堂也就是教师将大脑中的知识毫无趣味地、单调无聊地转移到学生的大脑中的地方。我们所有人，无论是教育者，还是被教育者，都是科学知识海洋的旅行者。我们准备报告和评介科学的最新成就，评注科学杂志上的论文。

青年朋友们，我想建议你们，你们的知识，你们对知识的渴望，对阅读的激情，就是你们的个性教育力量的巨大源泉。你们要善于亲自靠近这个源泉，把自己的学生也带进这个源泉中。你们要做所授课程的主人。教学大纲和教科书对你们来说只是基础知识，就好像字母对于掌握了修辞学细微特点的人一样的简单。你们要孜孜不倦地丰富自己的科学知识。在你们的个人藏书中应有很多书，这些都是你们讲授课程的基础。你们的藏书要足够多，确保每个学生在四五年间每个月都能读到一本新书（对个别同学，可能每周都要读一本）。你们要去发现和培养自己的学生，培养与你们在兴趣、爱好、志向、能力都相近的年轻人，使得每一个班级都有对你们的知识领域感兴趣的学生，使得每一位教师都有对自己所授课程着迷的学生。比如，语文教师有对自己学科感兴趣的学生，历史教师有对自己学科感兴趣的学生，地理教师、生物教师、数学教师也有对自己学科感兴趣的学生。

你们的学生越是深深地喜欢上你们所教的课程，越是表明你们是优秀教师，在你们的个性中教育者和教师的身份越是有机地结合在一起。如果教师的个性没有直接影响到学生的个性，实际上不可能解决能力、爱好和志向的培养问题。只有借助能力去培养能力，借助爱好去培养爱好，借助志向去培养志向。

在这里，我们稍微有些跑题。应当说，一个优秀教师的培养始于学生时期。有能力点燃热爱教师职业火花的人通常是喜欢儿童、拥有最大教育智慧的人，也就是善于经常在年轻心灵中唤醒做好人的愿望，今天比昨天做得更好的愿望，激发尊重自我的情感。

我想象的理想学校就是每一位教师都有自己的学生，也就是上面我们解释过的意义。可能有一个问题：如果每一位教师都有在追求为自己的学生创建某种程度上的特殊精神世界，那么基层的班集体会不会变弱呢？然而不仅没有这样的威胁，相反，如果每一位教师都有自己的学生，通过他们体现自己的能力，那么这时就会形成作为真正教育力量的集体。

63. 如何创建集体，如果集体是教育手段，那么集体存在的基础是什么

集体是一个复杂的统一体，有儿童集体、少年集体、青年集体等。集体是一条由数千条小溪汇合而成的大河，慢慢地逐渐形成的。我连续 32 年观察一年级学生的生活，教过几轮一年级到四年级的儿童。我认为，我有权利说，在儿童跨进学校大门之后的某个时间段，在班里还没有，也不可能有我们所说的集体概念。集体是逐渐建立的。我觉得，某些认为集体存在的基础是严格要求和组织上的从属制度的观点是很幼稚的。要求、责任、服从和领导是集体存在的很重要基础，但如果没有其他一些也很重要的基础，也不会有集体的存在。某些教师认为如果从学生中选出领导者，分配各自的责任，提出要求，就是创建了集体，那么他们的希望实际上是要落空的。一般来说，在学校集体这样极其复杂的精神团体中根本不允许将某种因素绝对化。普遍化和绝对化都不允许，不能说这样好，那样不好。集体不是某种来处不明的东西，而是教师的创造。犹如在水滴中一样，在集体中体现教师的教育理念，他的世界观。

我认为，形象地说，集体是建立在几块基石，即思想一致、精神一致、情感一致、组织一致基础之上的。

集体的形成、这些基石的铺垫取决于教育者。在一些情形下，集体元素在学生第一年的学校生活中显现出来。在另一些情形下，则晚些出现。一块基石的稳定性和坚固性与其他基石的稳定性和坚固性高相关。比如，组织一致性，也就是严格要求、服从、领导、管理、从属制度，取决于思想、精神和情感的统一。所以，不要急于创建某个组织性的从属关系的结构——领导和服从。即使班里已经选出来学生领导机构，已经分工负责，也不要寄希望于一切都会步入正轨。

我认为，集体的形成始于思想的统一，是被称为组织统一体这块基石依赖的基础。我总是希望儿童对善与恶，换言之，对什么是好，什么是坏，形成统一的共同概念、观点和认识之后，才开始创建集体。要让儿童追求行善，为善良而奋斗，通过参加集体活动做善事，同时不容忍罪恶，仇恨

罪恶，儿童要坚决和竭尽所能反对罪恶，这对奠定集体的最初基础尤其重要。当你们成功地在儿童的思想和内心中确立了美丽善良、不容忍罪恶这些概念的时候，你们就成了儿童的教育者。我希望每一个儿童都能理解和感受到，只有在集体中才能成为为善良而奋斗的斗士。集体奋斗带来巨大乐趣，有助于人感受到自己的力量、自己的美丽。在共同奋斗结下的友谊中，一个人去了解另一个人，产生非常重要的精神需求，需求他人，需求他人的支持和帮助。在管理别人（领导）时，应当学会管理自己，迫使自己去做良心吩咐做的事情。为了成为一个对发自良心的声音很敏感的人，就应当成为对善良和罪恶敏感的人。一个人虽然还很小，但已经是人，他已经有敏感性，任何时候都不能忘记这一点。他已经拥有为善良而奋斗的经验，体验和认识到这种奋斗的乐趣，而这种乐趣只有在初期共同创造美好、善良时才能体会到，没有这一点什么也做不成。

学生的年龄越大，他所做的惩恶扬善的事情就越有意义。我们教育界的同人们认为，需要在童年和少年阶段让每一个人都经历这样的集体奋斗过程，是非常重要的。这首先是用双手去劳动、创造和树立善良的意识。“口头的热情”，口头上表示不容忍罪恶。……实际上无任何举动，在集体教育中没有比这些更坏的行为了，因为罪恶在我们的生活中首先表现为懒惰、懈怠、对公共财产漠不关心、自私、市侩。我们尽力做到在童年、少年和青年时代早期，集体成员有共同的想法和体验，这就是为人类创造物质和精神财富。在不毛之地培育橡树林，将寸草不生的土地变成了郁郁葱葱的田野。只有集体才能胜任这样的劳动。这就是集体的巨大教育作用体现。正是在劳动中，人们通过统一的信念和统一的情感联系在一起。正是在这样的劳动中，像思想和情感的一致性这样的基石得以奠定。学生将各自的微薄之力叠加在一起时，才感受和意识到集体力量的强大，只有在集体中可以真正地认识人之美。

青年朋友们，你们要善于通过劳动这种形式将学生团结在一起，在劳动中突出为人民服务的思想，为人民谋福利贡献力量的思想。我们的周围处处都有从事劳动的机会。这不，一片空地呈现在学生面前，但他们已经习惯了视而不见，根本没有发现这片空地已经成了垃圾场。你们要让他们看到这片空地，让他们愿意去建造一个小树林，为那些在炎热夏季走累了的路人提供树荫下休息的场所。请你们记住，为人民谋福利的集体劳动就是进行真正思想教育的第一步。在这项劳动中汇集和连接了集体的思想和情感基石。任何时候都不允许你们的学生开始做某件事情之后，半途而废，前功尽弃。这将导致一个人道德败坏。也不能允许学生只说这不好，那不好，别人做得更好，我们做得不好。一点好事情都不做。教育不能靠说空话。集体正是在实践活动、奋斗和劳动中诞生和壮大的。

精神一致性是集体的基石之一。这不意味着，在认识领域中所有人都要有同样的具体兴趣。相反，成功的“秘诀”就在于集体成员有不同兴趣和爱好，阅读不同的书籍。精神的一致性就是指共同追求知识，尊重科学思想、书籍、聪慧、有教养人的精神。我是这样理解真正的集体精神一致性的。比如，七年级或者八年级有 35 名学生。其中，8 名同学喜欢数学，喜欢数学教师；物理成了 7 位同学的指路明灯；8 名同学倾心于文学；9 名同学被生物、土壤学、植物栽培学等吸引。这就是真正的精神一致性，每个人都有自己的爱好，每个人都有自己的“干劲”，每个人都在用自己的东西丰富集体的生活。集体的精神生活正是在这种多样化的爱好中变得丰富多彩。这些少年们在课前或者在下课后回家的路上聚集在一起争论和憧憬科技的未来。有趣的是，他们不仅谈论大纲上的材料、教科书，他们还在思考课上没学到的东西。追求不断地丰富知识是集体存在的条件，这很重要。这种追求完全取决于历史、地理、数学、物理、生物、文学教师是如何当教育者，是如何用科学的精神财富吸引学生的智慧与心灵的。这样的集体教育首先是教师为赢得学生的心灵而进行的一场智慧的、有分寸的斗争。实际上，这是在学校里创建几个精神生活的基地、中心，每个中心都有一位聪慧的、热爱自己所授学科的教师负责。每个中心都有自己的组织形式。比如，我们学校有科学课程小组，但还可以有其他组织形式。

64. 如何使集体成为个性全面发展的手段

人是不可分离的整体（道德的、精神的、情感的、美学的、创造的），只有在一个集体中才能发现这个整体展开、表现、发展的形式，但由于集体成员之间关系结构受到限制，所以这个任务难以完成。比如，一个基层班集体不可能是唯一一个解决个性全面发展任务的组织形式。一位学生对学习数学感兴趣，第二位同学喜欢生物，第三位同学偏爱文学，第四位同学热衷于技术发明。除此之外，每位同学都还有一门或者几门爱好：音乐、绘画、木刻等。个别同学随着自己慢慢长大，会发现自己兴趣爱好所需要的活动完全不同于其他同学。我们不可能将所有错综复杂和多方面的兴趣爱好、活动都融入基层班集体工作的组织形式中。前面我们已经提到，如果教师成了教育者，他一定是集体的中心，在这集体中青少年拥有共同的精神爱好。科学课程小组是最需要的能够保障个性全面发展的集体形式之一。这些小组的成员都是来自六七年级的学生。在个别学校智力活动迅速发展的地方，这些小组的成员还包括了五年级学生、四年级学生。通常，这些集体成员都是同一个年龄段学生。这并不排除七年级、八年级和九年级同学在同一个科学课程小组共同工作的可能。

除了对知识、科学、书籍感兴趣，学生还有其他的兴趣，如劳动、发明。劳动及与劳动有关的发明创造是发展个人志向、能力、天赋的重要领域。我们学校有些劳动发明创造小组，如技术小组、农业小组。这些小组也是根据年龄段原则组成。比如，由三年级到四年级同学组成的少年机械师小组，五年级到六年级同学组成的机械师小组，六年级到七年级同学组成的青年无线电技术小组，一年级到二年级学生组成的园艺小组，三年级到四年级学生组成的园艺小组，五年级到七年级组成的育种小组，从八年级到十年级的青年机械师小组。在每一个小组都有少则 8～10 个成员，多则达到 15～20 个成员。这是非常稳定的组合形式。某些学校的小组已经有二十多年的历史，一部分学生在一个小组参加活动；二至三年后，转入高年级学生所在的小组，另一部分学生接替他们所在的岗位。如精神一致性一样，劳动发明创造是能够将学生团结在一起的强大力量。

无论科学课程小组，还是劳动创造小组，都有自己的物质基础。课程小组有思想空间（或者图书空间），在这里学生度过最丰富、最充实的精神生活时光，在这里他们享受读书的时光，享受被卡尔·马克思称为智力游戏的时光。[①] 劳动创造小组有工作间、实验室和操作间。学生们在这里完成劳动任务（设计、安装）。科学课程小组的负责人就是教师。劳动创造小组的负责人或是教师，或是高年级学生。这是保障业余活动原则最重要的一方面。

还有另一类小组——业余艺术活动、文学创作活动、音乐、戏剧和文

---

① 卡尔·马克思在《资本论》第一卷谈到劳动过程中的体力和智力游戏时，写道："除了从事劳动的那些器官紧张之外，在整个劳动时间内还需要有作为注意力表现出来的有目的的意志，而且，劳动的内容及其方式和方法越是不能吸引劳动者，劳动者越是不能把劳动当作他自己体力和智力的活动来享受，就越需要这种意志。"（Маркс К.，Энгельс Ф. Соч. 2-ое. изд. Т23. С189.）

学作品朗读小组。在这里学生发现和发展兴趣，从而不仅在美学层面，而且在道德、情感、智力层面丰富个性的精神生活。我们教师们坚信，在这里学生的心灵和理智受到了最敏感、最温存的触动。如果没有这些触动，就不可能有作为精神统一体的基层集体生活。如果学生在某一个集体中没有表现出兴趣，反倒是令我们担忧的事情。

我们称这些集体为艺术修养集体。我们认为，这个名称更能表现学生在这些集体中完成活动的本质。艺术修养小组甚至吸纳了最幼小的学生。我们有两个童话故事小组。每组有 15～20 个一年级学生组成。高年级学生负责这些小组的活动。儿童们来到童话空间，高年级学生给他们朗读和讲解有趣的童话故事。小朋友们排演个别故事片段。在这个小组对于儿童最有趣的活动形式就是编写新的童话。

我们认为，在艺术修养集体中，儿童木偶剧团具有特别重要的意义。有 40 多个低年级同学（这个集体分为三个小组）参与到其中。高年级学生——共青团员是这个集体的负责人。

65. 如何培养服从和领导的能力，如何用严格要求的精神教育集体

如果学生能在很多集体中得到全面发展（我远没有讲到所有集体），那么就会形成一种情况，每一个高年级学生都是负责人、教育者。很多少先队员因此具有了领导的经验。这时，领导作为由活动衍生出的一种能力，似乎产生于活动过程中。当一个人展现出自己是某方面的能手时，经常被推选为负责人。儿童们愿意服从这些负责人指挥，因为在这种情形下，服从意味着希望今天比昨天做得更好。在学校里，如果一个集体没有统一的目标来激励着活动的积极开展，就谈不上服从和领导。非常重要的是，你们以严格要求的精神，通过这一活动去教育集体，而这项活动应鲜明表现出崇高的社会意义。

服从首先是对自己发号施令，这种志愿行为要求有高度的自觉性。在青年、少年，甚至童年阶段，只有当人懂得了活动的意义，而且也了解了潜在的情感意义时，他才能理解活动的崇高目标（崇高的社会目标永远是

高尚的)。只有自我服从的情感行为，简单地说，当儿童、青少年服从来自内心的想法时，才能有意识地听从同学们的话语，这时才有志愿的行为。让领导的意志建立在高尚的道德情感基础上，这一点在细致的工作中尤其重要。换言之，让领导向集体发号施令，行动起来。就本身的性质而言，这项活动就是为人民、为社会服务。我们在这里看到了集体的所有基石——思想一致性、精神一致性、情感和组织的一致性之间的联系。如果学生在活动中发现了能够让他心动，使他变得高尚的东西时，他根本不可能产生不服从领导者的意志和要求的想法。所以，我建议青年教师们：

你们要让学生通过具有道德和丰富思想的活动学会服从。让领导的要求、命令与学生的心声融合在一起。让明天的公民在完成具有重大社会意义的活动时，在今天的活动中体验到公民诞生的感觉。让他们用同龄人和高年级学生的视角观察自己。让集体通过规则、准则、要求表达社会——我国全体劳动者的伟大社会主义集体的理想。

只要小学生集体划分为几个组合（班组、小组），独立完成对社会有益的活动时，我总是尽力通过这种活动体现明确的思想要点，使每一个儿童不仅理解，而且感受到活动的崇高意义。

66. 如何培养少先队员，教师在少年先锋队组织生活中的作用

儿童加入了少年先锋队组织，也正是从那一刻起，他们开始了社会政治生活的新阶段。多年的经验使我坚信，基层教师、教育者的主要任务就是用伟大而崇高的理想鼓舞少先队。对于儿童和少年而言，少先队是公民生活、社会政治生活最重要的组织形式。某种比个人志向、才能、兴趣和热爱劳动及创作更有意义的东西在不断激励着儿童和少年，让他们在精神上感到充实，使他们能够团结起来，这就是少先队集体的生命力所在。

按照我们教师们的观点，少先队组织就是培养公民意识，培养爱国者的社会政治关系大课堂。我们认为，少先队和共青团的主要教育任务就是激励青少年的心灵，使他们从内心认识到伟大的祖国、社会主义制度、革命的成就、为建设共产主义而奋斗，对于每一个人而言都是最宝贵和最神

圣的东西。我们需要帮助少年队员和共青团员们去创建自己的组织生活，使这些珍贵而神圣的东西驻扎于他们的内心。

如何在实践中做到这一点？首先，儿童、少年的活动要具有丰富的社会政治、思想内容。祖国、故乡、革命的成就、共产党、伟大卫国战争的神圣，都应成为年轻人心灵中最珍贵、深度个性化，促使心跳加速的东西。只有当这些思想体现在具体的事情、行为的相互关系和社会活动中时，这一切才有可能实现。

我们学校的优秀教师总是在关注，如何不让大量实际事物遮住青少年意识和情感中伟大、神圣、高尚的东西。在少先队组织中生活的5年间，我们常常给少先队员们讲一些道理，告诉他们，一切物质和精神财富都是我们的先辈用宝贵的生命换来的，每一寸土地都流淌着祖父和曾祖父的鲜血。没有伟大的祖国，我们每一个人都是微不足道的。只有伟大祖国的坚强臂膀才是激励我们每一个人上进、成长的神力。如果没有2000万英雄在反抗法西斯的战斗中，为伟大祖国的自由和独立而浴血奋战，我们根本无法享受到无忧无虑的童年和少年。我们的神圣职责就是为伟大祖国的庄严和强大而奋斗，认识我们的祖国，视其为无比珍贵、无与伦比、不可比拟的神圣之物。

我们认为少先队组织的重要任务之一就是认识祖国，用智慧和心灵去了解祖国。每一个未来的公民在认识最珍贵的神圣之物时，都会为祖国的富强繁荣而欢欣鼓舞。每一个幼小的心灵中都要有一种强烈的情感：为了伟大祖国的富强繁荣昌盛，我可以做什么？我们总是通过开展积极活动，让儿童和少年们用智慧和心灵认识祖国。

我们每一个少先队都要开展漫游祖国的活动。这就是讲述我们国家的资源及各个民族的生动而激动人心的小故事。在少先队员们面前摆放着一张地图，每一个小故事都涉及我们祖国的一个角落。儿童们的思绪漫游到了离家乡越来越远的东方。我们通过画片、幻灯片给他们介绍生活在各地的人们的生活和劳动。幼小的心灵感受到了各个民族之间令人惊叹的真挚友谊氛围。漫游祖国的活动一直持续很多年。儿童长大，成为一名共青团员，但漫游祖国的活动还在继续。这样的活动使得我们对伟大祖国的庄严和强大有了更深刻的印象。

漫游祖国的活动不仅是让儿童用智慧和心灵认识当下，而且还能回首往事。我们给儿童讲述各个民族反抗社会压迫和外来侵略者的事迹。让他们感受到各个民族是一个统一的大家庭，体会各个民族之间的友谊，这是最复杂而深邃的一种情感。如果个人不相信民族团结的伟大与美好，不相信各个民族为了摆脱外国侵略者和奴役者，摆脱剥削在共同奋斗中结下的情谊，就不可能有这种情感。

为了培养这种情感，我们需要举办一些充满崇高思想的活动。我们的少先队员与我国其他兄弟民族的儿童交朋友。他们与俄罗斯和白俄罗斯的少先队员们结下了深厚的友谊。我们的儿童一直与居住在第聂伯河沿岸的斯摩棱斯克及白俄罗斯 3 所学校的少先队员们保持着交往。这种交往已有 15 年以上。每一年，在同一天的同一时刻，来自乌克兰、白俄罗斯和俄罗斯的儿童相约来到大河的岸边，共同种下一棵友谊之树。年幼的少先队员们一起立下誓言：3 所学校存在多少年，在第聂伯河就将种下多少棵树。

儿童们在被我们称作友谊日的那一天体验着激动人心的兄弟般的情感。因为我们亲眼见到了兄弟民族的儿童，所以这种情感越加浓厚。在近 10 年间，我们的少先队组织每年都要派代表去实现一次开心之旅。我们来到白俄罗斯戈梅丽州的科尔缅寄宿学校，去拜访那里的少先队员们。同样，白俄罗斯的兄弟们也是每年一次到我们这做客回访。很难用言语表达儿童们因为这些见面而体验到的深厚友情，每一个人都找到了自己的远方朋友。几天的见面活动很快结束了，儿童们眼含泪水相互道别。

教师们坚信，各族人民之间的友谊是人类灵魂中细腻、高尚、崇高的行为之一。社会性和个性通过这样的行为有机地结合在一起。我们认为，学生们还要把这一情感注入劳动中。在友谊日这一天，我们要求每一个少先队员都要种下一棵小柞树苗，纪念与同伴之间的恒久友谊。年复一年，小树渐渐长大。少先队员们就像母亲关心儿子那样照料着树木，他们的心灵也因此变得高尚。

每一个少先队组织都有一块承载着记忆的圣地，这里曾经在国内战争或者伟大的卫国战争时期发生过激战。学生们在这个地方树立了一座鲜活的英雄纪念碑：他们将从 200 年树龄的柞树上采集来的橡实种在这里。这座鲜活的纪念碑将在此地屹立 500 年以上，不仅让人们记住英雄，而且还可以为疲倦的路人带来快乐。少先队员们想到这一点时，感到很开心。

在离第聂伯河岸边不远处，探寻历史遗迹的少先队员们发现了一块嵌入土地中的巨石。亲历解放乌克兰，摆脱法西斯侵略者战役的人们告诉少先队员们，曾经两个苏军战士率先从第聂伯河的左岸强行渡到右岸，在这块巨石旁防守了一天一夜以上。少年先队员们还在这里发现很多被子弹击碎的石子。他们在这块巨石旁种下两棵柞树，纪念这为祖国而献身的两位英雄。经过长期的寻找，他们还找到了牺牲英雄的亲人。英雄的亲人从遥远的西伯利亚来到我们学校做客。少先队员们加入共青团之后，将鲜活的英雄纪念碑作为接力棒交给下一代少先队员。

缅怀为祖国的自由和独立牺牲的英雄成为少先队员和每一个少先队组织生活的最重要内容。年幼的少先队员们用了几年建造了一个永垂不朽屋。这里悬挂着在伟大卫国战争中牺牲同胞的肖像。少先队员们用心记录着海陆空战役参加者讲述的内容，视其为人民的荣耀与荣誉的珍贵点滴。我们不会忘记他们，不会忘记曾经发生的一切——这句话已经成为我们学生的座右铭。

67. 如何使年幼的少先队员们理解和领悟共产主义思想

古拉丁谚语云：话语点醒人，榜样引领人。我认为教育的重要目的之一就是，通过能够体现鲜明的崇高美德的形象和榜样，将共产主义思想灌输到青少年的意识和心灵中。崇高美德就是指为人民的幸福而奋斗，在奋斗中牺牲自我，忠实于信念，不屈不挠地在战胜困难，对共产主义意识形态的敌人零容忍。我们尽力让每一个学生在童年和少年阶段从内心敬仰那些为共产主义而奋斗的人们，让每一个学生都能受到激励和鼓舞。当儿童戴上红领巾，庄严地宣誓之后，我作为他们的教师，每周还要用一次或者两次时间与他们一起上共产主义阅读课。我们每一位教师都认为这是一件最重要的事情。这是教师和学生之间最为密切的精神交流，年幼的少先队员们可以向我们敞开自己的心扉。如果在这样的时刻，我们不与儿童们待在一起，意味着我们将无法发现儿童心灵很多隐秘的角落，意味着我们无法使用温柔的刻刀在塑造的人像身上刻出细腻的线条。

共产主义阅读课既是一堂读书课，又是一场生动而引人入胜的故事会。多年来，在我们学校已经形成了固定形式的阅读课和专题故事会。我们阅读和讲述杰出共产主义战士的事迹。比如捷尔任斯基、斯维尔德洛夫、拉佐、台尔曼、季米特洛夫、卡莫、弗契克、尼古拉·奥斯特洛夫斯基、尼克斯·别洛扬斯基。讲述列宁的生活和他为人类幸福而奋斗的事迹。

儿童钦佩共产主义者对信仰的忠诚，敬仰他们那种不屈不挠、对敌人和思想的对立者绝不妥协的精神。这样的形象激励和鼓舞着儿童不断上进。

每一次，当我给年幼的少先队员们朗读和讲述共产党员卡莫的英雄事迹，讲述他如何在政治刑讯室顽强地忍受严刑拷打，甚至在残酷的折磨中都一声不吭，不妥协时，我看到儿童的眼中闪烁着敬佩的火花。随着儿童上阅读课次数的不断增加，儿童们就越能深刻地理解共产主义真理。

朋友们，你们要像珍视无价之宝一样，去呵护儿童和少年内心中对伟大共产主义思想的力量和真理的惊叹，保护他们的敬佩情感。正如你们所知，青少年用智慧和心灵发现真实的周围世界，尽力去了解神圣的事物。他们总是努力去发现自己效仿的榜样，指路明灯和光明大道。不要让青少年心中的永恒火焰泯灭——信仰神圣而坚定的真理、坚信真实的共产主义思想，为共产主义思想而奋斗。如果有必要，可以献出生命，这是最伟大的气概，最崇高的美德。

共产主义阅读课之火点燃了儿童对神圣和坚韧不拔事业的信心，对坚定的高尚思想的信心。只有当一个人用自己的行动表现出共产党员灿烂而果敢生活中令他惊叹和钦佩的东西时，这种信心才能像熊熊燃烧的火炬一样熠熠生辉。青少年不仅要有所作为，还要用行动和劳动证明某种东西。这是共产主义教育和自我教育的重要原则。儿童和青少年用智慧和心灵认识了伟大的共产主义真理，他们的精神在这样的瞬间得以升华，所以我们认为自己的教育任务就是用这种精神鼓励他们参加劳动。如果在儿童的生活中可能有共产主义的劳动的话，那么这就是未来的公民想通过这种劳动去证明某种东西。因此，今天他已经成为一名公民。我们尽量让我们的学生通过自己的劳动去证明：

在我们的社会里人与人之间是朋友、同志和兄弟；

自由的劳动者希望通过劳动证明自己，希望通过自己双手的创造留下自身的美丽；

社会主义社会的公民希望通过劳动，也只有通过劳动去创建自己的荣誉、尊严；

劳动可以通过任何一件最平凡的事情升华为创作，成为诗篇，新灵感的源泉；

每一个公民都可以通过自己的劳动为增强国力献出自己的一份力量。

劳动一定要有高尚的精神激励，在我看来，这就是对少先队员进行完美思想教育的一个方面。

如何在实践中实现这种劳动的思想？

生活中存在无数的可能。每一个少先队员在建设花园时，都种下了一棵树。劳动成为另一种默默的竞赛。每一位少先队员都尽力将某种属于自己的，深度个性化的东西体现到树苗中。

我坚信，每一个人都是满怀喜悦地面对自己的小树，视其为亲手创造的东西。当他们仔细观察这棵小树时，他们开始热爱劳动。每一个人都在证明，他有能力用双手创造美好。

我坚信，如果一个人能用自己的劳动确立崇高的思想，那么他就是一个高尚、原则性很强的人。他珍惜神圣之物。在社会生活中的一切都与他有关。这样的人就是实实在在的社会活动家，他不说大话。当他还是少年时，他已经在道德上趋于成熟。

朋友们，你们可能有些不解：作者开始谈论的话题是如何向少先队员的头脑与心灵灌输共产主义思想，为什么现在又在讲劳动？你们知道，我们所处的时代是劳动创造的时代，我们需要教会年青一代在劳动中表现出无畏的精神。在我们的时代，一个人正是在为了共产主义胜利的劳动中日渐成熟。

68. 如何使得共青团员在拿到红色共青团证的那一刻心潮澎湃，如何做到让青少年珍惜共青团员的称号

你们作为年轻教师，将来一定有机会带高年级班的学生。我想根据我的个人体验，给你们提点建议。

一天的工作结束之后，我回到了家。打开记事本，想起了我的学生们。我的眼前又浮现出聪慧的、逗乐的、开心而顽皮的、若有所思的和忧伤的眼神。我也建议你们去这样独处，去享受因思索年轻人命运而带来的快乐和忧虑的时光。

请你们记住，共青团组织是一个志同道合者的组织，是在思想、信念、世界观一致、对生活、对他人和对自身的态度都一致的组织。你们要让年轻人因共同的思想、理念和信念而受到鼓舞、激励，并团结在一起。我们来到共青团这座美妙的宫殿，我们都是有着共同理想的人。如果有必要，为了我们的理想，我们的信念，我们时刻准备奉献一切，甚至生命。这就是共青团教育的黄金法则。

这种思想的一致性体现在哪里？如何确认这种一致性？如何在实践中达到这种一致性？

意识形态、思想的一致性是共青团员的灵魂和核心。每一个手捧共青团证的人，都应把自己当作一名为共产主义而奋斗的勇士。他们开始思考未来，面向未来，共青团员成为为未来而奋斗的战士，从此伟大、美好、高尚的思想将激励着共青团员。未来的光环照耀着共青团员平凡而普通的生活。在光环的照耀下，平凡而普通的生活开始大放异彩，变得迷人而浪漫。意识形态的一致性就是指为未来而奋斗，在奋斗中富有豪迈激情的共青团员们表现出了活力和生命力。我们回顾一下党史和共青团史中的英雄篇章，是什么促使饥寒交迫的我们与武器装备齐全的侵略者们决一死战？是什么激励着人们在前几个五年计划期间日夜兼程地工作？是什么助力我们在垦荒最初日子里承受着失去与痛苦？是对未来的憧憬，是对最公正美好，最智慧和最人性化的制度——共产主义的向往。

但如何让每一个人真正看到共产主义的未来？并不是每一个人都要飞向宇宙，或者每一个人都要在22岁时完成博士论文答辩，并不是每一个人都能成为国际知名的歌手，或者解密科学家们数年绞尽脑汁无法解读的文字体系。大多数人都不是宇航员、院士，而是庄稼人、畜牧工作者、石匠和车工。朋友们，我们想一想，年轻人如何在平凡而普通的劳动中发现伟大的思想，不仅在劳动中看到谋生的手段，还有更多无法比拟的某些东西？

通往思想、意识形态一致性的道路就体现在平凡的劳动中。起初看上去这种劳动毫无特别之处，对于人而言，这种劳动可能是一件沉重而讨厌的事情，也可能是一种美好，让人在为创造世界之美，创造自身之美的奋斗中变得高尚。在我看来，共产主义战士的思想一致性就是指要超越时代，憧憬未来，在劳动中看到未来，通过双手的付出去感受未来。

我记得在集体化的初期，村里的第一个拖拉机手觉得自己就是一名英雄。因为他跨越到一个无人知晓的世界，他打破了生产资料私有制长期束缚人的枷锁——他开垦荒地，控制不可思议的神奇机器，让它听从自己的摆布。每年，我都要光顾由14～15岁共青团员们组成的小组，就是为了告诉他们，我们长辈对他们有什么样的建议，从什么事情开始做起。每当这时，我的眼前就浮现出第一个拖拉机手雅士卡那种充满朝气的眼神。姑娘们都说他有一双炯炯有神的眼睛，每个姑娘都在暗恋着他。

朋友们，我给你们讲一下我们学校共青团组织刚刚建立那段时间的事情：当时我们一共有25人。我们要从事的劳动是祖祖辈辈无数次做过的事情。我们需要播种一公顷小麦，育种，然后交给农场。我们可以在这片土地上再重复做一次这件已经被做过无数次的事情。我们也可以前行一步，像在未来共产主义制度下生活的人们那样去劳动。在我们这个地区即使在最好的丰收年头，一公顷肥沃土地的产量也只不过是 35 担，偶尔也有 40 担。但我们设定了 70 担的目标。这可是闻所未闻的事情。事实上，人类还远远没有揭开大自然的力量和奥秘。如果我们彻底揭开了大自然的奥秘，那么小麦的产量将比现在高一倍。年轻的朋友们，这将是一次创举，而我们也会注定不平凡。当共产主义社会到来时，我们的土地，不再是一公顷，而是广袤的田野将提供给我们这样的财富。但我们今天就要获取这样的财富。

我们的劳动实际上不简单。我们不仅是指劳动过程的性质，必须在很多方面改变大面积种植小麦时使用的方法。我们的劳动不平凡，是因为它触动了学生们精神生活的方方面面。劳动成为我们为一种思想而奋斗的武器，这种思想激励和鼓舞我们，使我们联合成为志同道合者的团体。学生们感觉到自己是不平凡的人，因为我们不只是在谋生，我们是一群要在无人涉足之地开辟出第一条垄沟的人。

如果没有统一的思想，如果没有崇高的共产主义思想激励着大家，集体中的任何组织联系都是无能为力的。我想象着在某一瞬间：当我们用双手从壕沟里挖出沤好的圈肥，装上大车，运到田里时，如果某个共青团员拒绝去肥料厂劳动，会发生什么事情呢？如果真发生了这样的事情，这个人就会觉得无地自容，同学们称他为懒汉、睡虫、妈宝、娇生惯养。学生们是发自内心说出来这些话的，不需要任何准备，因为如果一个人的内心受到了崇高思想的鼓舞，他一定对周围发生的事情非常敏感。这种崇高思想守卫着理智，暗示可以做什么，可以说什么。朋友们，请你们记住，这也是共青团教育的重要准则——内心不能休眠，要永远恪守良知。学生们说：我们需要拼命劳动。我们把堆在沟里，变成了沤肥的肥料运到田地，像撒种一样，播撒在田间的各个角落，让每一株幼苗都能得到养分。我们从科学杂志上得知，淤泥是种植小麦所需的最好肥料。池塘里有很多淤泥，大约有数百万吨，我们将这些淤泥挖出来，运到田里。冬天下雪之后，我们来到麦田，把雪堆到我们负责的那一公顷土地上，湿润土壤。春天我们给农作物追肥。夏天时，每一个人都在忙于自己的工作。一部分人在畜牧场工作，另一部分人在蔬菜队帮忙，我们当中还有人养蚕。种植小麦是额外的劳动。每当清晨或者傍晚，我们聚集在麦田里，用小锄头在行间松松土，以保持土壤的水分，促使小麦分蘖。庞大的麦秸和沉甸甸的麦穗令我们心花怒放，我们查数一个麦穗共有多少粒麦子，在收割庄稼前还对收割的麦穗进行称重。收割庄稼对于我们来说就像过节：我们穿着节日的盛装，我们每一个人的内心都充满了喜悦，激动不已。一公顷土地究竟产了多少担小麦，大地慷慨地奖赏了我们。一公顷土地产下了70多担小麦。

在欢乐的时刻学生们相互聚在一起！当共青团员们把所有的麦粒收集到一起，称重之后，晚上他们又自发地欢聚在校园。没有人召集这场聚会，我们就想聚在一起。我们愿意一起憧憬未来。我们感觉自己就像是打胜仗之后的胜利者一样。我们好像登上了高峰，而新的更高的峰顶在阳光照耀下已经在向我们挥手。我们憧憬着：我们的田地将产出80担、90担麦粒，这一天总会到来。农业技术将会发生变化，新的机器一定会出现在我们的田里，粮食的行间也会像种植中耕作物——甜菜、玉米那样去耕耘。种子将增大两倍。我们心潮澎湃，因为我们自豪，我们展望未来。

69. 如何培养共青团员，使得每一个人都永远追求上进

我看到学生们相视而笑，他们好像在相互凝视。

我们受到了伟大思想的鼓舞，创造着自身的美丽。青年朋友们，我们思考一下，认真想一想这条共青团教育工作中的真理：应当培养青少年，让他们每一人都感觉自己是美丽的。要让道德美去孕育人所具有的自豪感，公民的尊严。一个人不仅要审视自己周围的事物，而且还要正视自己。如果一个人不为自己的美丽而感到自豪，他就不可能体验到良心的谴责，他永远都不可能理解长辈的谆谆教诲或者批评的话语。只有当集体有共同思想的激励，才能培养出自身的美丽。

我们迈向未来，我们在高尚共产主义思想的激励下去劳动。但不要轻易许下诺言，否则这些诺言就像懒散匠人手中的工具一样，变旧、变钝。如果在每一步出现困难时，我们都去动用这个脆弱而细腻的工具，那么这将是亵渎伟大而神圣的事物。比如说，我们应当去拔草，在烈日下劳作一天。这时教师马上提醒说：那保尔·柯察金在采伐树木时的工作环境是什么样的？阿木尔共青城的第一批建设者们面临着怎样的艰难困苦？不，我们不能这样教育学生们。一把锋利的工具就剩下一个木把，无论对内心，

还是对年轻的灵魂都不会有任何作用。你们要尽量使得共产主义思想的激励作用就像内在的，自动推进的道德力量在每一个人心中留下烙印。使得最锋利的工具越少用越好，只有在这样的情形下，这些锋利的工具才会影响到年轻人。

但体会自身的道德美并不意味着就是孤芳自赏。一个人感受到自豪的同时，还会对自己不满意。他想变得更优秀，否则，体会不到自身的道德尊严。这是在年轻人道德发展中很难捕捉的规律性：当一个人今天的表现好于昨天，当他在同志和自身中发现完全新颖的东西之后，他想变得更优秀、更完美时，他才有进取的动机。共青团教育工作中有一条很重要的原则，就是希望年轻人永远都在成长，经常改变自己，永远不要停留在昨天。还有一点很重要，希望每一个人都能意识和感觉到自己的成长过程。年轻朋友们，你们要关心学生道德发展中的停滞现象，提防学生在道德层面的僵化。不要让一个人在漫长的成长过程中感受到自己的缺点是无法改正的。

70. 如何激励人不断提升和完善道德品质

这通常是一个最有趣，在我看来，还是青年教育工作中缺乏研究的领域。在我们教育集体中总有一条原则，可以简述为下列内容：一个人为了追求自身道德的完美和完善，他应当在身边同学的身上去发现这种完美和完善。一个人需要在与其他人相处，在与他人交往中完善自我。正如马克思所说，为了培养自我意识，“人首先把别人当作一面镜子映照自己。只有彼得将叫巴维尔的人视为与自己同样的人时，他才开始把自己看作是人”①。学会把自己看作是一个人，这不正是集体中教育艺术的奥秘之一吗？但遗憾的是，很多教育者无法理解这一点。

我们坚定地认为，集体教育力量的源泉首先表现在集体劳动的过程中。一个人正是在今天，通过这样丰富的集体精神生活，在同学身上发现了昨天没有注意到的东西，这就是发现别人。形象地说，他因此看到了自己，评价自己，做比较：昨天的表现是什么样，今天又是什么样的。这是集体

---

① Маркс К.，Энгельс Ф. Соч. 2-ое. изд. Т23. С62.

精神生活特别重要的一方面。你们在培养年轻人时，尽量让每个人在集体劳动中，通过同学的眼睛发现备受崇高目标鼓舞的火花。即使最惰性的，似乎是最冷漠的人，只要看一眼同学的眼睛，就像照镜子一样能发现自己的思想和追求。让他惊讶地停下来，让他的内心燃起因同学而生的自豪感。你们知道，只要做到这一点，你们就可以在学生内心点燃对认识自己的思想火花。

所以，因劳动而变得高尚的集体在教育工作中具有重要意义，你们要学会让年轻人去做让人高尚的事情，把他们的思想和情感融合在一起。每一个人在同学身上看到了真正人的美德之后，扪心自问：我是否达到这样美的境界？我能够达到吗？我明天是否比今天优秀？一个人道德面貌取决于他如何严格要求自己。一个青年人如何达到公民应有的忘我精神与美德的神圣境界，也与此相关。

71. 如何使年轻人关心我们的生活和奋斗

这里谈到了青年人的神圣使命。每一个年轻共产主义者在思想和内心中都应当怀有某种神圣的、无价的，与任何东西都无法比拟的圣物。内心和思想中的圣物就是伟大的祖国，她的荣耀、荣誉和强大。其他一切在伟大祖国面前都应当黯然失色。

共青团教育最主要和最复杂任务之一就是培养爱国者和公民。如何做到让每一个年轻人都珍视祖国，在内心呵护她，使得祖国对于每一位青年人成为一盏照亮其他一切的明灯，使得每个人都在这一盏明灯的照耀下看到周围世界，主要是发现自我。

这里，我们谈到培养公民的情操问题，我总是在心中将其视为教育的神圣使命。一个人只有具有敏锐和勇敢的心灵，才可能成为爱国者和公民。形象地说，爱国主义是情感和思想的融合。爱国主义是指用智慧，首先是心灵理解伟大的祖国。一个人在周围世界中成为另一个人所珍重的人，另一个人准备为这个人贡献出心灵的一切力量。这就是理解神圣东西的开始。爱国主义就是始于对人的一种爱。从爱国主义的视角去发现和感受世界，爱祖国根源就是对大地上最亲近的人——母亲的爱。维·格·别林斯基说过："自然界最伟大和最高尚的生物就是人。"① 这种伟大和高尚的巅峰就是母亲。在世世代代人们的意识中爱国主义概念本身就是从珍贵的人性，从哺育我们的母亲形象中形成的。三十多年与年轻人打交道，使我有资格坚定地认为，培养青年人以诚挚的、发自内心的、温存的、关心的态度对待伟大的母亲和人性的巅峰，这是共青团组织最重要的思想和政治任务之一。如果一个人以冷漠、铁石般的残酷态度对待母亲，那么他就不可能拥有高尚的美德。他放弃了埋葬着母亲的祖国大地，奔向异国他乡，可谓是令人厌恶的铁石心肠之人。飞廉草永远不可能绽放出玫瑰花。一个没有热情、温存和真挚情感的人，不可能成为爱国者。

青年朋友们，我们要理解共青团教育中的最简单真理：一个人应当爱别人，应当细细地体验旁边人的快乐与忧愁。这种对人的情感应始于母亲。我们想一想，有多少各种各样的周六义务劳动日和周日义务劳动日、周活动、月活动、突击检查和远足活动。你们能找到一个共青团组织书记询问共青团员"朋友们，你们在这些天为自己的母亲做了什么事情？"这样的问题吗？我建议从事青年工作的教育者们：

在我们极其丰富的言语中找到如露珠般清澈，如潺潺清泉般的话语。犹如在神圣的活水中一样，这股清泉蕴含着人类的忠诚和忠实的永恒美德——对母亲的一种爱。就让每一个年轻人将这种美德带到自己的家中，就让每一个年轻人将心中的理想奉献给母亲。

我对男女青年说：

"对于我们来说今天是一个隆重的日子。你们拿到了共青团团员证。你们与母亲分享着快乐。我给你们每一个人提供一棵神奇的苹果树苗，拿走吧。这是一株非同寻常的苹果树：红色的水晶苹果映出了柔情的朝霞，大风来临之前的红色落日。我们把这样的苹果叫作母亲果，我们将呵护这些果树，就像爱护母亲名字一样爱护它们。"

这是最具有思想性、最具有政治性、集体性的教育。在七月里一个月光明媚的夜晚，我的学生，也是我的年轻朋友，从母亲苹果树摘下果实，献给了母亲，对于我来说这是快乐时刻，我登上了教育智慧的一个高峰。

爱他人就是一块培育爱国和为祖国服务花朵的沃土。为了使这支快乐的小花随风起舞，每一个男生、女生都要用理智和心灵理解我们的伟大祖国。每一个人都应把自己看作是祖国的儿子，体验个人的自豪感，因为他

① Белинский В. Г. Взгляд на русскую литературу 1847 года-в книг. : Изб. статьи. М. , «Детская литература», 1973, С207

是千年荣誉和数千年精神财富的继承者，是祖国壮美今天的缔造者。

作为年轻人的教师，如何在实践中做到这一点？

应当用点燃年轻心灵中犹如明亮火把般的热情语言，去讲述我们祖国自古以来艰难而光荣的历程，指出通往光明未来的不平坦之路，使得年轻公民感到自己就是千年的行路者，为前人传递给他的一切负责，为需要传给未来一代的无价之宝负责，在传递中不丢失一点财富，不忘记在为伟大和光荣的祖国奋斗中得到的每一条真理。

这就是赞美我们祖国英雄儿女的激情语言。他们的名字就像永恒的星星永远在祖国的天空中闪烁，无论过去，还是将来都永远是新一代人的指路明灯。

或许，有人读完这段话之后会微微一笑。或许，有人会想，您是否过高评价语言的力量，您是否视愿望为事实？不，一切如此。语言是指挥战斗的统帅。语言是触碰人类心灵琴弦的音乐家。你们知道，拨动哪根琴弦能够奏响美妙的音乐。在与学生谈到藏在内心深处的思想和高尚的行为时，我拨动了被我称为公民性、人性、诚实、尊严的琴弦。我直接面对每一个人活的灵魂。站在我面前的是充满朝气、眼睛炯炯有神的科里亚和柳芭、万尼亚和加利亚、吉娜和舒拉，而非某个抽象的学生。教师的语言充满激情，他设定的目标不是培养抽象的爱国者，因为这样的人根本不存在。而是促使科里亚和柳芭、万尼亚和加利亚、吉娜和舒拉的内心涌动。

这也是我们共青团教育的宝贵原则之一。

我们知道几十个关于祖国真正英雄儿女的充满激情的故事。我给学生们讲述遥远的过去，回忆那些峥嵘岁月。我的这些年轻朋友们屏住呼吸，倾听我讲述着扎波罗热哥萨克的故事。敌人活活地剥掉他们的皮，将烫得通红的铁块放在他们的伤口上，要他们背叛祖国或者静静地屈服，而他们却自豪地冲着敌人说出了一个充满豪情壮志的词语：“不。”我告诉学生们关于谢尔盖·拉佐的故事，他因为坚信共产主义而被敌人活活地扔进了火车头锅炉里。我给他们讲我们的两个同胞，他们是英雄的少先队员。法西斯采用了可怕折磨人的手段，没有获得任何关于游击队员的秘密，于是将他们活埋。我发现，在我们年轻朋友的眼中燃烧着对敌人的刻骨仇恨。如果你们告诉这些年轻朋友们，我们的国家需要他们上前线为自由和独立而战，为祖国的荣誉和强大而战，他们每一个人一定高喊着祖国，去决一死战。

只有智力障碍或者道德沦丧才能阻碍语言通往心灵的路。语言是为人类心灵而战的坚强斗士。一切取决于你们作为教育者说了哪些话语。有一些话语就像呆小病患者一样软弱无力，畸形。有些话语就像枯萎秸秆投下的影子一样萎靡不振，没有激情。有些话语就像永远照亮人生旅途的星星，耀眼而长明。你们尽量要让你们所说的话成为指路明灯。

72. 如何使共青团员的精神生活充满社会主义祖国的思想

这里又谈到一个细腻和复杂的现象，也就是如何让每个人因伟大、美好和高尚的爱国主义精神而感到欢欣鼓舞。这种鼓舞精神引发我们深思，令我们心潮起伏，彻夜难眠。科里亚、柳芭、万尼亚和加利亚、吉娜和舒拉这些 14 岁的孩子们在思考人生的目标和生命的意义，他们通宵达旦阅读书籍，阅读关于马克思、列宁、亚历山大·乌里扬诺夫、尼古拉·基巴利齐奇、费力克斯·捷尔任斯基或者尤里乌斯·伏契克的书籍。假如他们没有这样做，我将无法想象共青团教育工作如何进行。教师给他们讲述如何爱国，服务于祖国，教师的热情言语激励着他们每一个人去寻找和发现适合于自己的书籍，去摘取祖国上空那颗属于自己的璀璨之星。每一个人在春日的夜晚伏案阅读属于自己的好书时，都被忠诚于祖国的榜样感染和迷醉，他们甚至心潮澎湃。如果不从个人角度进行深入的思考：我是谁？我是什么样的？我至今为止生活得如何？我将如何生活？我会给伟大的社会主义国家带来什么样的益处？那么实实在在的共青团教育工作就会变成空谈。

青年朋友们，如果你们想成为真正的共青团员教育者，你们就要去关心，当你们的学生独处时，他们在做什么，忙什么，读哪些书籍。他们会思考哪些问题。他们愿意独自思考吗？如果不愿意，当然是非常不好的一件事情。意味着他们没有个人的精神世界，没有个性，意味着没有集体意识。

我们在学校设立了一个房间，称之为思想角。这里很安静。书柜里摆放着关于祖国的英雄儿女们的书籍。学生翻阅着，寻找自己感兴趣的书籍，摘取那颗属于自己的星星，发现为自己指路的那盏明灯。不要让任何一个学生错过这类书籍。在我看来，这是从事青少年教育的教师面临的最重要任务之一。每一次，当我讲完关于爱国者的事迹之后，我都可以触碰到年轻人内心隐秘角落的敏感心弦。我发现，一些学生开始光顾思想角。青年朋友们，在这样美好的时刻，最艰难的青少年自我教育由此开始。我第一次在窗边的玫瑰丛旁见到了蓝眼睛的大个头男孩，同学们称他为瓦尼亚。他 14 岁，个头比父亲还高。我已经开始担心，因为万尼亚总是以极其幼稚的目光看待世界。我急切地等待着，希望成年人的思想能够打动他的内心和智慧。我突然看到他手里拿着一本关于尤里乌斯·伏契克的书籍……要做一个男子汉，万尼亚。把书借回家，边读边思考，读一个通宵，让成年人的思想打动你。

青少年的自我教育从这一刻起开始。

这只是开始。你们还需要付出艰辛的劳动，才能使年轻人在精神上变得更加成熟。

73. 如何使青少年的思想变得成熟

我们常常听到这样的一些争论：青春期从什么时候开始，14 岁还是 16 岁？最近几年，学者们开始担忧青少年身体发育过快和社会认知、精神、道德发展滞后的问题。

我们教师们坚定地认为，青春期始于 12～13 岁这个年龄段。如果你们想让一个男生成为一个思想成熟的人，就要帮助他在生活道路上迈出第一步。完全无忧无虑的儿童和少年阶段是滋生精神幼稚病的根源。人在青少年时期要有所忧虑，我指的是关心人民、社会和祖国。在男生和女生的青春萌动阶段要让周围的一切去扰动、唤醒、振奋他们的心灵。生活中的一切，无论是近在身边，还是远在天涯，都应与他们个人有关。让青少年从一个公民的视角观察世界，这就是教育智慧的一个巅峰。最主要的一点就是让男生女生们关注和关心社会。将社会的事情看成是与己相关的事情。

如何在实践中做到这一点？

当你们在思考为他人做了什么，给予了他人什么时，表明你已经成长为一个公民了。这是青春期最重要精神财富的来源。如果一个 12～13 岁的少年获得了精神财富，那么他就会以理智和心灵去感受祖国。如果他没有得到这样的财富，你们说的话语则没有起到作用，没成为鼓舞青少年心灵，促使他们思考为什么而活的激情话语。正因为如此，年轻人想到谢尔盖·拉佐的事迹时也想到自己，因为他们意识到自己是伟大而神圣事件参与者而心潮澎湃。或许，你们曾经听到过青少年教育者的抱怨：你们总说神圣的事物，英雄主义、勇气、自我牺牲，但你们说的话为什么说不到他们的心坎上……没有打动他们，因为他们内心的快乐就是消费，实际上内心很空虚，精神财富匮乏，缺乏为他人创造而得到的快乐。

青春期的精神财富是从童年、青少年时期一点一滴地积累而成的。人在12～13岁这个年龄时回首往事，应当看到他为别人做了什么，自豪地说这就是我做的。这种自豪感就是共产主义思想的精神力量，是思想一致的基础。

当我的青少年朋友们10多岁时，我们决定为人们创建一个葡萄园。我们面前是被骄阳晒透，毫无生机的南山坡，一片贫瘠的土地。但每公顷土地却可以收获数千千克的阳光浆果。我们开始劳动，清除山坡的杂草，挖树坑，我们挖了100多个坑。把淤泥和圈肥填入坑中，再根据长者们的建议，从能够消灭葡萄树虫害的植物根部挖出土壤（这就是民间“植物医学”）我们将上百吨的泥土从一个地方运到另一个地方，在每一棵树的周围围成保护堤，防止水土流失。对于教师而言，这是最艰难的时期。单调枯燥的体力劳动本身不可能充满乐趣，不会带来任何愉悦。究竟什么促使少年们完成这项劳动？语言，充满激情的语言，点燃了少年内心舍身为人们服务的火焰。我相信充满共产主义信念的语言蕴含的巨大力量。

葡萄藤的嫩芽变绿了，现在我们已经在欣赏自己的劳动成果了。我已经不担心，繁重的体力劳动可能击垮某个人的精神力量，对劳动产生鄙视情绪。我们的劳动只是刚刚开始，还需要浇灌植物，防止葡萄藤被晒坏和被冻伤。

几个月，几年过去了，照料葡萄园成为我们每一个人最关切的事情。我们扎根于大地。我们收获了第一批果实，我们庆祝这些日子，表达我们作为公民的自豪感。一些小朋友和老人们来到我们的葡萄园，我们与他们分享丰收的果实，把阳光浆果送给那些生病的人。每当有人感谢我们，祝福我们时，我们的心灵都感到了震撼。这就是教育智慧的巅峰之一。让13～14岁的青少年们接受这份因爱、善良和人性而获得的感谢吧。很难发现一种比这些简单言语更有鼓舞性的力量。我的学生们体验到了为他人做善事而获得的巨大快乐。现在，充满激情的语言已经植入到他们的心中。激励学生们参加劳动的力量成为每一个人的内在动力。现在我坚信，每个人无论在集体中，还是独处时都有能力表现公民的忘我精神。

青少年朋友们，对于我的学生而言，当他们个人的良心不允许对他人表现出冷漠的态度时，社会的事情才能变为个人的、内心的事情。

我们种植的葡萄园成为我的学生们进行公民自我教育的阵地。他们用眼睛从公民的视角观察世界。在世界上一切都与个人有关。不轻松的体力劳动在精神上磨炼了他们的意志。我高兴地看到，在体力的付出达到一定程度时，年轻人们思考问题的角度也发生了转变，他们在想，如何克服困难，而不是怀疑能否克服困难。

74. 如何做到不害怕困难

需要在克服困难过程中培养勇气，陶冶心灵。对他人和善良行为不要冷酷无情，相反，要温柔、有同情心。对待罪恶绝对不容忍，毫不留情。

我们为学生们展现的生活并不是一条平坦的小路。年轻人，特别是男青年，应做好应对一切的准备，做好接受一切最严峻考验的准备。应教育年轻人要成为勇敢和刻苦耐劳的人。年轻人每时每刻都要做好应对一切的准备，他们才会在前进路途中遇到艰难困苦时不会惊慌失措和胆小懦弱。坚韧的精神与吃苦耐劳的体魄分不开。青年朋友们，请检验一下，你们的学生，16岁的小伙子们能否在严寒中待上一整天。是的，不仅是站在那里，还要工作。他能否在酷暑中走完40千米的路程，之后再连着劳动几小时。他是否能忍受半天没水喝的考验，我们不要通过某种人为的训练去完成这一切。在生活中，在日常劳动中总可能经常遇到各种类似的艰难坎坷。我们不要对年轻人说：去锻炼耐力吧。而是给他们布置劳动任务，是他们这个年龄段的农场员工能够完成的任务。例如，在天寒地冻的一月，年轻人来到田里，把干草装到拖拉机的拖斗里，运到畜牧农场。年轻人做这项工作不是为了锻炼，而是为了让奶牛产出牛奶。因为奶牛没有草吃，就不会产奶……

如果人在少年时期、青春期时学会了克服艰难险阻，他就能在周围发现新的世界，而这是那些游手好闲、娇生惯养，软弱无能的“妈宝们”永远都看不到的。

75. 爱护年轻人纯洁的心灵激情

每一次，当谈到年轻人的教育问题时，我总是一遍又一遍地强调公民要有一颗忐忑不安的心灵。这是我们共青团教育的核心。青年朋友们，你们要像防范火灾一样惧怕冷漠无情。这是一剂最可怕的毒药，这能将一个人变成庸俗、市侩、无所事事。这种人遵循一条冷漠的信条：事不关己，高高挂起，袖手旁观。年轻人用自己的双手为他人谋福利越多，他的心灵就越纯洁，越高尚。他体会到了他人的快乐与痛苦，社会的灾难与疾苦。年轻人对周围的世界总是充满好奇。总是以挑剔的眼光看待世界。年轻人的天性是不安和忙碌的，高尚的心灵永远是与罪恶、与对社会利益无所谓的态度、贬低人格的行为格格不入的。年轻的心灵躁动、逆反，甚至愤怒，促使他去完成高尚、美丽，有时或许有些激烈莽撞的行为。

请你们记住，良心对罪恶做出的第一反应，第一个举动通常是最高尚的。不要压制来自良心的呼喊。不要用逻辑思维和推理束缚年轻人高尚的激情。成熟的智慧、深明事理、三思而后行的能力，所有这一切都会随着时间的推移而出现。但如果年轻人对世界有重大发现，也就是从多方面和有益的角度用心去认识善良与罪恶，感到了惴惴不安，他才可能因罪恶而感到愤怒，并且有一种将罪恶变成灰尘的强烈冲动。希望你们那里的男女学生没有一个像鱼一样的冰冷心肠。你们在评价行为的好坏时，要凭借智慧，避免草率行事。如果你们有一份热心肠，就一定有冷静的判断力，不要担心这一点。

有时在生活中遇到似乎没有直接的罪魁祸首的罪恶，这种罪恶注定难以避免，这就是不幸，在这种情形下大家有时只是同情地摇摇头，说："哎，没办法。"然后就从旁边走过。年轻人们要避免这种冷漠，这是一种心灵堕落。这样的事实隐藏着巨大的危险。只要有一两次对与你们个人无关的事情表示出冷漠的态度，你们将永远对他人的惊恐和忧虑置之不理。

教师恰恰需要在找不到明显罪魁祸首的情形下，去激发年轻人心灵中的忧患意识。希望在年轻人的内心中燃起不熄的激情：我应当做点什么。如果我扬长而去，我将是一个可悲的利己主义者。这股火焰并不是一下子燃起，它的燃料就是从道德上去关心和忧虑与受教育者本人无关的事情。

有一次农场的羊群赶上了一场大雨，结果20只羊羔走失。很有可能，大雨把它们逼到了灌木丛中或者芦苇丛中。或许，它们陷入了大雨过后形成的泥潭中。我们班的学生听说了这件不幸的事情，说："同学们，我们一起动身去找找吧，这些羊羔太小了……"我们备足了两三天的食物，出发去位于第聂伯河沿岸无边无际的河滩地。我们救出了一只又一只羔羊。我们的内心充满了快乐与自豪。虽然我们回来时已经被蚊虫咬得浑身是包，虽然我们疲惫不堪，但却很幸福，我们成熟了。我把这样的集体行为称作热心活动课。这些活动课能唤醒内心对不幸、痛苦、忧患的同情。如果没有这样的课程，就一定会出现冷冰冰的，但似乎公正的箴言：缺了我们，事情也能解决。

我认为热心活动课并不是某种特殊的，独立于周围世界的现象。青年朋友们，这是崇高的生活，这是存在巨大社会利益的世界，对此，别林斯基在对未来命运表示忧虑时提到了这一点。

76. 如何教会共青团员以社会利益为重

有一次，我听了主管校外工作的副校长做的一场报告。他详细介绍了社会学研究室的情况。比如，需要在墙壁上挂哪些标语，哪些画作，如何从艺术角度装饰房间。需要将共产主义建设者的道德准则写在大幅纸张上，而且还被镶在一个漂亮的框架内……但关于马克思列宁主义的伟大真理如何走进年轻人的内心，永远驻扎在他们的心里，却只字未提。当有人问道，他们在这部分做了哪些工作时，这位副校长竟无言以对。因为对社会学研究室的装饰有严格的标准，而关于心灵却没有任何指示。我认为，在教育战线上这种做法带来的害处远大于益处。他们只看到了长官意志。他们完全不了解，如果没有灵魂，没有心灵，一切都等于零。我觉得，热心课在教育工作的所有环节和形式中很重要。

有一次，我们这个和睦的大家庭（我们这样称呼自己的团组织）一起去选玉米棒。我们把最好的玉米棒装到汽车上，然后运往国家仓库，而质量差一些的玉米棒分拣之后，送到仓库做猪饲料。这时，有一个人从旁边走近我们，很中肯地给我们提出建议。他说，你们应当把质量略差一些的玉米摆放在车子的底部，用好一点的玉米遮在上面。因为仓库的工作人员只检查放在上面的玉米。我们需要多交一些粮食，得完成计划呀……这时我发现，共青团员们面面相觑，他们感到了不好意思。万尼亚满脸通红，垂下来眼帘。这个人说完后便离开了，可我们的学生们站在那里却不知所措。我也站在那里，内心很沉闷：哎，你们将如何是好，你们在热心课堂学会了什么？

“这叫什么事吗？”舒拉小声嘀咕着。

他们不再言语。但他们开始倔强地，不停地将最好的玉米棒扔进车底部。那个建议我们以要滑的方式“完成计划”的人几次走到我们跟前，静静地观察共青团员们的所作所为。他眉头紧锁，却不敢说一句话……如果良心暗示学生们要抵制罪恶、欺骗和不公正的行为，哪怕只有一次，学生们就会对周围世界的现象很敏感。他们视无所事事、浪费为罪恶，无法容忍虚假欺骗。

你们要尽力使一个人在青少年时期去关心属于集体、社会的财富。在农业生产中有很忙碌的时期。青少年不应当置之度外，而是要投身于紧张的劳动和令所有人关心的事情中。

春天来临。农场播种了数千公顷的粮食、蔬菜、技术作物。如果不重视及时除草的问题，庄稼有可能受到损失。农场的员工们这些天也一直在考虑，如何用最佳的方法组织劳动，如何利用工作的每一分钟时间。你们作为教师，需要去关心一下，如何让学生们感受到紧张的劳动氛围，激发他们的社会积极性。学生们应当在决定社会福祉、经济成就的生产领域劳动。不要让学生的劳动脱离成年人的劳动，处于某种孤立和隔离的状态。要去关心一下，学生是如何处理与成年劳动者之间的关系的。要让成年人对学生创造的物质财富抱有期待。要让青少年将儿童式的学校劳动生活视为成年人的劳动。在学生集体的劳动中少一些肤浅性、程式化的东西，这就是我们培养学生从小关心社会利益时需要遵循的要求。

在教育工作中我们尽量使学生的劳动能力、劳动的付出成为社会生产大厦中的独立砖石。1～2 年级的小学生在暑假期间参加几天集体劳动，可以为小牛犊准备最好，最有营养，富含维生素的干草。他们劳动的成果就是准备了数十吨高质量的饲料。小学生们割下干草，晒干，然后摞起来。4～5 年级的学生去收集西红柿、白菜、黄瓜等蔬菜种子。除了他们，农场里没有任何人去做这项工作。学生们非常清楚，假如他们不去为社会生产大厦添砖加瓦，这座大厦的建设就可能延期。从劳动生活的最开始，劳动就因为与社会利益有关而变得高尚。

高年级的少先队员和共青团员们要去完成更艰巨的劳动任务。农场每年都要划分给少先队和共青团组织10～15公顷的土地。学生们在田里种植小麦，玉米和其他农作物。整个农业劳动过程，从翻耕土壤，到庄稼收割，再到储存，都是由学生自己完成。

他们感觉自己就是与成年人一样的劳动者。与成年队的队长一样，共青团委员会书记和少先队大队长被邀请到农场管理会上汇报工作。农业、经济利益在学生的精神生活中占据着重要地位。关心物质财富使得学生集体内的相互关系及少先队员和共青团员们的思维结构具有了新的特点。为了培养成熟的成人化思想，我们不仅要关心学生与成年劳动者之间的经济、农业关系，而且还要注意学校集体内部的这种关系。

77. 如何在学校的集体中创造劳动关系

青年朋友们，我们说一说创造和培养集体的一个特别重要的元素。我在这里指的是物质关系，还有责任、领导、服从、相互帮助、合作、交流经验这些概念的物质表现形式。如果一个人缺少对物质财富应负的责任，那么一切关于责任感的话语都不过是幼稚肤浅的见解而已。如果集体成员之间的关系没有互助、合作以及同志式的交流思想和经验，那么不可能有任何集体。

我们学校少先队组织有一个小型的机械化小队，可以在学校试验田和儿童综合技术小组使用小队的机器和机械。小队还有一台教师和高年级学生组装的拖拉机，少先队员用这台拖拉机耕学校试验田和花园。小队里有两台小型的汽车供低年级小学生教学使用。还有两台播种机、割草机、一台脱粒机、几台谷粒清选机，所有这些机械都是在学校制作的，适合于儿童劳动。

共青团组织下设青少年机械师小队。小队选出一名队长、两名助理和两名机械师。小队组建了电工组。少先队员和共青团员们都说，小队有成年人使用的机器：拖拉机、两辆汽车、康拜因、几台播种机、几台谷类清选机。受小队成员的全权委托，队长和他的助理负责技术和维修站（他们掌管着充电装置、电焊设备）的工作。他们委派青少年机械师去完成各项工作。能够在机械师小队里工作是很大的荣耀。青少年机械师队长在派人操控拖拉机时，要对希望劳动的同学进行系统性的考查（比如，参与工作的同学需要用车床做一个用于机器上的零件，参与设计和安装新机械设备）。在春播和夏种期间队长安排青少年机械师在田里工作的顺序（少先队田和农场田）。

少先队和共青团组织还下设两个小队：青少年植物种植小队和青少年园林栽培小队。这是劳动集体，他们有试验田、园地、校办养蜂场、种植植物和园林栽培的手工劳作工具。

少先队和共青团组织因有经济物质关系的经验而成为许多物质财富的主人。我们的少先队员和共青团员们掌管着学校内部账户的资金，这些资金来自教学试验田、花果园及蔬菜园的收入。学生将卖水果、蔬菜、树苗的钱记入到收入项下，交到财务室，在一年中积累了大量资金。共青团委员会和少年队委员用这笔钱购买乐器，组织旅游活动。这样的活动丰富了共青团员和少先队员们的生活经验。

与劳动密切相关的生产、物质、经济关系是连接各种年龄段学生的纽带。

78. 如何看待各种年龄段学生集体的组建基础

当然，物质、劳动关系会带来另类的关系——精神关系。组成劳动关系的本质越有趣，不同年龄段学生之间的关系就越牢固。当在同一个集体中劳动的儿童、青少年共同管理机器和机械设备，掌握了复杂的实践能力和本领，相互传递知识和经验，也就是形成了精神关系时，劳动便开始变得有趣。没有对劳动的热爱，没有对知识的渴望，没有以掌握相对复杂能力与技巧为前提的共同活动，就不可能形成作为教育工具，由各种年龄段同学组成的集体。但如果你们能够将劳动与不同年龄段学生的精神生活结合在一起，那么你们就会有集体影响个人的新的强有力源泉。

这种教育影响的本质就是儿童、青少年之间因有共同的兴趣、才华、爱好、志向而相互吸引。这时个人特点通过具体的活动体现出来。不同年龄段集体的教育效果就是儿童、青少年在鲜明的榜样影响下，意识到自己想成为什么样的人，产生实现理想，成为楷模的愿望。如果没有以有趣、引人入胜的劳动为基础的精神关系存在，那么他们追求成为某种类型人的愿望就不会实现，而且这种愿望也不可能支配学生的思想。

不同年龄段的学生组成的劳动集体又被称为创造型的集体，所有人自愿加入。一个学生绝不可将另一个同学生拉硬拽进来。少先队员和共青团员对每个人的才华和爱好、志向都非常了解，他们任何时候都不会把对相关劳动不感兴趣的学生放到机械师或者植物种植小队中。

还有不同年龄段学生组成的另一类集体。在暑假期间我们的学生通常不去别的地方，村庄里休息的环境很好。正如在乌克兰人们所说的那样，在每一条街道上，在每一个“角落”都有国民教育的阵地，我们称之为国民教育的小学校。深爱着儿童的人就是每一所学校的灵魂。他们或是退休的劳动模范，或是年轻的工人，或是农场工人、公务员、先进生产者，与儿童的交流给他们带来了快乐、充实的精神生活。在集体中我们称这样的一些人为国民教育阵地的守护者。他们在教育方面起到了很大的作用，美的事物只能用美的事物来创造，人只能由人来缔造。

三十多年的学校工作经验使我坚信，只有当一个人教育另一些人，关心他人的生活时，他才能进行更好的自我教育。我们的教育集体就是要每一个学生在少年时期对更小的儿童表现出真心实意的关心。富有同情心、体贴入微、担心这些元素就是青少年集体崇高情感基础。这些情感在活动中越凸显，少男们的内心就越温柔、越果敢，少女们的内心就越柔美。

79. 如何使受教育者同时又是教育者

当我们的共青团组织为大家建立草原美丽角时，一个小姑娘的命运意外走入了我们和睦的大家庭生活中。她叫娜塔莎，共青团员亲切地称她为娜塔罗奇卡。小姑娘住在村边。她只有母亲一个亲人。娜塔罗奇卡在三岁时生了一场大病，从此不能行走。每逢春天和夏天，妈妈就把小姑娘放在一辆小车上，推到枝叶繁茂的苹果树下。春意盎然的院子、苹果树，两个蜂箱，一口井，站立在板棚上面的几只鹳，一只名字叫巴尔玛的狗，还有狗看护的几只家兔，这就是娜塔莎的全部世界。她说话声音很大，喜欢说话，但同时因为病魔的折磨显得有些忧郁。小姑娘请求我们帮她采集一些她无法看到的野花。我们每一个人都很心痛：难道小姑娘就不能恢复了吗？医生给她治过，但也认为不会很快痊愈，她的神经系统受到了严重伤害。小娜塔罗奇卡呀，我们如何帮到你呢？

我们为她做了能做的一切！我们把她的宽敞房间变成了一个真正的花园：栽种了小枞树和松树，搬来了学校温室里盛开的菊花。我们在她家的窗前种上了玫瑰花。一年后，小姑娘就该上学了。我们教她读书和画画。在她的房间里整个冬天都是鲜花盛开的景色。但小姑娘脸色苍白，身体很弱。我发现，特·吉娜和马·佳丽雅从娜塔莎那里回来后偷偷地哭泣。我们盼望着春天快一些到来。

春天来了，当核桃树叶子刚刚冒出芽，草原的早春花卉绽放时，我们用车推着娜塔罗奇卡，来到了美丽角。小姑娘满脸惊讶地看着她面前的世界，一切对她而言都是陌生的：草原上的雾气弥漫在山岗上，百灵鸟的歌唱，大大的蟋蟀……男孩和女孩在美丽角搭了一个棚子。暑假期间，我们整天都待在这里。草原上有益健康的空气，核桃树叶的芳香，红色的西红柿和多汁的西瓜，咬起来酥脆可口的苹果，可能对于娜塔罗奇卡而言是最好的药物。她的小脸颊慢慢变红了，眼神传递出愉快的火花。两年后，小姑娘站起来了。医生说：治病不能只靠药物，快乐也很重要。尤其像娜塔罗奇卡的疾病更是如此。

同学们用了两年半的时间，给生病的小女孩无微不至的关心，这些都是不可替代的热心课程。年轻人学会了用心感受和认识通常看不到的不幸、忧患、烦恼。我坚信，如果一个集体关注到儿童，他们就会对人的孤独，最大的不幸，变得很敏感。

80. 如何教育学生不要漠视孤独现象

在娜塔莎还没有站立起来时，我的学生们又遇到了一件不幸的事情，他们被震惊了。有一次，我们在从林子回来的路上，遇到一位妇女。她一直在用若有所思和忧伤的目光看着我们。一般在乡下遇见路人，无论是否相识，大家总要相互打招呼。我们对她说了一句：“早上好!”她却回答说：“亲爱的，祝你们身体健康。”我们从她的声音中能听出悲伤。

一个小男孩问道：“为什么她的眼神看上去如此悲伤?”

“她遭遇了很大的不幸……但究竟怎么了?”

一天后，我们得知了这妇女的痛苦，我们震惊了。她的三个儿子、丈夫和两个哥哥都在卫国战争的战场上英勇牺牲了。就在前不久，她的母亲，也是她在世上唯一的亲人也离她而去。她现在孤身一人。

玛利亚奶奶（前文提到的妇女）的痛苦成为我们的一个心病。亲爱的人啊，我们如何才能帮到您呢?在我们得知这位妇女的凄惨命运后，科斯佳说道：“假如您能开心起来，我们愿意给您全部的温暖。”

有一天，玛利亚奶奶冲我们笑了。她在回忆起儿子时，笑了。我们来到她的家里，帮她种植了六株葡萄藤和六株玫瑰，以纪念她的儿子、丈夫和哥哥，她笑了。她开心地流下了泪水，我们也落泪了……因为至今为止，我们在世上还没见过哪个母亲遭遇了如此大的不幸。

我们非常愿意减轻她的痛苦。我们心里明白，不能再让孤独带给她新的痛苦。我们的内心告诉我们，我们既不能宽慰奶奶，也不能建议她忘记自己的痛苦。这种痛苦会一直留存在她的内心深处，一直到死。

奶奶看到同学们开心地笑了。我们每天都来探望玛利亚奶奶，照料她的美丽花园。玫瑰花开了，葡萄熟了。我仔细观察学生们的眼神，认真倾听他们叽叽喳喳的说话声，我发现，他们在心灵深处好像有些感到对不起奶奶。他们过着快乐的生活，笑着，开心地与同伴交谈，望着阳光明媚晴朗的天空，而她的儿子们却已经为国捐躯，这就是同学们此时感受到的东西。我在想，这是好现象，还是坏现象?是的，是好现象。他们思考这种无论如何也无法用言语表达的复杂情感，表达他们为他人的幸福而牺牲的逝者所负有的一种崇高责任。

如果你们是在成年时期才开始培养受感动的心怀不安，纯洁而高尚的心灵激情的话，你们永远都不可能得这笔财富。你们需要在青年时期去创造这种财富。

我一次又一次地，无数次地诚恳地提出建议：教育你们的学生学会观察人。每一个人都要学会通过他人，就像照镜子一样看到自己。你们要给每个学生提供一面镜子，教会他们照镜子，这是教育智慧的巅峰之一。如果你们想成为年轻人的真正教育者，就要教会他们用镜子发现最细腻、最隐秘、最意外的特征。

81. 如何防止学生讲空话

我之所以专门关注这个问题，就是因为讲空话会腐化人的心灵，如锈迹一般侵蚀集体。空话连篇的地方一定不会有统一的集体思想。讲空话就是不负责任地虚张声势，将武器当玩具，这是玩物丧志。

与此同时，也要防范毒药般的谎言和虚伪，让诚实的品德渗入到童年、青少年的血肉中，成为一种习惯：让说实话变为性格、天性。教育学生对夸夸其谈，讲大话，夸大其词，自吹自擂采取不妥协、不容忍的态度。

如何在实践中践行这些金科玉律？现在我们谈谈自我教育的问题。多年培养年轻人的经验使我坚信，如果语言活在人的心中，如果语言没有变成浮夸的东西，那么它就会成为自我教育的强大手段。教育学生们不要讲空话，不要随便说，耍嘴皮子。我教育学生们，如果你们想这样做，但却对自己要做的事情没有自信，那就永远都不要说：我保证完成。最好说：我想尽力这样做，我尽量这样做。既然这样说了，尽量让自己去这样做。无论有多难，努力达到树立的目标。即使重做十次，也不要在别人面前丢人。

不要忘记，自我教育的过程永远都是充满了荆棘坎坷，没有比战胜自身的弱点更为自豪的胜利了。请你们这些从事年轻人教育的人记住，诚实首先是对他人要诚实，同时也对自己、自己良心诚实。诚实地评价自我：我可以做什么，不可以做什么，我如何攀登自我完善的顶峰，当我登上去时，我有权利说，我是自己意志的主人。真实的评价这一切就是诚实与正直的基础。

真实反映生活的诚实的镜子是靠劳动打磨出来的。尽量让你们的思想和语言因行动和劳动具有崇高的精神，说到做到。我再强调一次，在教育事业中一切都是相互联系的。诚实和正直、不容忍谎言和欺骗，都是源于伟大的劳动真理。乌克兰的古老民间智慧告诉我们：手掌长茧的人，说出的话一定是诚实的。劳动者的内心反对和憎恶谎言、欺骗。真理的根源在为谋求共同福利的劳动中，在为他人创造的快乐中，在战胜困难过程中。谁能够轻松地，不经风雨，不费力气地获得一切，那么他的思想就会像蝴蝶一样飞来飞去，飘忽不定。思想应如高大橡树的树干，犹如射出去的箭一样有力，像火一样明亮。坚定的真理、坚不可摧的思想、有说服力的正义感——这就是从被称为困难的泉眼喷出的泉水。青少年应当懂得，什么是困难。通过自身经验，他才懂得什么是困难。经历了困难的人，一定会珍惜许下的诺言，对讲空话的行为采取零容忍的态度。

82. 如何教育学生学会教育自己

共产主义教育过程的科学结构提出了最尖锐、最迫切的问题之一，就是集体和个人之间精神生活的相互依存关系。如果每一个人都把自己看作是一名消费者，那么充实而丰富的集体精神生活从何而来？如果我们不去严肃地分析充满集体精神生活源泉的小溪来自何方，难道还谈得上集体是个体的教育者这个问题吗？如果一个人在与同学们交往时无法每天做到坦然面对，这一群人一定是乌合之众。个人和集体就是同一事物的两个方面。如果没有对个人的教育，你们作为教育力量的集体就无从谈起，而没有自我教育就谈不上个人的教育问题。从广义上说，我认为教育的概念就是集体教育和个人教育的和谐统一，而自我教育在个人教育中起着主导作用。

教育人意味着教育他严格要求自己。做到这一点的前提就是你们不能总是拉着他的手走路，要让他学会为自己负责，培养独立的生活态度。

如何在实践中做到这一点？

要教育人从小认识自己，教育自己。伟大的思想家和艺术家费·米·陀思妥耶夫斯基曾经提出过自我认识的座右铭："自我认识、自我征服、自我控制。"① 陶冶情操、训练严谨的思维和意志力，培养沉着的性格，这就是一个人在认识自我和掌控自我过程中应当做的。

---

① 瓦·阿·苏霍姆林斯基扼要转述陀思妥耶夫斯基小说《卡拉马佐夫兄弟》中的一段话："一个注定自愿接受这种如此可怕生活学校考验的人总是寄希望于在长期考验过后能够战胜自己，控制自己，直到最后通过体验全部生活之后可以完全的自由，也就是摆脱那些活了一辈子，也没有找到自我的人的命运的自由。"（Достоевский Ф. М Карамазовы братья. М. -Л.，Госполиздат，1970，c32）

自我教育需要有很重要的强大刺激因素，即自尊感，尊重自己，希望今天比昨天做得更好。人的心灵对最细腻的，纯人性的影响手段，也就是金玉良言、温存的或者挑剔的目光极度敏感，才有可能谈及自我教育。如果一个人习惯于粗鲁，只对“狠话”、喊叫、强迫行为才有所反应时，就谈不上自我教育的问题。就本质而言，自我教育的前提就是人对人的信任，倡导个人的荣誉感和尊严感。指导学生进行自我教育，首先是教师和学生之间的关系是建立在绝对相互信任的良好基础上。

在多年教育经验基础上，我给教师们提出如下实践性建议：学生的自我教育受到你们教育风格的影响。在你们所在的集体中应是祥和的氛围，不应有喊叫声和神经紧张的情形。如果教师时不时地对某一位同学大发雷霆，如果发泄这种不良情绪的渠道是喊叫、盛怒之下想出的惩罚措施，总是想方设法痛斥学生，那么根本谈不上学生的自我教育。一个人受到的责骂、痛斥、惩罚越多，他越是对好言好语没有感觉，他的那种被列夫·托尔斯泰称作认真思考的能力①就越弱。

我坚信，并且这种信念不是来自书本的结论，而是多年实践的总结，完全正常的教育是不可能有惩罚行为的。教师们，我需要做一下说明，这里讨论的是儿童，对儿童的惩罚：倡导惩罚行为的地方，不可能有自我教育。没有自我教育不可能有正常的教育。没有正常的教育是因为惩罚已经不再让学生经受良心的谴责，而良心是自我教育的主要推动力。良心如果在沉睡，就不能有自我教育。受到惩罚的学生在想：我已经不需要顾忌自己的行为了，我已经受到了该有的惩罚。

在我们学校曾经发生过这样一件事。三年级学生，9 岁的科斯佳用弹弓打麻雀。他在射伤了一只鸟之后，抓到手里，百般折磨这只小鸟。教师惩罚了这个小男孩：三次禁止他与同学们去森林游玩。在第二次去森林游之前科斯佳在课上一直闷闷不乐，回答教师的问题也心不在焉，这可是同学们一直期盼的有趣森林游。全班都去森林游玩了，只有科斯佳一个人留在了教室。于是，他在草屋顶上抓了几只还没有长出羽毛的无助的小麻雀，放到了教师的桌子里。一天之后（森林游是在休息日的前一天）教师打开桌子，发现了小麻雀，但它们几乎都奄奄一息了。

---

① 这句话出自列夫·托尔斯泰在《阅读范围。托尔斯泰选择、收集、每天整理诸多作家关于真理、生活和行为的观点》文集中。1904—1908 年，第一卷。这句话的完整内容为：“好好思考吧！思想将成熟为善良的行为。”（Толстой Л. Н. Полн. собр. соч. М.，Госполиздат，1957，Т41. С559）

如何解释这种残忍行为呢？为什么惩罚儿童的结果常常是更加残忍呢？因为“强硬”的影响手段已经使他不再需要思考问题，他悲伤不是因为应受指责的行为，而是惩罚。他实际上已经忘记自己的不好行为，要知道教育逻辑的本质就是让儿童去思考。结果是往坏处想了。他认为自己很委屈，心中积累怨恨。而且，如果惩罚哪怕有一点点不公正，那么怨恨如雪崩一样坍塌下来，如此强烈，如此令教师始料未及。

我认为正常的教育是这样的：儿童并没有犯下很严重的不道德行为。他为一些很小的，微不足道的“小过错”而痛苦，他非常在意，受到良心的谴责，这是最主要的。教育的技巧就在于防止发生严重的过失。如何避免？首先与儿童进行个别谈话。

83. 如何掌握与个别学生进行谈话的技巧

仔细观察儿童的一切。认真想想儿童如何表现，相互之间如何对待，如何对待父母，还有作为教师的你们，你们会发现，儿童在本质上有向你们倾诉衷肠，敞开心扉的精神需求。

但是你们要懂得，儿童向你敞开心扉的条件就是你们永远都不能向别人请求或者要求管教和束缚他。如果你们希望，比如说学生的父母管教自己的孩子，使他表现好，如果你们的学生知道了你们的这种想法，或者你们专门暗示他你们希望做什么，那么如通常所说，你们注定碰壁。不仅谈不上自我教育，而且在班里连正常的秩序都难以维持。你们需要找父母，与他们谈话，但儿童永远都会产生一种想法，即教师正在将最亲爱的人、最敬重的人变成吓人的人。在教育中通常不允许儿童将一个人看作可怕的怪物。应当教育儿童不是惧怕父母、教师，而是喜欢他们，让儿童有所爱的人。儿童会发自内心地爱能够替他排忧解难的人，这种人是令他开心、让他相信自己强大的人，是能够保护他易受伤的情感、将自尊心放在首位的人，是对鲁莽、轻率地对待儿童情感非常敏感的人。

我觉得很奇怪，也无法理解：如果教师没有成为儿童喜欢的人，他怎么可能得到儿童的信任，儿童如何对教师推心置腹，以诚相待。

我还有一条建议：不要不理会所谓的儿童怨言。不要认为儿童的所有抱怨都是在告状，如我熟悉的一位教师所说的那样，所有好抱怨的小学生都是“好哭泣的告状人”。不是这样的。教师要学会倾听抱怨话。通常，学会倾听儿童说话，是一门高深的教育学问。哪里没有这门学问，哪里一定没有自我教育。

你们成功地做到了让学生愿意接近你们，向你们敞开心扉。你们非常清楚，对待儿童的内心要温柔，小心翼翼，只有温柔和小心谨慎才能使你们通过与儿童的谈话，唤醒他完成自我教育。请你们记住，如果学校里处处充满善良和相互信任的气氛，当学生内心紧张时，当他无法弄清楚内心的想法，不知道真理在哪里，如何做时，他就会来找你们。请你们记住，你们可能无法从儿童激动的讲述中听出这样的问题，但你们要在他使用的字眼中悟出。请珍惜学生信任你们而透露的秘密，这是教育的基本原则，关系到教育和自我教育。你们知道，当学生向你们敞开心扉时，他可能说出了最难和最复杂的事情。你们了解了似乎需要成年人立即干预的一些不道德行为、同学之间的相互关系。在这些情形下，你们要学会忍耐，学会用智慧的理智抑制内心的冲动，同时你们智慧的思想要充满炙热的情感。惩罚永远都不要成为你们与某个说出心里话的学生谈话之后的结果。请你们记住这一点。你们知道，当着全体学生的面说出极度隐私的心事是最伤害青少年心灵的惩罚。

我再一次强调，如果学生遭遇了不幸、痛苦、伤心、委屈、不公、慌乱，他总是愿意向他尊敬和爱戴、信任的人倾诉自己的情感和想法。但在这样的情形下每一个诚实和谦逊的人都感到局促不安，所以你们要善于在学生的眼睛中发现内心世界的细腻活动，善于想办法与他单独相处，在上千句话语中找到唯一一句能够细致、聪慧、有分寸地鼓励学生向你们敞开心扉的话语。

如果学生能够向你们说出心事，这已经是教育工作的最大成就。但之后会怎样，在很大程度上取决于你们的学生如何发现和感受你们内心对他的人性化关心。

正如人们所说，我敢用脑袋担保，如果学生不愿意与教师分享自己的快乐与痛苦，如果学生没有向你们敞开心扉，那么谈论任何教育都是一件很可笑的事情，没有教育可言，没有，绝对没有。

学生向喜爱的教师敞开心扉这是一个彼此情感和思想升华的过程。一个人用语言表达内心的创伤时，首先需要提升精神境界：简单的情感被细腻而高尚的情感取代。通常在这样的情形下人们会说，控制自己，这正是完成自我教育的微妙动机。所以，与教师之间进行的信任性的谈话让学生轻松，自我感觉得到改善。与他人分享的喜悦是双倍的喜悦，与他人分担的痛苦是一半的痛苦。一个人在敞开心扉，抒发情感，说出想法之后，他感到自己有能力改变自我感觉，影响自己。

我只要想到在我们的学校里有个别学生还在承受着无法与人分享的痛苦，我就感到很痛心。这种痛苦折磨着他们的内心，令他们心灵空虚。当我看到忧郁孤僻的少年时，我的心在颤抖。对于他而言，最可怕的痛苦就是自卑感：其他同学都能学好，而我什么都不行。我是失败者，这就是我的命运……这种痛苦日复一日地不断积累，使他心里难受，无情地束缚着他的内心。青少年想倾诉自己的痛苦，但害羞，于是索性沉默不语。他在家里不作声，在学校也寡言少语。青年朋友们，认真观察一下你们的学生，帮助他们摆脱过于繁重的负担。首先要带给他们快乐：你们要让他们看到自己学习知识时取得的成绩，感到一种自豪……

如果你们和学生成了朋友，如果你们相互信任，如果你们从来没有伤害过学生，给他们带来痛苦，伤心，你们在道义上就有权利教他们完成自我教育，而且你们的教导将被看作是生活经验的智慧。

但还有一个条件，否则不可能有自我教育。形象地说，这个条件介于教师的意志和学生的意志之间，似乎可以将教育和自我教育连成统一的整体。这种条件就是学生意识到自己的成长过程。认识和体验到他今天的表现好于昨天，人类的美德沁入他的心田，这种美德的沁入在很大程度上取决于自身，自己的意志力。尊重自我，有自尊感是意识自身成长过程中的美好伴侣。只有当学生尊重自我，才可能有自我教育。学生越是自我尊重，对你们进行的道德教育，你们的教诲就越敏感，接受得就越快。一个人缺乏自我尊重，他可能对你们的教导和建议置若罔闻。

自我尊重取决于什么呢？如何培养自我尊重？青年朋友们，请你们记住，这是非常容易破碎的东西。需要小心翼翼地对待它。就像我们在摘玫瑰花时，不是去抖动闪耀着小太阳的透明水珠，而是小心地呵护着一样。为了培养自我尊重的感觉，需要采取温柔、细腻的教育手段。自我尊重是不容许采用粗鲁的、强势的、强制的手段。我更愿意将自我尊重称作儿童的文化修养。这是心灵的和善，还有纯洁的思想、动机、意图。在这里我们接触到了学校中最有趣的事情，值得特别重视的事情，很遗憾，也是研究欠缺的一面，这就是儿童思维活动，准确地说，这种活动在情感领域的体现，即理智的情感。尊重自我源于清晰的理智情感，源于认识的乐趣。儿童文化修养的根源体现在清晰的理智情感中。如果学生在学习过程伴随着忧郁的思绪，他就会对自己冷漠，持无所谓的态度，根本谈不上自我教育。教师作为教育者，他面临的最重要任务就是保护年轻人心中清晰的理智情感火花，不让它熄灭，因为重新点燃会很困难。

这样一来，你们的学生就会尊重自己，珍惜你们对他的评价。这就是说，播种自我教育种子的土壤已经翻耕完毕。你们可以告诉他们，如何进行自我教育，你们的教导不会沦为空话。

自我教育的领域包括道德领域、劳动和学习领域、体育和文艺领域。这一切都是相互关联的，因为自我教育的全部过程是智慧和心灵复杂活动统一体，是情感和信念的统一体。

84. 如何激发学生在道德领域进行自我教育

让学生意识到每个个体都是生活在人们中间，是促使自我进行道德教育的最重要因素。人们每时每刻都在看着我们。即使没有看到我们，也能感觉到我们的存在。我们在物质世界中接触到的每一样东西都留下我们的印记。但最显著的，有时是最无法抹去的印记则是留在与我们打交道的人们中间。真正的人在意别人如何看待他，如何评价他。然而，无论我们做什么，无论我们身处哪里。请记住，总有一双他人的眼睛在注视着我们。在人的生活中最卑鄙的，最令人厌恶的东西就是道德的龌龊。你们可以想象一下，美丽的姑娘用了整整一小时的时间梳头，她想要漂亮，因为所有人都能看见发型。但她的脚却脏兮兮的，没有洗。她并不在乎。因为脚穿着袜子，这就是不讲卫生的表现：在众人面前光芒四射，独处时却不修边幅。民间道德如此评价这种不良习惯。

教导学生在道德问题上严格要求，做到一丝不苟。告诉自己的学生约束自己。从学生入校的第一天起我们就要告诉他：如果你独自做某事时，你要知道，在这一刻，在这个世界上你最亲的人，也就是你的母亲有怎样的期待。如果你做了坏事，希望谁都没有看见，那你就错了，你的不好行为成为母亲的内心的伤痛。无论母亲看没看到你，无论她是否在你身边，当你回到家时，她都能在你的眼中发现了你做了一件不体面的事情。所以，最好马上告诉她你做了坏事。最好是不要做坏事。请记住，你的妈妈永远在看着你。

在这里我需要再一次指出，儿童对这些教导是否有感觉，是否很敏感，取决于他的精神生活全部结构。首先要使得亲切、关心、对母亲的动人关怀成为儿童精神世界的典型特点。为了使儿童教育自己，为了使他的良心机敏地捍卫他的行为，则他需要有高度敏感的心灵。在道德领域的自我教育始于简单的道德修养。你们的学生战战兢兢地四处张望了一下，从玫瑰花丛中摘下了一朵小花，这就是道德的无知。他从一个正在哭泣的小朋友身边走过，甚至问都不问一下：小朋友，如何帮你呢？这就更坏，是道德的冷酷无情。经过多年，我们的教师们制订了道德修养自我教育大纲。这个大纲是学生在处理与他人道德关系时给自己提出的一系列要求。这些要求如下。

（1）请记住，在世界上有些东西是永远无法与之比较的。这首先是我们的祖国、生你养你，给予你生命的土地。

（2）要记住，你生活在人们中间。不是你自己认为如何，而是别人如何评价你。如果你认为自己很伟大，但别人却认为你很渺小，这就意味着你就是渺小。善于勇敢地承认这一点，善于克服自己身上细微的缺点，学会成为真正的人。

（3）独处时不做坏事，不做卑鄙、下流之事的人就是一个真正的人。当你独处时，就让你的良心永远成为严厉的、不徇私情的行为见证者。就让这个见证者公正、严厉和铁面无情。

（4）当你为他人做好事时，你获取了一笔宝贵的财富。一个为他人谋幸福而活着的人，就是最富有，最幸福的人。请记住，在世界上人是衡量财富、美德、伟大的唯一标准。你在使他人变得高尚的同时，你也变得高尚。请记住，人生下来总有一死，他死后，留在世上的东西就是他为别人做的好事。

（5）人类美丽的最高体现就是女性。小女孩、姑娘不仅是你的朋友。她们还是未来的母亲。爱护她的美丽，顾惜她的身体，这是意味着关注全人类的美丽和伟大。如果为了帮助一个妇女甚至可能冒着生命的危险，那也要去帮助她，但不要偏离人类高尚道德品质的正道。

（6）一个人身上可能有很多陋习，其中20种是最可怕的，这就是面对善恶无动于衷、懒惰、阳奉阴违、阿谀奉承、奴颜婢膝、缺乏主见、纵容欺骗行为、顽固不化、妄自尊大、讲大话、说谎言、独处时下流无耻、背信弃义、不相信人性的善良本质、虚伪、幸灾乐祸、欺负弱者和没有自卫能力者、贪吃、不健康的饮食方式、吝啬。请你们记住，每一种陋习都是从小开始，发展到不可收拾的地步。要对自己身上表现出的人的陋习采取零容忍的态度。学习别人身上能够折服你的优点，永远都不要做你看到的别人所做的受憎恶和鄙视的事情。热爱自身美德，憎恶自身的恶行。你知道，脓包即使长在你身上，它还是脓包。只有自私之人才喜欢自己的弱点。

（7）如果你发现自身的恶行有萌芽，就要学会不徇私情，斩断恶根，通过劳动克服懒惰。通过关心他人，担忧他人，改正对善与恶无动于衷的态度，以讲原则代替阳奉阴违，以直率代替阿谀奉承。即使全世界都反对你，你也要坚持真理，克服奴颜婢膝。坚持独立思考，克服缺乏主见，坚决抵制谎言，不纵容欺骗行为。改正固执己见的毛病，大胆承认自己的错误，赞同那些坚持真理，指出你的错误的人的观点。要谦虚，没有必要不要提到自己，不要妄自尊大。马克思①最珍视的人品就是质朴而自尊，而非傲慢。学会珍惜言语，而不是讲空话。对谎言零容忍，坦诚地面对一切，从而克服说谎话的毛病。首先，要做到面对良心这个无情的法官时问心无愧，改正独处时的不良行为。不要背信弃义，在朋友遇到困难时，准备挺身而出。要相信人性的善良本质，无限地信任人类美德的伟大力量。不要虚伪，而要开诚布公。要有怜悯之心，而不是幸灾乐祸。讲人性，不要欺负弱者和无自卫能力者。不要贪吃、暴饮暴食，要有节制。不要吝啬，要慷慨大方。

（8）如果你看到了有人在作恶，在你的潜意识中产生了一种想法：这事与我有什么关系？

你们知道，这是兽性本能的声音，是呼唤你要拯救自己。不要纵容这种兽性的本能，驱除它们，对只顾自己的兽性呼唤要毫不留情。

请记住，你是人。如果你有一次对恶行视而不见，你就可能永远都是如此。你就会变成一只可怜虫。

（9）在人类世界，有很多高尚的品德，但有一种品德是人性的顶点，这就是自尊。无论你是为真理而斗争的胜者，还是你不得不承认自己的错误，你都要昂首挺胸。

（10）在世界上有一些东西是至高无上的。首先就是祖国，还有给予你生命、姓名和人的尊严的家园。如果你遇到困难，走投无路时，如果你陷入了迷茫，如果你不知道如何做，请想一想，在这些情形下，祖国会要求你如何去做。祖国要求你怎样做，你就怎样做。

道德的自我教育本质是什么？

---

① 作者指的是卡尔·马克思在 1865 年 4 月 1 日回答问卷提出问题：他最珍视人的特点是什么？（Маркс К.，Энгельс Ф. Соч. 2-ое. изд. Т31. С. 491）

除了有上进的愿望，高度敏感和细腻的心灵，还有一点也极其重要，我称之为人的认识。一个人在认识周围世界的同时，从童年时起就要认识人，包括他的思想、情感、细腻而复杂的心理活动、他的追求和激情。教育和自我教育的统一始于一个人在认识人时，同时也在认识自己，学习从侧面观察自己。在我们的教育艺术中最为复杂的本事就是教师如何讲述人的故事。我给每一届小学生都要讲述一个英勇军人的故事。在伟大卫国战争时期，这个军人在敌占区用自己的胸膛掩护了一位小姑娘，拯救了她的生命。我还给他们讲述发生在我们的两位同胞身上的故事。他们是年轻英勇的游击队员。当他们落入法西斯的魔掌之后，没有泄露任何关于游击队的秘密，没有出卖朋友，他们被酷刑折磨，被敌人活埋。我给他们讲述尼古拉·加斯杰罗、卓雅·科斯莫杰扬斯卡娅、亚历山大·马特洛索夫的故事，讲述那些在我们的大地上劳作50年、60年，甚至70年的优秀劳动者身上的故事。

我坚信，用智慧和心灵认识道德，不仅应包括对美德的赞赏，而且还包括对恶行的愤慨。我从世界文学的不朽作品中找一些形象，天才的艺术家通过这些形象刻画了人的恶行。我在讲述伊阿古①和尤杜施卡·戈洛夫廖夫②、高布赛克③和泼留希金④的故事时，我激发年轻人不容忍恶行，面对恶行不妥协。一天都不间断地认识人，能够使人在童年时期感受到日常生活中形成的状况及相互关系的道德意义。儿童在从好的一面去想一个人时，他就会追求善良的行为。善良的行为能够使他在道德上体会到满足，感受到快乐。这些情感首先有助于人对善恶更加敏感。不容忍一切贬低人的行为。一个人在幼年阶段能够表现自己，在反对恶行时表现自己的原则性，感受善良的伟大，理解和体验自己参与到行善行为中的情感，他就会体验到一种开心，快乐，这对教育和自我教育非常重要。

青年朋友们，你们知道，要想激励学生完成自我教育，需要教师用耐心的话语关心学生内心中最隐秘的神经——诚实、尊严、高尚。学会理解和感受学生需要这种关心的时刻。当这个学生面临两条路可选择时，这个时刻就出现了。如果他选择第一条路，需要默默地容忍恶行，对恶行采取

---

① 伊阿古是莎士比亚《奥赛罗》剧中的反面人物。(译者注)

② 尤杜施卡·戈洛夫廖夫是萨尔蒂科夫—谢德林的小说《戈洛夫廖夫老爷们》中的主人公。(译者注)

③ 高布赛克是巴尔扎克的小说《高布赛克》中的主人公，是高利贷者的形象。(译者注)

④ 泼留希金是果戈理的《死魂灵》中主人公，典型的吝啬鬼形象。

无所谓的态度。如果选择第二条路，就需要与恶行做斗争。对儿童而言，第二条路常常要求学生的精神高度紧张，付出他巨大的精神力量，尽管从成年人角度而言，在生活中应对这些情形并不是很复杂。

85. 如何激发学生在劳动和学习中完成自我教育

为此，无论是家里，还是学校，都要为学生营造一种劳动氛围。不管在课堂上，还是在家里，如果学生无所事事，那么教师关于用劳动进行自我教育的最珍贵教诲将变成空谈。

有一些教诲对于各种年龄段的学生都很重要。在我们的教育集体中表现如下。

（1）请记住，没有劳动，人就会退化，变成卑鄙且令人厌恶的生物。

（2）正如民谚所说，根据一个人种植和培植的麦穗大小，就能了解这个人。你通过劳动展现自己。你亲手栽种的树木就代表了你及你对劳动的热爱和本领。你的工作日记记录着你，你的劳动，你对父母应尽的义务。

（3）你在学校上学，你向长辈索取生活学习必需品。父母为你提供面包、衣服、书籍和直观教具，就是为了让你好好学习，为未来的劳动做好准备。你有义务尽可能早一些自食其力，帮助家里，挣钱给自己买衣服、鞋和教科书。

（4）你知道，劳动不是一件轻松的事情。劳动（труд）和困难（трудно）这两个词是同根词并不是偶然的。劳动需要流汗、劳累、身体和精神紧张。劳动不像游戏、娱乐和消遣那样充满乐趣。如果一个人把自己的智慧、真知灼见及双手的力量投入到工作中，他就能创造出有用而美好的东西，也就是创造生活和美好，以此证明和表现自己。一个人活70年、80年，而他亲手栽种的橡树可以活700年，甚至1000年。在劳动中留下自己的足迹，你就是幸福的人。

（5）学会从劳动开始时就已经预见劳动的结果。不要担心无趣。你可能今天、明天，一个月连着做同一件事情。你不要因此而害怕。劳动就像爬山，如果不走过一段艰难而使人痛苦的乱石路，你就不可能登上光芒四射的峰顶。

（6）劳动使人变得成熟而勇敢。从6岁起就要开始一项计划几年完成的工作。等到10岁时，你再回首，你会发现，亲手栽种的果树，结满了果子，你把寸草不生的土地变成了一片沃土。当你用双手劳动，当你知道什么是汗水、劳累、手上长老茧时，你就会真正了解科学的智慧、知识之光。

（7）当你学会在融汇手艺和智慧的工作中克服困难，学习成为劳动时，你才能在掌握知识上驾驭自己。只有学会边工作边思考的人，才能理解思想活动的秘密。请你记住，像牛顿和爱因斯坦那样生下来就有天分的人极少。你要做好最坏的准备——你没有天赋。你需要用劳动、创造来培养和发展自己的才能。

（8）任何时候都不要半途而废，一定要将事情做完。如果你习惯于一件事情未了，就开始去做下一件事情，你就是一个没有常性的人，是一个不学无术的人。

（9）你知道，学无止境。可以数十次做同一件事情，一次比一次做得更好。你要努力成为大师，学会不满足现状。有数百种专业，你永远都不可能都掌握。只掌握某一门，你可以成为行家里手。

只有在一定的条件下，学生才能理解这些教诲。如果在学校里没有快乐的劳动氛围，这些教诲就失去意义，学生甚至根本不理解，就好像你在用外星人语言与他们交流一样。在学校里的劳动应是快乐的。这是什么呢？劳动的快乐就是在劳动中自我表现。这是一种复杂的精神状态：人惊奇而高兴地看到通过双手劳动换来的成果，在其中发现了自我、自己的劳动付出和千篇一律、没有任何特色的劳动时光。为了把劳动变为自我教育的环境（如果没有劳动中的自我教育，就不可能有通常所说的自我教育），需要让每一个学生感受到劳动的快乐，他感受到劳动就是创造。在劳动中开始发现自我，一直持续很多年，直至确定了志向为止。劳动的快乐、劳动的创造、在劳动中发现自己，这一切皆有可能，但前提是要在劳动中发挥个性。劳动的自我教育并不是简单地收获土豆，不是拾捡金属废料，而是深刻地认识自己，把脑力劳动与一双巧手结合起来，有意识地提出目标、克服困难的过程。我再一次强调，劳动的自我教育不可能离开紧张的思维活动、智慧创作、书籍及基本教学大纲之外的东西（志向的形成正是从此开始）。如果课堂所学内容枯燥，学生从教师在课堂讲解的充满思想的话语中听不到让他们在知识海洋畅游的呼唤，或者不听从这种呼唤，根本谈不上有劳动的自我教育。如果教师没有自己的学生，教师没有因为对学科的热爱而影响到自己的学生，那么劳动的自我教育就无从谈起。

如果一切都具备，那么就让每个学生都完成一个探索任务，激发他们内心的爱好、崇高理想，产生获取比现在更多知识的需求。比如，你的学生喜欢做土壤学实验。你发现，当你讲解发生在土壤中的复杂生物化学过程时，他的眼中闪耀着好奇的火花。你有一个生物实验室，有一处温室。你给学生们辟出一小块地方，通过试验区吸引他：一块僵硬的泥土可以变成有生命的土壤。同时，你把有益微生物融到土壤中。学生根据你的建议创造了利于微生物活动的条件，自我教育由此开始。这位少年已经无法离开自己的这一小片天地，他坐在装着土壤的小箱子前，仔细琢磨着试管和显微镜，一直看书到半夜。现在不需要任何动力，因为他的热情已经被点燃。现在你要关注的是，不要让学生对探索的热情变冷。为此，教师必须采取细致而有分寸的方法关心学生的兴趣之火，需要给予他支持。

86. 如何在探索活动中培养自律

我们是对七年级以上的高年级同学提出了这些建议。这些建议关系到学生生活的重要领域——阅读、思维、解智力题。这些建议能否产生效果，取决于很多条件和前提。其中在学校里，首先教师们要对知识抱有浓厚的兴趣，课堂教学是在多方面智力生活的基础上完成的，教师知道的东西远超过他在课堂讲解的内容，每一个学生都有自己的智力兴趣，这些是所有条件中最重要的。如果做到这一切，就意味着学生理解了与探索活动自律有关的教诲。我们认为以下几点是最重要的。

（1）如果你们希望有足够的时间，那就每天阅读吧。每天都在读，哪怕只读两页与你们感兴趣学科（你们的选修课程）有关的科学文献。你们阅读的东西就是你们学习的知识基础。这个基础越扎实，学习起来就越轻松。你们每天读得越多，时间的积累就越多。这是因为，在你们阅读的东西中有成千上万个知识点都与课堂所学内容有关。我们称这些点为记忆之锚。它们将必学的知识吸引到环绕人们的知识海洋中。迫使自己每天都要阅读。不要把这项工作拖到明天。今天失去的，明天永远都不可能补回来。

（2）学会倾听教师讲课。九、十年级的学生需要根据最重要主题的讲课内容记笔记，不管在教科书中是否有这样的材料。记笔记教会我们思考，检验自己对知识的掌握程度。应当学会在课堂上思考笔记的内容，每天用半小时消化笔记内容。我建议将笔记分成两栏（两个纵行）：第一栏记录简要内容；第二栏是需要思考的内容。这里应当记录关键、主要的问题。这就是架构，好像全部学科知识的大厦都以此为基础。每天只需要思考这些架构式的问题，结合每天阅读的科学文献去思考这些问题。如果学生能够在各门课程中都遵循这一建议，他们就不需要突击的日子。在考试前，他们就不需要反反复复地阅读和背诵笔记。学科的架构是独特的大纲，在其基础上记住全部资料。

(3) 一大早，大约六点就要开始一天的工作。五点半起床，做早操，喝一杯牛奶，吃一片面包，开始工作。课前用一个半小时至两小时的时间从事脑力劳动。这是黄金时间。在早晨时间完成最复杂的、最有创造性的思维活动。思考关键的理论问题，阅读和仔细研究难于理解的文章，写写摘要。如果你们需要从事带有研究成分的脑力劳动，只有在早晨时间完成。你们不要熬夜。制定作息制度，规定在12点前的睡眠不少于两小时。这是最有益健康的睡眠。

(4) 学会安排脑力劳动体系。我是说处理好主次之间的关系。主要是需要分配时间。不要让主要事情变成次要事情。主要事情每天都要做，确定一些最重要的科学问题，因为理解这些问题对形成你们的能力、禀赋起决定作用。在早晨从事的思维活动中这些问题应占主要地位。学会按照主要科学问题找到书籍、科学著作，利用很长一段时间认真研读。

(5) 善于创造内在的动因。在思维活动中的很多东西并不是那么有趣，使人愿意去完成。常常唯一的动因仅仅是“应当”，那就从这种无趣的事情开始思维活动吧。学会集中钻研这些问题的理论细节。要让“应当”逐渐变成“我想”。最有趣的事情留在工作结束之时去完成。

(6) 你们徜徉在书的世界里，所以需要精心挑选书籍和杂志。如果一个人求知欲强，对一切充满好奇，那么无论什么书和杂志他都想读。但这是不现实的。学会限制阅读范围，剔除可能破坏作息制度的东西。但同时需要记住，随时都有可能产生读一本没有列在计划之内新书的愿望。为此必须有多余的时间。我们需要学会在课堂上提升思维活动，记笔记，避免“突击式”学习，以此来创造多余的时间。

(7) 善于对自己说不。你们需要做很多事情，不仅要参加业余文娱活动小组，体育小组，还有舞会。学会做出决断：很多这类活动都很有诱惑力，可能给你带来害处。应当娱乐和休闲，但不要忘记主业：你们是劳动者，国家为你们花很多钱，所以对你们来说劳动是主要的，而非舞会和休闲。我建议高年级同学去下象棋，阅读文学作品，以此代替休闲时光。在绝对安静的环境中下象棋，注意力高度集中，是振奋神经系统，养成严谨思维的绝妙手段。

(8) 不要将时间浪费在琐碎小事上，多嘴多舌，虚度光阴。几个年轻人常常聚在一起，就像乌克兰人说得那样，开始“闲聊”。一小时过去了，什么也没有做，在闲聊时也没有产生智慧的点子，白白浪费了时间。学会把与同学之间的谈话变成丰富精神的源泉。

(9) 学习减轻自己将来的脑力劳动，也就是为未来积攒时间。为此需要习惯记笔记。我现在有约 40 本笔记。在每一本笔记中都记录了清晰，但似乎又是转瞬即逝的想法（这些想法只是灵光一现，再也没有了）。我把在阅读时看到的有趣东西记录在这里。将来都会有用，都有助于减轻你们的思维强度。建立自己的笔记系列，珍惜你们从书中汲取的东西。

(10) 针对每一项工作都要寻找最合理的脑力劳动的方法。避免老套套，旧框框。不要吝惜时间，要深入思考你们接触到的事实、现象、规律的本质。你们越是认真思考，就越记得牢固。在理解之前，不要急于记忆，这是在白白浪费时间。不需要反复阅读已经知道的东西，翻看一下即可。切记草草地浏览你们还没有完全理解的东西。任何不求甚解的态度都可能导致你们需要无数次重新去研究接触过的事实、现象、规律。

(11) 如果有人妨碍你，思维活动不可能有效率。每一个人集中注意力，从事思维活动时都应当是完全独立工作。最好在阅览室，那里具有严格的制度约束。

(12) 思维活动需要有数学思维和形象思维交替进行。阅读科学文献与阅读小说文学交叉进行。

(13) 避免一些不良习惯，比如，在准备工作时需要坐上 15 分钟左右；没有任何必要地翻阅没打算看的书；睡醒后还懒在床上；等等。

(14) “等明天”是勤劳品德最危险的敌人。永远都不要将今天应当完成的某部分工作拖到明天。要习惯于今天完成明天的工作。这将是有效的内在动力，为明天打下基础。

(15) 永远都不要停止思维活动。夏天时节也不要都丢掉书。每一天都要丰富自己的精神财富，这就是你们在未来从事脑力劳动时所需时间的一个来源。请记住，你们知道得越多，你们在掌握新知识时就越轻松。

87. 如何在体育中激励学生完成自我教育

体育、智力、情感、美育和劳动是一体的，相互关联的。体育锻炼是保证人有充实的精神生活、充沛精神的基本条件。同时，体育锻炼使人的所有其他领域都变得高尚。

在我们教师们的工作中始终贯穿着一个思想，即教育和自我教育在体育中的统一。假如学生从很小时候就没有当过我们的助手，甚至都无法设想他们能够具有健康的身心。

我们坚信，体育中的教育和自我教育统一始于幼年时期，与国民教育学思想有关：当你刚一学会用手拿勺，将盘中的食物送到口中时，你就要劳动。我们尽量让儿童边工作，边思考，边思考，边工作。只有在这种条件下人才能理解体育的意义，体验到充沛的精力，认识到健全的精神取决于健康的体魄，学会通过精神力量去增强体力。如果我们的学生不是从很小的时候开始劳动，那么他们就无法理解和体会体育中自我教育的任何教诲。但如果我们的学生是劳动者，他们就会非常敏感地，饶有兴趣地接受我们的教诲，按照我们的建议去做。这就是我们对体育中自我教育的建议。

第一，健康就是充实的精神生活，快乐的情绪、清晰的头脑。你的身体掌握在你自己的手中。

第二，健康的最重要源泉就是我们周围的大自然：空气、阳光、水、酷暑和严冬、阴凉的小树林和盛开着鲜花的三叶草田。你需要在大自然中生活和劳动。在太阳出来之前起床。夏天太阳出来得很早，但你就要在太阳出来之前起床。去田野中，呼吸新鲜空气，用露水洗手、洗脸，这是真正的仙水。空气中弥漫着鲜花和成熟庄稼的芳香，这一切对健康有益。在夏天呼吸着这样空气的人，永远都不会得肺病。

第三，你要给自己立一条规矩：每天睡醒后，立刻开始做早操。夏天睡在院子里的干草上或者新鲜的秸秆上。干草和新鲜秸秆分泌出的植物杀菌素可以预防流感。

第四，每天早晨用冷水擦身。坚持在池塘里洗澡，直到秋寒。冬天用雪擦脚和腿（到膝盖），从膝盖一直擦到脚跟，直到感觉到发热为止。到户外光着脚，大胆地在雪地里走几分钟，这对双脚和整个机体是很好的锻炼。

第五，每天都要从事体力劳动。劳动使人神清气爽。如果人每天经常劳动，能延年益寿。一个从幼年开始一直到老年阶段都在劳动的人，他在生命最后的日子仍然是一个完人，还可以保持着体力，清晰的头脑、理解力和丰富的情感。

第六，每天行走 3（幼年）到 10 千米，养成在林中、草地、田野行走的习惯。如果你在上学时需要走 2～3 千米，而且还要经过草地，这可是你的幸运。夏天时，走在鲜花盛开的田野或者成熟的庄稼地和草丛中（尤其在小麦、大麦、燕麦和三叶草田野），要成为你们的一种习惯。

第七，让质朴、有节制、有自制力成为你们的座右铭。在童年时不要吃很多甜食，最好不要只吃纯碳水化合物。不要暴饮暴食。当你站起来离开餐桌时，要有还没吃饱的感觉。

88. 如何让集体成功承担个人教育者的作用

这条以一定理论概括为基础的建议对于实践工作非常必要。首先，要了解教育对人产生影响的基本原则，理解各种影响之间复杂的相互联系是非常重要的。这一点对于创建集体和个人的和谐统一体尤其重要。

那么，集体教育力量的根源在哪里，在哪些条件下集体能够成功地、有效地起到个人教育者的作用？总结一下所述建议的内容，我们可以得出结论，如下几点是最重要的。

（1）每一个个体都能理解和感受一条真理，即人一起生活，一起劳动（我把这个条件称作人的感受），他有快乐和痛苦，应当以人道主义的方式对待他，理解和体会他的精神世界及此时此刻的状态。如果一个人不善于用自己的理智和心灵在人群中定位，那么就不可能有集体的存在，没有，也不可能有对集体其他成员的尊重，甚至没有自我尊重。

（2）每一个个体都有能力节制自己的欲望，善于抑制某些欲望，将自己的欲望与他人的欲望联系和等同起来。心灵的这一很重要的品德就是在训练敏感度，教育人性（前面提到过）的课堂上培养出来的。这些课的本质就是指人在用心认识另一个人的情感世界时，总是在帮助他，给他以力量，在另一个人心中留下美好的印象。学会为了他人的幸福节制自己的欲望，这通常表现在诚实，表现在通常被称为谦让精神上。假使人没有这种能力，那么他的生活就变成了地狱，如果每一个人都随心所欲，生活就会变成地狱。

(3) 不断发展一个人的道德、情感、精神、美育、创造能力。集体具有很大的教育力量，集体在精神上不断成长，只有在这时才是真正的集体。今天每一个学生都比昨天更聪慧、更豁达、更慷慨，才可能做到这一点。这里谈的是常态化的、在精神上不断自我壮大的过程，是集体作为一个创造新人的雕塑者，不断地雕琢自身形象，充实越来越新的精细特征。

(4) 要有高度发展的自尊心，个人的自我尊重感。我们发展、保护、爱惜每一个人自我尊重感，培养心灵对善良的话语、美好事物的敏感，我们就是在提高集体的教育力量。从五六岁开始直至十岁是一个人精神生活的完成时期，我称之为参与集体生活的准备阶段。在这些年龄段，成年人尤其不能有粗鲁、冷漠、无情的表现，这是对儿童细腻敏感心灵的沉重打击，之后这种心灵就会变得像水牛皮一样僵硬，没有感觉。在这个阶段，教师应敏锐地爱护儿童的敏感心灵。你们知道，如果在学生还很小的时候，你们就使他的心灵在道德上变得无同情心，当他长大一些，到了少年阶段之后，他就会嘲笑你们为了达到责骂、刺痛学生的目的而使用的教育伎俩。一个人在早期童年阶段经历的惩罚越少，他对善良话语越敏感，他的良心守护者——心灵就越忠诚，由这些个体组成的集体就越强大。

(5) 学生希望成为好学生，他们希望获得好的评价。这是集体教育力量最有力的源泉。其中凝聚着丰富的道德关系、激励集体活动的思想。当一个人看到同学身上的长处，赞赏、惊异同学身上表现出的道德之美时，他发自内心想成为具有上进心的人。只有在充满高尚思想的集体活动中，他才能显示出自我尊重感，而这种自我尊重感决定了个人的精神面貌、他与他人之间的关系。教育智慧和艺术的本质就是让学生通过观察认识他人，集体因有伟大的目标而变得高尚。

(6) 绝对不允许在集体面前数落个别儿童的各种不足，绝对不允许“刨根问底”。一个人不应当害怕集体，而应因身处集体中感到开心，因为正是集体发现了他的长处，给予他好的评价。集体的权利凌驾于个人之上的基础就是微妙的人与人之间的关系。只有当集体在个人身上发现了优秀的品质多于不足时，它的权利才开始发挥作用。

(7) 集体成员拥有各种各样的兴趣、爱好、活动。如果学生缺乏个性，那就没有集体的存在。只有当每一个人具有了不可复制的面孔，每一个人都在以自己的方式丰富同学之间的相互关系，集体才具有教育力量。

（8）集体要有社会积极性。集体的力量、它凌驾于个人之上的权利大小取决于集体鲜明表现社会思想的程度。学校集体应常常参与社会活动、创建巩固共产主义的物质技术基础，提升人格魅力。

（9）集体内部要有经济关系。如果一个人没有凭个人的经验认识到自己对属于集体的财富应负的责任，那么对于义务、责任、有意识地服从、个体和社会利益的结合的美好说法就只是良好的愿望。多年的经验告诉我，从道德上体验集体中领导与服从的组织依赖关系正是始于这种责任感。

（10）决不允许在集体中划分出积极分子和落后分子，如果这样，人就会感觉到他注定是落后分子，碌碌无为，他命该如此。集体成员的积极性的确定不仅仅是因为他能提出要求，领导别人。这种积极体现在多方面，服从他人。需要让集体中的每一个成员都能在某个活动领域体现出积极性，充分发掘他的天赋、能力、志向。在学校中如果一个人不能全面发展，就无法谈及个人的社会积极性。在集体中不应有一个落后的、无个性的，在哪方面都没有突出表现的学生。我们不希望学生表现出的唯一积极性就是他们有领导才能。领导权应源于因天赋、能力、技巧、创造性劳动、创造的某个领域的榜样所带来的积极性。成为学校集体的领导者首先意味着要成为劳动中的榜样。

（11）要有各种各样的集体。一个人只有积极参与完成各种不同任务的团体活动，集体的教育力量才能充分显示出来。学生要有不同的兴趣爱好，参加不同类型的活动，在其中发现自我、有意识地发展自己的天赋、能力、才华，只有在这样的条件下才可能有集体和个性的和谐。没有多样化的集体就不可能有全体学生的积极性可言。如果学生的生活仅限于一个简单集体的框架内，那么这个集体就会枯竭，不可避免地出现落后者。

（12）儿童、青少年需要关心他人，尤其是幼童。当每一个个体为他人付出了心血，关心他人时，这时集体就成为有效的教育力量。在儿童、青少年的观点、信念和生活理想的形成阶段这样的关心尤其具有教育意义。

（13）一个集体的教育者——教师的智慧非常重要。毫无疑问，集体是教师的创造物，它不可能是凭空出现，自然存在的。没有智慧型的教师就不可能有集体的存在。所以，不能把所谓的“革新性”建议，也就是“不需要设立班主任，集体完全可以独立”这样的建议当真。这是不可能的，就像把治病的事情交给病人自己一样根本不可能。教师作为教育者的智慧就是不让学生们感受到他事无巨细的照顾和形式上监督，让学生们把教师的构想当作自己的构想提出来并去实现。真正的教育大师永远都不会让学生感觉他们是管理者。随着学生的逐渐长大，他们对教师的要求越来越高。少年已经非常清楚教师应成为集体的榜样、偶像和良心。所以，青少年的教育者应当深入了解生活和人。集体的教师是一种力量，集体的精神——道德、智力、情感、美育的发展因为这种力量而永不停止。为了使这种发展变为现实，教师必须每天都要关注学生的才智和心灵，必须经常为他们揭示人的日新月异的生活方方面面和精神世界。

89. 如何在学校集体中进行讨论

多年从教的经验使我懂得了，并不是与学生道德行为和日常行为有关的一切都要拿到学校集体层面进行讨论。在集体中不允许讨论以下问题。

(1) 家庭中显性和隐性的失常现象，包括父母的反社会行为、争论、丑闻、父母之间的不合都是导致儿童（青少年）身上出现不道德行为的原因。在这样的情形下，尤其不可以讨论青少年的不道德行为。他们非常清楚自己行为和家庭生活之间的相互联系，暴露这种生活的阴暗面会使他们感到心情沉重。

(2) 如果不道德的行为或者个别负面行为是因为他的父母不是亲生父母，因而儿童内心消沉所致，如果他没有父亲或母亲，即使他严重违纪，也不应当在集体氛围中分析他的行为。

(3) 儿童的行为或者个别举动客观上就是儿童抗拒父母或者某个成年人，包括教师粗鲁、专横的表现。这无论对保护成年人的想法，还是儿童本身的利益都很重要。如果儿童通过不良行为的形式表示了抗议，那么他会把对这种行为的分析视为是一种不公正。

(4) 儿童（少年）的不道德行为是教师所犯错误的结果。在分析学生错误行为时，教师绝对不能这样说："说你呢，而不是说教师，教师的事情与你无关。"同样不能在讨论学生的错误时，议论教师的错误。

(5) 教师因没有客观地评价学生的知识而引发的不良行为。就像在很多情形下一样，我们在这里指的是儿童表现出的委屈。这是非常柔弱的、任性的小伤口：你越担心它，越靠近伤口的位置，就越感到疼痛。最好不要去注意委屈的小伤口。一般在集体中也不能说这些东西，但并不是因为儿童没有能力判断什么是好，什么是坏（有时他们的见解并不比成年人差），而是因为不需要再一次触痛它。在很多情形下，避免出现新的委屈伤口更为有益。

（6）当学生在智力发育不正常或者他虽然很努力，但还是无法掌握某科教学内容，他就会在学习方面表现出跟不上的情形。教师需要区分懒惰和疏忽与不理解、不会的情形。如果教师没有能力做到这一点，他就不配当教师。当在集体面前把完全是另一回事的东西视为懒惰和不认真，那么只能给儿童带来害处、痛苦和委屈。

（7）学生在解释不良行为时，需要讲述自己与同龄人或者老朋友、小朋友之间很深的私人朋友关系时，学生将在这样情形下的坦诚视为背叛和出卖朋友……在同学之间的相互关系中，事情远非初看上去那样简单。儿童有自己对荣誉和耻辱的理解、解释，而这些概念和解释是需要尊重的。

（8）不良行为的原因与家庭中的特殊关系密不可分。儿童不能过早知道这些关系，而且也无法给他们解释。我们需要有分寸地、不易觉察地解决和消除这样的行为。还有很多其他的不良行为，也不能公布于众，公开讨论，完全公开化。很难概括这些行为。很难给他们找到某种共同的统一尺子，某种囊括一切的标准。

有一天，我正在写这几行字时，在六年级发生了一件事。学生优尔卡莫名其妙地称自己的同桌弗拉基米尔为没有良心的人。学生们很清楚这个词语的意思，如果优尔卡没有任何原因就指责弗拉基米尔，那么弗拉基米尔一定感到很委屈。但相反，他却经受着良心的责备，觉得自己错了。发生了什么？原来，优尔卡近视眼，他的眼镜质量不是很好。他戴眼镜看东西所在的位置其实并不是某个东西真正所在的位置。在绘画课上弗拉基米尔戏弄优尔卡，他把油彩放到了优尔卡面前。当优尔卡低头开始画画时，弗拉基米尔把油彩盒移开几厘米，结果优尔卡拿错了颜色。当优尔卡发现了这个非善意的戏弄之后，生气了，在回家的路上大哭起来。全班同学都听见了没有良心这句话，但并没有人知道弗拉基米尔的举动。只是两天以后我才知道这件事，但不是优尔卡告诉我的，而是弗拉基米尔自己承认了错误。三天后，优尔卡求我不要对其他人说弗拉基米尔的行为……

多年的工作经验使我明白，在我们艰难的，有时是极度艰难的事业中需要履行一条重要原则：如果学生本人善于处理复杂的关系，并加以分析，就不需要集体去解决处理。

读者可能还有问题：究竟什么需要通过集体进行处理？什么都不用。

我认为，如果谈到过失，那么一般都不应分析、讨论。第一，因为真正共产主义教育的本质就是没有非正常的、不道德行为或者尽量少有。第二，作为教育力量的集体并不是靠分析各种过失来影响个体而存在。第三，集体分析的各种冲突越少，它所具有的教育力量就越强大。

还有一个极其重要的共产主义教育原则：需要学会解决和消除冲突，将其遏制在萌芽状态，不要煽风点火。而是在火星还没有燃烧起来时，就熄灭它。

大家可能会问：您是赞同“无冲突的教育”吗？是的，我赞同在教育儿童时不责骂、不发脾气，不采用没有任何好效果的强硬措施。不能将成年人的社会概念和规律迁移到儿童世界中。在教育儿童时大发雷霆，各种冲突中火冒三丈都不是客观上必需的行为。最好不要大发雷霆。

90. 如何体现集体的独立性

并不是丰富的精神生活取决于集体的独立性，相反，集体的独立性是充满生机的丰富精神生活的结果。在集体中一个人的情感越发达，他给他人带来的精神财富越多，他面对他人表现出的内在美越突出。在为他人谋福利的共同劳动中这种内在的美表现得越充分，就越表明集体已经做好准备，真正能做到关心每一个成员的命运，影响人与人之间的相互关系，尽量做到使这些关系具有人道主义性质，对肆无忌惮和专横的行为，也就是“我想怎样，就怎样”表现出高度的共产主义原则性、高要求、不容忍。

青年朋友们，尽量使这样的相互关系准则成为集体表现独立性的基础。在这些相互关系中集体对个体的每一个要求都应是集体对个体的关心、保护。我简单地讲一下学校集体相互关系的准则，从中可以看到对人严格要求与对人关心的统一。

（1）在班集体（从四年级开始）中每一学期都要选举一名同学，统计同学们完成作业的情况和出席情况。每一位同学到校后都要向教师的这位助手汇报是否完成了作业。如果没有完成，为什么，究竟什么不会做。教师助手汇总检查作业材料情况，告知教师（比如，三位同学没有弄清楚做题的要求，一位同学不会做四则运算)，教师在每一个班级都设有学科辅导员（可能有几个)。通常是学习最好的学生，他们学习了超纲的内容，懂得的知识比获得优秀成绩所需要知识更多。教师听完助手关于家庭作业结果的汇报后，立刻安排辅导员辅导某些同学，给他们讲清楚某项知识，完成某项实验性工作。如果有必要，教师亲自补课。补课和辅导只在课前完成，课后从来不进行任何补课。同学们放学后立即离校回家。如果学生愿意，课前补课。但正是因为学校整体工作中贯穿着一种相互信任的精神，正是因为学习的过程以尊重人为本，所以每个人都对自己严格要求。需要补课的学生必须早早来到学校参加补课或者辅导课。

(2) 大家推选出一名同学负责统计参加社会公益性劳动的结果。我们各个班级轮流在学校教学试验田或者农场劳动，每一天都有一到两个班参加劳动（根据需要而定，但一定是全年不断)。组织社会公益劳动的同学负责统计、记录每一个人的劳动情况。如果有人因为正当理由无法在今天完成工作，他便请求负责社会公益活动的同学将他安排到明天或者后天，与其他班一起做。如果在生病状态，病好之后再完成任务。没有，也不可能有任何正当理由使学生逃避某项劳动。

(3) 从二年级开始，每一个班级都有一名同学负责班级的事务性工作（关于图书、直观教具、笔记本、画册、在体育馆上体育课时使用的软底鞋、粉笔)，甚至负责统计值日情况。每一天都安排两个值日生，他们戴着有字的红袖标。值日生负责的事情很多。在上课前 15 分钟值日生来到教室，用湿抹布擦拭黑板和课桌，在班门口放上一块湿地毯，不能将一粒灰尘带到教室，尽量不让学生呼吸漂浮着尘土的空气。课后重新擦拭黑板和课桌。

(4) 每一个班集体每年选举一名同学，记录同班同学的健康状况。这位同学负责记录同学们在家里完成早操情况。周六负责健康的同学要挨个询问，谁没有做早操，一天不做都不行。之后，班主任找这些没有做早操的同学进行谈话。负责健康的同学还要记录下身体不舒服同学的名字，向教师汇报。教师会让生病的同学去看医生。

(5) 每一个班集体（从三年级开始）都要选举一名同学负责日志记录。学生将教师登录在记分册上的成绩记录到自己的日志上。不是教师，而是负责同学在同学们的日志本上签字。我们认为集体的这项自主活动具有重要意义：通过这项活动，集体的信任精神得到了体现。需要做一下说明：如果一个学生无法胜任某科的学习任务，我们不给他打分。分数只是积极努力的结果，没有分数意味着还没有好好地努力。这样就防止负责记录日志情况的同学与班集体之间相互关系中出现违规现象：负责同学任何时候都不能把不及格分数记录到另一位同学的日志中。如果学生日志中没有语法课的分数，这个事实已经明示家长，他的儿子或者女儿学习不太好。

(6) 每学期和每学年结束之前，班集体（从四年级开始）决定需要降低哪位同学的品行分数。在班会上解决这件对于学生很重要的问题，与任何一位同学一样，教师（班主任）也有发言权。学校规定，如果班集体在评价某位同学的品行时意见不一，就要有教育委员会做出最终决定。但我们从没有出现过需要提交教育委员会裁决的情况。对学生品行的评价不需教育委员会审议通过。

(7) 共青团委和少先队大队委负责管理试验田、园圃和养蜂场的收入。我们每年都有不少于 2000 卢布的收入进账，共青团员和少先队员们共同决定这笔钱的用途，部分资金用于资助物质上需要帮助的同学。如果有同学家里遇到不幸的事情需要帮助时，这位学生可以向同学们提出申请，同学们会给予他帮助。同学们还用这些资金组织旅游、购买乐器、为来自其他地区的客人购买礼物。

这就是集体内部、组织、物质生活独立性的基本方面。这是建立在集体独立性基础上的社会政治和精神关系所需的必要条件。独立性通过精神生活，尤其通过社会政治生活鲜明地体现出来，决定了青少年的社会和道德成熟性。我们在之前讲述了课程小组、为居民而举办的自然科学知识晚会、各种年龄段学生组成的集体，都是生动的具有创造性的独立性表现。

91. 如何在课堂上体现思想教育的本质

在教育教学工作实践中有一种广泛普及的观点：一个人在掌握知识过程中，同时在道德上也受到了教育，因为掌握知识本身就是提升道德的过程。从教育角度看待道德的观点已经深深扎根于很多教师的意识中，以至于放弃根深蒂固的信念对于他们而言是一件非常困难的事情。课堂上的教育被视为是理所当然的事情，因为学生可以获得知识。“通过学习知识接受教育”，“通过知识获得道德教育”，这些观点的基础就是错误地从教育角度看待道德性，实际上会滋生宽容性和盲目乐观的心理。

生活让我们相信，掌握知识、认识自然科学和社会科学规律，认真地回答问题，取得优异的成绩，这一切本身还不是道德教育。教育始于知识转变和蜕变成信念之时。只有当了解真理的过程触及一个人的心灵，震撼他的内心，激发他去从事一项活动，通过具体事例，从实践角度证明和坚持对于他十分神圣而高贵的真理时，才能谈信念问题。掌握知识，但要珍惜信念。缺少某些具体知识并不能说一个人缺乏道德修养。缺乏信念，即使在有知识的前提下，也表明一个人在道德上没有个性。

我建议青年教师们，如果你们想成为真正的教育者，首先就要学会发现知识和信念之间的区别。学会为信念创造基础，学会激发神经的活力，而神经的跳动促使道德的热血，也就是信念的产生。

请你们记住，对自然界和社会中事实的认识是形成科学、政治、道德思想的基础。在有关事实的认识和信念之间横亘着一座小桥——思想。知识通过思想变为信念。思想已经不仅是认识。在思想中有“一小块心灵”，这就是一个人对他知道的东西表现出的态度。可以详细地，一点一点地认识尤里乌斯·伏契克的悲剧式命运和斗争经历，但认识事实还不是思想，只有当读者在思想上成为这位英雄热情洋溢的支持者时，才能产生思想。如果你们的学生做好了与英雄并肩作战的准备，做好为共产党的事业奉献出生命的准备，你们作为教师接触到的东西就是思想。因为个人对于事件、现象、事实持有的态度，通过思考具体事实获得的结论、概括具有了鲜明的情感色彩。这就是思想的特点。

当认识事实的过程转变为思想时，就产生了信念。教师的任务就是赋予这一转变鲜明的表现力，使学生不再是冷漠的“知识消费者”，而是对真理与真实的胜利极端感兴趣的个体。

是否任何科学知识都是用于思想教育的材料？不是，并不是任何科学知识。有一些知识在思想意义上是中性的（当然，这并不说明在学习这些知识的课堂上没有教育）。在学习简便乘法公式时，无论在资本主义社会的学校，还是社会主义社会的学校，科学真理与道德之间的关系是一样的。但甚至在自然科学系列课程中大部分也包含着激烈的思想斗争、思想的碰撞。很多科学真理是著名思想家付出宝贵的生命换来的。朋友们，我建议你们在学习这些真理时要特别小心谨慎。你们在讲解太阳系时，要让自己的话语饱含着对与因循守旧、无知、在精神上奴役人民的行为做斗争的思想家的崇敬之情。让学生清晰地认识这些思想家斗士的形象，使得学生懂得真理永远具有革命性。

你们在物理、化学、生物、数学课堂上讲解材料时，不要只是毫无激情地解释原理，要引导青少年研究者以求知的、充满为真理而奋斗的高尚动机，游走在满是荆棘的科学道路上。将自己教授的自然科学学科（物理、化学、生物学、数学、天文学）变成这样的课程，使得认识、思考、掌握科学知识对于年轻的智慧和心灵而言成为一种内在的斗争，也就是理智、心灵反对经院哲学、不学无术，反对使人盲目相信信条，反对禁止人们思考、胡作非为的宗教毒物的斗争。要让不可抑制和难以改变的人类求知精神、对真理和认识的执着激情这一思想贯穿于你们的课堂。

善于思考的教师，总是特别关注自然科学系列大纲各个部分的研究，其中可能有新发现，未经探索的、还没有完全被科学解释的东西。比如，时空之间的相互关系，物质和能量的实质，光、粒子和反粒子的性质，万有引力等概念，而善于思考的教师会用充满闪光智慧的思想解释这些概念。当你们在课堂上给学生呈现宇宙的宏伟画面，时空领域的无限世界时，不能让学生下课后产生自己很渺小，微不足道的感觉。

在人文系列的学科课堂上没有，也不可能有在思想意义上表现为中性的材料。我的朋友们，如果你们教历史，你们的教育任务首先就是意识到，在课堂上你们不是面对某个抽象的学生（这样的学生在本质上不存在），你们应当发现具体的、生动活泼的、独特的人，他们是科里亚和妮娜、瓦利亚和谢尔盖……他们都是有深刻个性化思想和情感、有追求和激情的人。这是非常重要的，因为只有当人具有鲜活的个性时，思想的鲜血才会涌动起来。思想只存在于人的具体精神世界中，他的思想、行为和斗争中。你们在给学生们讲述斯巴达克领导的奴隶起义时或者反对俄国皇帝保罗策划的宫廷阴谋时，关于挑起第二次世界大战，或者斯大林格勒大会战时，你们直接面对的是具体青少年的精神世界。你们一刻都不能忘记，你们面前的人是科里亚和妮娜、瓦利亚和谢尔盖。思想只能存在于他们的心灵和智慧中。青年朋友们，请你们记住这一点。所以，你们这些教人文系列学科的教师们要关注，不要让科里亚和妮娜、瓦利亚和谢尔盖变成知识的冷血需求者，而是感觉到自己就是事件的鲜活参与者。人类社会的历史永远是斗争的历史。在剥削性的社会里，进步力量与反对力量进行斗争，在没有阶级区分的社会主义社会里人类为控制大自然的力量、为建设共产主义而斗争。教授历史的教育艺术奥秘就是让掌握知识的人具有战斗精神。

如何让你们的学生在听完你们的讲解之后成为真正的斗士？这取决于

两个条件。这些条件的实施取决于你们教师本人，取决于教育集体，学校的精神生活，取决于学校参与社会生活的积极程度。

第一个条件是笼罩在学校、集体生活、学习、社会公益劳动中的时代精神。只有当人理解和感受到我们时代的意义，才可明确自己的立场，在掌握知识时永远站在进步、先进的一面。只有当年轻的智慧和心灵理解和感受到我们的时代是英雄的时代，我们的眼前正在发生最伟大的壮举，课堂的教育才具有思想性。只有透过观察时代，才可以正确地看到和理解任何历史事件的意义。将时代精神传输给青少年的智慧与心灵，这就是学校需要完成的最艰难的任务之一。

第二个条件就是教师思想和个体的和谐统一。使事实充满思想意义，从对事实的了解转变为信念，这一切没有教师的个性参与是不可思议的。思想存在于书本中。有一些书籍的内容像烧红的铁块一样火热，像太阳一样明亮。青年朋友们，学校里是否有共产主义思想精神的氛围，取决于你们如何经常以什么样的思想和意图去接触这些炙手可热的书籍，这些接触激发你们去实施哪些行为，参加哪些活动。为了将思想灌输到学生的智慧和心灵中，教师只掌握深刻的知识还不够。应当需要思考知识。思考你们从人类财富的宝库中汲取什么和输入到学生大脑中的东西。我坚信，并不是每一位深刻了解自己学科的教师都拥有思考知识的宝贵能力。思考知识意味着认识、预见、盘算每一个真理将触碰到人类心灵的哪些角落，激发哪些回应性的思想、问题、疑惑，思考知识意味着学会设身处地为青少年着想，分享他们的观点。如果教师善于思考知识，那么他们的学生就拥有了罕见的优良品质：他们在理解教学材料时，就好像从教材中抽象一样，从思考材料过渡到思考自己、自己的命运。

教学的思想性就是激发学生求知欲的最重要因素之一。学生越是明确自己的思想立场，越是深信人类对于真理的追求永恒不变，他就越想知道更多。在一些学校的课堂上思想活跃，在这里书籍成为青少年形影不离的伙伴。阅读、独立思考其中的内容，这一切首先是思想源源不断的源泉。思想和信念本身的性质就是人总是相信和珍惜他通过自身付出和思考及分析得到的东西。如果你们想让学生的知识转变为执着的共产主义信仰，那么要像防火一样，杜绝死记硬背，“贪婪地”，不加思考地吞噬现成的真理。仔细想一想谢·格·拉佐的经典名言：“信念是需要经历痛苦才能得到，需要检验信念的生活能力，需要与别人的思想碰撞。……一个人应当宁愿去死，也不愿意背弃自己的信念。”① 思考知识的过程恰恰应是与他人思想“碰撞的过程”。不要把对自然和社会的认识看作是不容反驳的真理，而是作为观点之间的斗争和冲突的结果。就让这场斗争，这些冲突一直延续到课后的阅读过程中。要为学生寻找书籍，因为其中呈现的真理不是现成的，永远燃烧的火光，而是被那些为真理而斗争，在这场斗争中胜利的人们的心灵之火点燃的闪光火炬。

92. 如何让时代精神渗透到青少年的智慧与心灵中

时代的最主流思想就是世界局势正在左右着国内的共产主义建设。世界上正发生着尖锐的、不可调和的政治思想斗争。资本家豢养的成千上万个资产阶级思想家正在诽谤我们的国家，数百家无线电台时时刻刻都在散布着无数谎言，这一切的目的就是要在精神上腐蚀我们的青年一代，试图说服他们，让他们相信根本不可能有值得他们去奋斗的任何理想。资产阶级“自由”的生活方式的鼓吹者与保护者们暗暗地希望说服我们的年轻人相信思想生活是不存在的，无论在资本主义社会，还是在社会主义社会物质享受永远是人追求的最高目标，而非某种“昙花一现的思想”。让青年人放弃共产主义思想，这就是资产阶级宣传的主要目的。

我们应当以崇高的共产主义思想抵制这些居心叵测的企图，我们的年轻人应当理解和体会，在我国，在他们的周围，他们的父母、兄弟姐妹和他们正在用自己的双手实现世界上最伟大的正义事业，也就是建设世界上最公正的新的民主社会——共产主义社会。体会到共产主义的公平、伟大

---

① 引自于斯谢·格·拉佐在1915年写给其中一个兄弟的一封信，其中写道：“……但一个人出现了有意识的信念时，书籍很重要，但只有书籍还不能树立信念。信念是一种比知识更重要，更有意义的东西。信念，也只有信念才能使我们个性独一无二，具有完整性。信念是阅读和周围生活相互作用的结果，信念需要经历痛苦才有，需要检验信念的生命力，需要与他人的信念发生碰撞，……一个人较之放弃信念，还是不如牺牲生命。”（Лазо С. Дневники и письма. Владивосток. Приморское книжное издательство，1959，С. 94-95）

与美好，这就是时代的思想主旋律，年轻人的思想、希望、追求都应当以此为中心。如果青少年不积极参加我们在上面提到的共产主义劳动，就不可能激发这种体验。但这只是教育工作的一个方面。青少年只有将劳动与思想结合，体验思想的斗争过程，有意识地认识这场斗争，站稳立场。只有这样，他们的智慧与心灵才能理解时代的精神，在他们的心中才能树立共产主义的信念。

我们在为高年级（九、十年级）学生举办的政治报告会上，尽量鲜明、生动地讲述思想斗争，所有高年级学生每周都要开会一次。校长简要通报一下发生在国内外的事件。报告会的主要内容就是资产阶级思想家如何对我们妄加诽谤，我们的社会主义现实又是如何揭穿这种谎言的。个别资产阶级思想家的论调甚至引起了青少年们哄堂大笑，因为这些论调太不可思议。我们通过每一次谈话，让年轻人越来越坚信，真理永远掌握在共产主义思想这一边。

我们的时代是人类精神伟大而美好的时代。我们的思想体现在人类的事业、命运和行为中。我每周一次将高年级学生召集在一起，给他们讲述看上去很简单，没有任何特别之处的一些事件。但当我们认真思考这些事件的意义时，就会发现它们会打动人心，令我们自豪，因为我们与那些在实践中为年轻人指路的人是同胞、一代人，尽管他们的生活在我们的社会中很平凡。

我讲述了一位俄罗斯妇女叶皮斯基尼娅·费多罗夫娜·斯捷潘诺娃的故事。她养育了九个儿子，这九个儿子都在为伟大祖国的自由和独立战役中英勇牺牲。“战士们都回到自己母亲的身边。我见到人就问，我的儿子们在哪里……我日日夜夜都在期盼他们归来。”听完这位母亲所说的话，学生们的内心难以平静。我重复着这位母亲说的话，给他们展示她的照片，她表现出了人类的美丽，伟大和智慧。我尽量把这种真正具有震撼性的悲痛声音传递到年轻人的智慧和心灵中，使得母亲这段话语作为在战场上牺牲战士们的安魂曲奏响。我让每一位学生都提出一个问题：谁应当为母亲的神圣泪水负责？目的就是让每一个人在生命的初期体会到公民的崇高情感，使得每一个人对祖国的敌人更加疾恶如仇。

我讲述了两个拖拉机手的英雄事迹，他们用生命的代价拯救了国营农场上几千公顷小麦免于一场大火。我讲述这件事的教育目的就是希望每一个年轻人都能在被熊熊烈火烧焦的英雄身上看到内心的最隐秘角落。“青年朋友们，你们知道，在我们的社会没有比人更宝贵的财富。但如果一个人按照内心的旨意为了某件事情献出了生命，意味着有一种与每一个人生命能够比拟，相提并论的事物，这就是神圣而庄严的祖国。”

每一天，每个星期，我们都在揭开就像上面讲述的两个事迹一样的，我们英雄时代鲜活历史中光辉的新页章。朋友们，你们要学会为年轻人打开这本书，打开这本炙手可热的书籍中的每一页。

93. 如何使美好品德具有魅力

如果17岁的学生向往光明，这就意味着需要强调我们的伦理和道德的最高原则。某些教师认为，我们的道德原则本身就是美好的，不需要特殊的表现形式，不需要粉饰。事实远非如此。原则越高尚，呈现这个原则的活动就应越光鲜，越有表现力。假如我们只是一味地重复要诚实、正直、对虚伪不妥协、不容忍这样一些观点，那么学生就会认为这些观点都是令人厌恶的说教。学生们就像对待对身体有益，但口感不好的鱼油一样，不情愿地接受这些观点。诚实、正直、对欺骗零容忍应成为一种鼓舞人心、充满魅力和诱惑力的行为（我们在括号内强调一下，行为和美德的融合、统一是政治教育学需要解决的主要问题之一）。我们能够做到，要求青少年们在独立完成作业时不抄袭、不偷看答案，因为这是连他们自己都感到耻辱的行为。假若我们没完没了地唠叨，一直强调努力学习是很好的行为，抄袭、剽窃别人的劳动则是很坏的行为，那么我的一片苦心教导就会让他们生厌。我们鼓励学生们参加活动，展现充满魅力与吸引力的美好品德。我们的学生，从幼年开始，每年暑假都在“湛蓝天空下的学校”里住上几天。在炎热的夏季里，学生们住在草棚或者用树枝搭建的窝棚里，我们把这些草棚或窝棚称之为“湛蓝天空下的学校”。这里的一切都需要自主完成，所有必需的食物都需要自备。所以，在进入“湛蓝天空下的学校”之前，学生们把食物放在自己的密室里（每一个细节都要体现出浪漫色彩），整齐地装到纸袋和金属罐中。不需要做任何形式的登记。每一个人到密室里送食物时，没有任何人在场，从没有发生过有人欺骗的事情。这是绝对无法想象的。学生们在这里感受到，他们用自己的劳动和付出可以为集体创造快乐。假如有人想欺骗集体，大家会认为这是企图偷窃快乐。

处于在童年和少年时期的学生拥有自己的物质财富，就是归集体所有的小型图书馆，当班集体不存在以后，小型图书馆移交给低年级学生。在个别情形下，小型图书馆可能会赠予某个低年级学生，姑娘小伙子们做这件事时很兴奋，终生难忘。

我们的学生总是尽力将快乐带给那些失去劳动能力，生活在孤独中的人。每年春天，高年级学生都要为孤寡老人开辟几个花坛。这项劳动表现出美好品德，具有了浪漫主义光环。在这些天里，年轻人体验着我们所有人都要变老，年青一代人将要照顾我们的想法。让年轻人在青少年时期就有这种想法很有必要，年轻人因这样的想法而变得高尚，有助于他成为真正的大人。年轻人通过浪漫的、充满魅力的劳动表达了对老年人的关心，这是一项最需要、最高尚的活动。朋友们，不要放过任何一种触动儿童心灵最隐秘角落的机会，因为那里隐藏着对老年人的思考与担忧。关心老年人这是对人表达出的最动人的爱。漠视老人的行为严重危害社会，人们就会变得铁石心肠。

94. 如何理解教师的权利，教师的权利体现在哪里

这是一个极度细化，但又极度缺乏研究的教育问题。这是一个人管理人的问题。是长辈管理晚辈的问题。教师掌握了诸多教育手段，而对儿童的管理是囊括一切的、最需要、最普通，同时又是最尖锐和不安全的手段。这就是一把手术刀。不仅可以用来完成最细致、微小的手术，但同时还能触痛伤口。这是一把不是很安全，同时又是必要的手术刀。这是用于考验教师意志力和克制力，树立勇气和智慧的工具，但这种工具同时可能腐化、摧残学生心灵，一切都取决于教师如何利用这种工具，以什么样的精神动机对待人。斗转星移，我越来越坚信，对于教师来说，最艰难的考验就是管理儿童，这是教育修养的标准和标志。

朋友们，在你们迈进学校的大门，决定为创造人这个高尚使命奉献自己的一生时，请你们记住，情绪变化无常、常常纠结于矛盾之中的危险很可能不断困扰着你们。所以，你们要变成一条汇集热情的心灵与冷静的理智的大河，不要未经考虑，匆匆就做出决定，这是教育艺术永不干涸的源

泉之一。如果源泉干涸了，教育学的所有书本知识都将化为乌有。

当一个人无限地信任另一个人，他在某种程度上就变得无自卫能力。我在整个教育生涯中都在思考这条真理。儿童对优秀教师的信任恰恰是无限的。当儿童跨进学校的大门，成为你们的学生，他已经百分之百地相信你们，你们对他说的每一句话都是“圣旨”，对于儿童而言你们就是智慧、理智、道德的楷模。请你们珍惜一个无自卫能力儿童的这种信任，让这种教育智慧成为你们进行自我教育的标准。如果教师因为自己的局限性，急于将儿童的无自卫能力的信任变成装雏鸟的鸟笼，任意作弄这支雏鸟的话，那么这就是教育的不文明愚昧行径。教师不理解儿童的无自卫能力，对儿童最终失去控制，这是使他处于尴尬境地的主要原因之一。你们不可能把人当作一只鸟，将他关进笼子里。

只有当你们理解和用心感受到了儿童的无限信任和与此相关的必然的儿童无自卫能力，在此基础上你们才能拥有管理儿童的权利，你们才有资格成为一名教师、教育者。你们需要认真思考，用心聆听、理解究竟什么是无限信任。或许，儿童有意识丢弃一切个人的东西，盲目地信任你们这些当教师的人。还有可能，他做这一切，就是为了放弃个人自由、娱乐和快乐。

不，事情并非如此。尽管儿童无限信任你们，但这种信任只表现为一个人追求精神财富，体验个人生活多样性方面，也就是追求获取丰富的印象、思想、美学享受，与他人进行各种各样的交流。儿童真正希望某个拥有生活经验的智慧长者去关心他的利益。请你们像珍惜无价之宝一样爱护这种愿望。只要他有这种愿望，你们就有可能打开儿童的心扉，儿童希望有上进心的源泉正是体现在这里。所以要珍惜儿童希望与你们成为朋友，希望你们做他的导师的意图。

儿童无限信任教师，因为他在内心感受到，他的长辈朋友能够帮他找到办法摆脱任何困境。

教师需要珍惜儿童的无限信任，需要且应当成为智慧的、深受儿童爱戴的守护者。教师和儿童之间永远都保持着和谐的、富有人情的、心与心相通的友好关系。教师在管理儿童时要有智慧，一刻都不要忘记儿童是与你们一样的人。珍惜儿童的信任，因为这种信任就是儿童对教师的热爱，这就是教师在管理儿童时智慧的集中体现。正是这种信任的支持，儿童才有愿望去寻找和寻求教师的保护。请像珍惜宝藏一样，珍惜儿童的这种愿望。当儿童对你们还抱有希望，信任你们时，你们就是真正的教师、教育者，你们就是人生的导师，你们是权威、生活智慧的生动化身、朋友、同志。请你们记住，这些东西很脆弱，很容易毁坏。如果你们毁坏了它们，那么你们不再是教育者，你们将只能是监护人。

95. 如何珍惜儿童的信任

在这种极为细腻的教育氛围中，最主要就是深刻理解，准确地说，用心体会儿童世界，体验童年阶段。

童年阶段，儿童的世界，这是特殊的世界。儿童有自己对善与恶、好与坏的认识，他们有自己的审美标准，他们甚至有自己衡量时间的方法：童年阶段的一天好似一年，而一年好似永远。为了获得通往这个童话般，名字叫“童年”的宫殿的通行证，你们需要改变形象，在某种程度上变为儿童。只有在这种条件下，你们才能充满智慧地管理一个人，也就是你们的学生。

朋友们，你们不要认为，我在美化儿童世界。我非常清楚，童年是由我们成年人给儿童留下的印象组成。但正因为儿童是一棵将要长成参天大树的娇嫩小树苗，所以童年需要受到特别的尊重。教师智慧的管理首先是指他要有理解一切的无限能力，这里不应有任何限制。请你们记住，儿童不可能蓄意做坏事。教育者总是把这种想法强加于儿童，认为儿童是故意做一些不道德的事情，那么教育的无知也由此开始。教育者在急于“斩除恶根”时，切断了所有根部，结果鲜活的童年幼苗慢慢枯萎。指责儿童身上并没有的故意作恶、懒惰、懈怠行为，儿童因此感到极大的不公，导致他与教师关系疏远，失去对教师的信任。你们破害了儿童对你们的信任，将儿童推向另一面，他为了自我保护，开始固执任性，故意不听话，竭力做出一些事情，违反你们提出的要求。请你们记住，当儿童对你们的信任出现裂痕时，这一切就出现了。

你们要以特殊的教育智慧看待儿童极端多样化的过分举动。儿童不是故意干坏事，常常是因为一时忘记，不知道或者误解。在这样的情形下，请不要公开谴责儿童的行为。你们知道这件事就行了。你们有绝对权威性的智慧理解和了解一切。你们应当理解，为什么一年级小学生从同学的彩盒里拿了一些彩色铅笔，他摆弄了一会，塞进自己的口袋。不要惊慌，这不是偷窃。你们应当明白，为什么小学生们听到铃声之后不是跑向教室，而是想在绿色草地上“再玩一会，哪怕一分钟也行”。为什么费佳没有听解题的条件，而是屏住呼吸，盯着飞进教室的小蜜蜂。为什么大家都在朗读时，奥克桑卡却在吸墨纸上画了一朵小花。为什么在去森林游览时，米克尔卡、皮林卡和比德里克这三个不安分的小学生故意落在班级后面，躲藏在灌木丛中……

为什么，为什么，为什么……无数个为什么，无数个矛盾。教师和学生之间产生矛盾是教师缺乏教育常识的表现。教师缺少父母般的大度智慧和巨大的教育权威，并不懂得他是与儿童行为、儿童的思想和观点打交道，师生之间必然就会产生矛盾。教师不能将儿童看作是成年人，没有能够同时丈量成年人和儿童的行为的统一尺度。

请你们记住小德米特里。这是发生在三年级的事情……你们可以想象一下，同学们正在上语法课。我正在给大家讲解语法规则，每一个人都在边听边记录。德米特里克好像也在记笔记，但我却不由地为这个小男孩着急。他的眼睛滴溜溜地转来转去，原来他在课桌下面搞小动作，心思根本没在语法上。我悄悄走近小男孩，发现他面前摆放着一个半开的火柴盒，里面有东西在蠕动。小德米特里全神贯注，他的眼睛和思想都放在盒子上。我仔细看了一下，盒子里有一只甲虫。这是一只从来没有见过的甲虫，长着一只如锯般的触角。这种甲虫一直在用锯齿般的触角啃咬火柴盒子，但却不能锯断关押着自己的牢笼。

当然，我这时可以大发雷霆，可以让他号啕大哭，承认错误（同时自己也气得发抖），但这又能怎么样？我唯一能得到的收获就是时间白白浪费掉，甲虫成为全班同学的娱乐点，学生们还会羡慕德米特里克，嘲笑我发火的样子。

在这样的瞬间，我的思绪无法平静：孩子，你在想什么？为什么你不能把甲虫先放到一边，仅半小时，先弄明白语法规则？这时你们拿起火柴盒，静静地合上，放到了自己的兜里，用手触碰了一下德米特里克的头。我又开始讲解语法规则，小男孩开始记录，你们看到，他明白了。确实有些儿童，他可以一只眼睛瞅着带有一只触角的甲虫，另一只眼睛看着黑板，最终脑子里还是留下了点什么。

课后，小德米特里克来到我的讲台前，默不作声地低着头。长长的睫毛下，一双黑眼珠子滴溜溜地闪闪发光。他的行为根本逃不过你们的眼睛，他的目光中闪现出狡黠的神情。我把甲虫还给了德米特里克，让他讲一下，他是从什么地方找到这个神奇之物的，他是如何迫使甲虫去“锯”这扇牢笼之门的，下一步他打算如何处置这只甲虫？德米特里克开心地讲着，拉着我的袖子带着我来到灌木丛中。据他说，每隔三年，这只甲虫才爬出来，而且还会飞。

通常在讲述中，你们能听得出教育者的暗示：在这样的情况下，教育者从教育智慧的巅峰走下来，关心儿童的兴趣，宽容的儿童行为。但学生们却无法忍受这种宽容。真正的教育不是教育者从巅峰之处走下来，而是要登上去寻求童真的细腻真理。是登上去，而不是走下来。不是模仿孩子们的行为，不要让自己去适应“儿童有限”的兴趣爱好（如果我们没有限制儿童的兴趣，也就没有这样的限制），做一个智慧型的教师。

一个人对另一个人，包括成年人对于儿童的智慧管理就是一部大型的创作，是深刻而诚挚地渗透到儿童思想和情感的过程，这是理解儿童语言、保留一颗童心，同时在发展程度上又不等同于儿童的能力。当我发现有的教师，身为成年人，家长，竟然把五年级学生带到教师办公室，拷问，“哎，在课堂上你为什么一直在笑?”“什么时候是个头？难道少年队员有权利这样表现吗?”我觉得，教师已经进入儿童的游戏中，但却浑然不知这只是游戏。小男孩一言不发。他说不出什么。如果五年级学生能突然回答出教师提的问题，那也是一件神奇的事情了。学生通常并不知道，为什么他在笑，教师也不可能不知道这一点。他没有权利知道，为什么儿童做出某种举动。结果就是教师和学生相互不理解。教师不理解学生，学生不理解教师。有时我在看着他们，心想，他们是在讲不同的语言吗?

请你们记住，儿童，包括青少年，都想在某方面“表现自己”，在某方面表现自己的意志、智慧、想象力、发明力。在你们的帮助下，一个鲜活的生命开始认识世界，逐渐成为有个性的人。在这种艰难的形成过程中教师应特别慎用权利。长者意志可能变成一种任性，有时甚至变成整治人的行为。不要打压和摧残儿童内在的精神力量，而要扶持和支持，不要让儿童内在的精神力量失去个性，树立他的自尊心。只有这样，你们才有可能在儿童面前树立你们的威信，也只有在这样的条件下你们才能实现智慧的管理。如果儿童做错了什么，不要以强硬的、意气用事般的教育手段对他施加影响。不要让你们所在的复杂性的人道主义实验室闯进拍桌子声和喊叫声。你们最好祈祷，不要看到将来某个好动、爱搞笑，永远安静不下来的淘气包变成萎靡不振、诚惶诚恐，两眼忧伤无神，驼背和不幸的人。这将是可悲的前景。请你们像珍视最高利益那样，去爱护儿童作为人的自豪感和不可侵犯的儿童个人荣誉感。请你们记住，如果小淘气包对一切都有自己的想法，对待一切都有自己的态度，这对你们教育者来说其实是幸运。

那些像影子一样意志薄弱的学生，他们虽然也有想法，但你们强硬的手段却将他们的想法从脑海中打压出去。于是，他们学会了总是顺从、不折不扣地听从你们的旨意。这是你们的大不幸。你们知道，无法管教的淘气包和吵吵吵闹的人在关键时刻表现出善良、热心的一面，而意志力软弱、百依百顺的学生常常表现出冷漠。他们自己并不清楚这一点。他们往往为了个人的利益，根本不顾身边人的痛苦，冷酷无情。“强硬的”和“强制的”教育影响手段摧毁了儿童的意志，使他变成了铁石心肠的人。

96. 如何用书籍、理智、信念驾驭学生的心灵

我曾经有过一个学生，他叫尤拉。他聪慧，但有些任性。犹如细高的芦苇对一丝袭来的清风一样，尤拉对真理与谎言、诚实与虚伪极度敏感。

我为思想空间带来了几本讲述遥远异国和自然现象的小书，尤拉发现了其中一本描述海洋深处的书。这本书的封面色彩鲜亮，他一下子被吸引住了。他希望能够读完这本书。当我把书放到小男孩手中之后，他激动地语无伦次，问道：“如果我读完，您还借给我吗？”

我回答说：“当然。即使每天读一本也没问题。”

我一不小心说了大话：当时我手头上讲述遥远异国、海洋深处、热带雨林和静寂的北极、描写各种离奇冒险的书籍，根本达不到供他每天阅读一本的藏书量。尤拉恰恰是一天后还回了那本书。他又借走一本新书。不知不觉，几个星期过去了。书架上令尤拉感兴趣的书籍已经寥寥无几。一天，一个令我不安的想法打破了我的平静：一周后如何是好？尤拉是一名五年级的小学生。他无法想象，我的藏书突然被他全部读完了。如果他明白过来，我欺骗了他，该怎么办呢？问题不仅是我们之间的友谊会瓦解，我再也无法在自己的小屋里看到那双充满信任的眼睛，也听不到他提出的问题：“您还有很多书吗？”（隔壁房间是我的私人图书馆，我当时不允许尤拉翻看这里的书，担心他一下子对我失望。）问题在于我将失去对这位任性小学生心灵的驾驭。我当时坚信，他是世界上唯一拥有独特性格的人：他对即使在极小细节上都能做到言行一致的人非常崇拜。

有一天，我走出了遥远的村庄，前往哈里科夫、波尔多瓦、基辅三个

城市。我花掉了两个月的工资，但返回时满心欢喜。我费力地驮着几大捆书。我之前是那么害怕直视尤拉的眼睛。

尤拉学习了三年，到七年级毕业（当时是七年制）。三年里，我每天都在思考我要把哪本书给他读，我感觉小男孩不仅在思考书中的内容。他好像根据这些书籍评判读过这些书的人。他善于思考，对人严格要求，在这几年里他成为我的评论员。他越是深入思考读过的书籍内容，我们之间的谈话就越有意思，他就越崇拜我，交谈的时光带给了我无限的快乐。

这三年对于我而言是真正的考验。从那时起每年都有些像尤拉一样聪明好学，头脑反应敏捷的学生来找我借书。如果没有书，我根本无法驾驭他们的意志力。儿童和青年的兴趣像火一样被书籍点燃。我感觉自己处于学生的严格监控之下。假如即使有一天我停止遨游在书的海洋里，我一定会对学生的心灵失去控制，成为他们不需要的人，因为我无法给予他们更多的知识。如果一个教师不能给予学生更多的知识，他对于学生而言就是一个沮丧的监督者。学生会尽可能地忍受，但却不尊重他。

亲爱的朋友们，我想建议你们：学会驾驭学生的智慧。没有比控制学生思想更强劲的控制意志力的手段。只有当你们遨游在书的海洋里，体验着丰富而内容充实的生活时，你们才可能驾驭学生的思想。只要方法得当，即使最敏锐，个性极强、固执己见、躁动的、桀骜不驯性格和特点的学生也能成为一个爱读书的人。用书籍和理智去征服他们吧。

97. 如何安排教育工作

在这个问题上没有任何条条框框和指南。一切与教师从事直接教育工作无关的东西，任何表面文章都是完全多余的。但规划教育工作不属于这类活动。这是教育工作的组成部分。没有计划，我无法想象出合格的教育，在我看来，尤其无法想象教育工作中难以察觉的组成部分。

规划教育工作，首先是树立教育的理想目标。教育者应当知道，他应将已经搬运到他工作室的“大理石块”做成什么东西。教育者的认识程度如何，决定了他将如何理解教育工作本质和做计划必要性。

你们开始担任一年级小学生的教学工作（有时你们的教育工作从学龄

前儿童开始)。虽然你们的教学对象是三年级以下的学生，但却要了解教育工作的全过程，一直到学生中学毕业，迈出独立劳动的第一步为止。这时学生已经完全长大成人，为人父为人母。制订未来10年到15年的活动计划(不仅在学校，还包括毕业后)，可以让你们的学生成为头脑清晰、求知欲强、思维发达、心灵手巧、高尚的人。首先，你们需要拟定一个书目，这些书籍已经被列入世界文化宝库。在10年学习期间学生需要读完全部书籍。我们还制订了用于学生毕业后，独立工作期间需要阅读的备选书目。如何让学生在毕业后还是我们的学生，阅读需要阅读的书籍，关于这点，我甚至写一本书，都谈不完，因为这是一个很大，但又很重要的问题。

其次，你们要好好想一想，从入学第一天起到步入成年，你们的学生用自己的双手为父母和他人能够做什么。你们把这些都写下来。为了成为真正的人，他们需要知道什么是劳动、荣誉、尊严、友谊、关心他人。接着，制订一份学生需要参加社会公益劳动的计划，开始接受公民教育的第一课培训。我建议就在这一点的旁边，写上一份包括著名人物书籍的清单。这些著名人物应当是青少年的楷模。如果青少年不参加社会公益劳动，仅阅读这些书籍也不会带来任何益处。

最后，当对学校培养人的目标有了一般性了解之后，你们需要制订与整个工作期间更具体、详细的计划。比如，小学教师制定3年计划，九年级到十年级班主任则要制订全班在整个时期的工作计划。我在这里建议特别关注处于童年和少年时期的学生。9～10岁的儿童，13～14岁的少年在回顾过往以后，发现他用自己的双手做了什么。他应当知道，什么是劳动的手茧，劳动所得，什么是劳累和休息，什么是艰难。

比较一般性的计划就是指在学校教育的各个阶段需要做的事情。比较具体的计划，就是指教育者与学生们工作期间需要完成的事情。这两个计划在某种程度上就是教育者追求达到的目标。在理想目标基础上，需要计划时间相对有限的具体某项教育劳动。究竟是多长时间，根据每个人的情况而定：可以是一周，也可以是一个月。甚至有人制订了一份整个学期的计划，也是一项不错的计划。你们需要永远记住，教育是一项生动活泼，永远变化和不断发展的事业。你们的学生总是在成长。制订短期教育工作计划，就好像经常或者每天都要去检查，比较每天为了达到目标都做了什么。

要根据生活制订计划。当你们的学生跨进学校的大门，你们并不知道，如何培养他的个性。个性的形成始于活动、劳动、日常的相互关系中。生活时时刻刻都在提醒着你们如何做计划。比如，班集体需要阅读哪本书，需要让学生们参加哪项劳动，需要与万尼亚和科里亚谈什么，才能让他们俩去读他们需要读的书。

教育计划包括各种各样的学生活动，甚至还有与学生父母在一起的工作。如果深入思考每项活动的目标、道德意义，那么这份计划就一定能给教育者带来益处。与此相关，继承和发展已经完成事情是做计划和完成实践工作必须具备的特点。可以说，教育的秘密之一就在于常常做同一件事，但又不让学生们猜到，他们是在做同一件事。所以，培养人性、敏锐性、同情心、热忱，就是需要学生常常为他人做点什么。但这种活动不应是单调乏味的。读者可能会想：如果作者能够指出，究竟如何具体制订一周或者一个月计划，那是再好不过了。我故意避开了这一点。传播经验就是传播思想、借鉴经验，这是个人在思想基础上完成的创作。

98. 如何与集体进行教育对话

每一次的教育对话都是有目的的。有时是一般性目的，涉及所有学生。有时举行对话则是为影响整个班集体，同时对某个个别学生产生特殊的影响。

你们在规划集体的精神生活，分析思想、情感、个别同学的行为时，在制订教育谈话的内容时，永远都不要忘记，你们采用的主要影响手段是语言。你们使用语言去领略学生的智慧和心灵。语言可以是强大的，锐利的，充满热情的，也可以是软弱无力的，一切取决于你们谈话的特点，即是否有崇高的精神和鼓舞的力量，这一点非常重要。在培养信念，在鼓励儿童、青少年进行自我教育时，善于激励学生是教育的神圣法宝。请记住，借助于语言，你们不仅是向学生传递你们讲话的内容，而且，形象地说，也是在传递一部分自己的心声。

为了使你们的教育谈话具有鼓舞的力量和崇高的精神，你们首先要对你们所说的内容，你们用心灵力量捍卫的东西深信不疑。当你们捍卫某件事情，为某项事业而奋斗时，就会产生鼓舞力量。

比如，在班集体中你发现了一些学生表现出了冷漠的态度。格纳吉生病了，已经在家里躺了两天了，结果根本没有人去探望他。每一个人都希望别人去探望自己。维克多的祖母住院了，可他在两周的时间里只探望过一次祖母，但是医院近在咫尺。这些事实让你感到了一丝不安。你准备进行一次教育谈话。但你并不打算把这些事实摆出来。教育和自我教育有一条极其重要的规律，即道德法庭的力量（从道德上评价自己的行为本身就是道德法庭）取决于谁是裁判，是教育者还是被告。如果被告只是听从判决，教师话语的教育效果就要大大降低。人本身就应是法官，我认为，谈话的教育艺术就是不需要我的提醒，有过错的学生本身能够思考和体会自己的行为。

为此必须遵守教育谈话中一条非常重要的原则：必须在生活，在人与人的相互关系中发现能够体现所说话语主导思想的鲜明事实。教育谈话的力量就在于这种思想打动了维克多，触动了那些住在离格纳吉家不远的学生们的内心。这种鲜明的事实，实际上决定了你们所说话语是否有鼓舞力量和崇高的精神。当你们所说的话语本来源于美好而鼓舞人心的思想时，你们才能将心灵的一部分传递给他人。当你们进行教育谈话时，要选择能够让你们为之动容的事实。下面就是这样的一个事实。在我们州的一个村子里，有一个年轻拖拉机手在战后严重受伤。他在战场四年，毫发无损，回到家之后当起了一名拖拉机手，没想到碰到了地雷。年轻的拖拉机手从此心灰意冷。他的妻子，也就是他的忠实伴侣，不仅是一位英雄的妇女，还是和蔼的母亲。正是因为她的帮助，年轻的拖拉机手振作起来。他在失去了双脚和左臂的情形下学会了用假肢走路，重新开始驾驶拖拉机的工作。当你们了解到这样鲜明的事实时，你们一定会被他在莫大的痛苦中表现出的勇气、刚强、不屈服、忠诚的精神所感动。你们就是要将这种崇高的精神传达给学生。

教育意味着迫使他人反思自己。当你们在讲述令你们诧异的事实时，需要直接面向维克多和尼古拉，亚历山大和尤里，面向那些不知什么原因在内心播撒下冷漠种子并且生根发芽的人。这时，站在你们面前已经不是某个抽象学生，这样的学生不存在，而是具体的维克多和尼古拉，亚历山大和尤里。你们想知道，他们此刻正在想什么。你们的话语首先是针对他们的。尽量让震撼到你们的事实，也就是一个人表现出的忠实与忠诚也能令他们为之动容，让他们面对事实，发自内心地去思考。只有当思想成为一个人的思考对象时，他才开始思考自己。

这时禁止对学生们说：你们想一想自己的生活吧，想一想自己吧……这种呼吁应当体现在思维逻辑中。只有当学生联想到自己时，才能在年轻的心灵中迸发灵感，这时你们的灵感传递给了学生们。灵感就是指在思维、创作过程中人的力量和能力的提高。用理智和心灵认识人，这就是真正的创作。这种提高表现为意识清晰、思想、形象、想法源源不断。最终，你们需要通过教育谈话，引发个人对于周围世界的连续性思考，首先是对于自己的思考。学生可以忘记上面提到的事实，但如果这场教育谈话真正具有教育性，那么学生永远都不会忘记由此引发的情感影响。你们越是用高尚的思想，在这种情形下指一个人忠实于他人的思想，越是用富有同情心、热情的思想去激励学生，你们就越能激发自己的学生进行自我教育、自我剖析。在某个瞬间你们与维克多四目相对（你们不能用眼睛寻求这种对视。这种对视应是偶然的）。在在再熟悉不过的少年目光中你们看到了两种情感：渴望了解自己和忐忑不安。如通常所说，这说明你们的话语说到了他的心坎上了。复杂的精神活动，复杂的智慧和内心的活动开始了。就让这位少年在忐忑不安中离开你们吧，本该如此。他连续几天都要处于你们讲述事实给他留下的印象中。就这样，人们在你们开启的明亮的思想灯光照耀下看到了隐藏在心灵深处角落，别人无法看到的东西。

谈话这只是约定俗成的叫法。实际上这里并不是谈话。学生们在倾听教师的话语。不要，任何时候都不要刺激他们说：哎，你们说说，如何看待这位为亲人奋斗了10年的妇女？很遗憾，有部分教师有时会这样做。以这样的方式结束谈话，你们就会前功尽弃，教育不是在转述教师读过或者讲过的东西。教育的艺术首先体现在让学生们想上进，而为此他们就需要理解和了解自己。

有时是这样的：某个少年（或者青年）闯祸了。教育者以此事实为契机与他谈话。教师从这个学生开始，不停地以他为例。正如一位我熟悉的教师所说，这是在“利用事实做文章”。第一眼看上去这种做法似乎很有吸引力，可以很好地达到“训斥”“让他震撼”的目的。我们用什么形容这种情况呢？你们想象一下，你们的夹克衫落上了灰尘。为了把灰尘清理掉，你们拿起一根小棍，抽打着自己的后背。不言而喻，衣服上的灰尘没了，但未必有谁同意你们的这种清理法。最后，你们还是要脱下夹克，好好地清理一下……教育不应是惩罚，不应变为惩罚，教育应成为一门崇高的艺术。

如果你们认为与集体进行教育谈话的意义就是谴责恶行，那对你们来说根本就没有教育可言。因为你们是与集体谈话，而恶行、缺点并不是集体中每一个人都有的特点。教育者如果忘记了在处理人的缺点需要极度小心，需要讲究策略，那么他就会常常在这个问题上犯错误。况且，我们是与儿童、青少年，与步入青春期的人在打交道，这一切都是那么的脆弱和细腻……千万不要寄希望于大手一挥，就把所有缺点斩草除根，更不能只靠一句急躁的愤怒话语就能去除恶根。请你们记住，集体对待有缺点的人就像对待穷人一样，如果你们觉得，只要号召集体群起声讨一直到现在都还没有改正缺点的人，就能达到目的，那么你们是大错特错。取代群起而攻之，你们却换来了集体对那个穷人的同情。这是完全符合规律的。不要试图瞬间就能连根拔除脓包，结果只能是留下鲜血淋漓的伤口。教育就是一门精细的医学，它的目的就是治疗，直至完全治好脓包和脓疮，而不认为需要连根拔除。当一个人离开你们的教育谈话时，他不应是带着鲜血淋淋的伤口离开。这样会让集体感到震惊，但震惊的程度完全超出你们的预期。

你们与集体进行教育谈话时，恰恰需要考虑到，集体对待道德的缺点就像对待痛苦、不幸一样（准确地说，要考虑到这一点）。而且，你们要试图对穷人表示同情。推动这种集体的情感，希望大家能看到自己的同学是道德上美丽的，摆脱了缺点的人。

99. 如何与懒惰做斗争

我把这个问题作为倒数第二个问题提出，这并不是偶然的。为了不产生懒人，就需要按前面 98 条建议中提到的一切好想法做。医治懒惰并不容易，预防懒惰也不简单。但通过热爱劳动预防懒惰的问题，比通过治疗懒惰之后得到的爱劳动习惯要珍贵上千倍。所以，青年朋友们，我们先研究一下，如何预防懒惰。为此你们需要知道懒惰的根源在哪里。

懒惰是游手好闲和虚度光阴的产儿。懒惰的人往往由于在幼年阶段，在长辈细心照料下所有的愿望都能得到满足。儿童只是一味地提要求，耍小脾气。一个人很容易得到一切，他也就不知道什么是困难，于是就变成了懒汉。没有忧愁、衣食无忧的童年环境为一个正常的儿童变成懒汉创造了最适宜的土壤。在这个环境中儿童自然就产生一种想法，他认为童年永存。在这样的情形下，父母在一个美好的日子一下子恍然大悟：怎么会这样，我们怎么没有察觉，我们的孩子已经长大？就在昨天他还害怕黑天一个人到外面，今天已经开始追姑娘了。半夜三更还在外面溜达……懒惰就是无忧无虑浪潮中泛起的浪花。这是深层的精神现象，它的根源就是无所用心。一个对什么都不上心的人，就是一个懒惰的人。

懒惰之人常常缺乏自尊感。无论别人如何看他，他都无所谓。

懒汉通常挥霍他人创造的财富，他们享受了大量福利。形象地说，他们是靠别人养活的人，但这并不代表他们的精神生活很丰富。懒人是一些精神空虚、贫乏之人。懒惰的最主要根源之一就是精神生活空虚、贫乏。懒汉先是引发别人的怜悯和同情。而根治懒惰的方法之一，就是当他很不幸成为懒汉之后，他需要审视着自己，去发现自己的不幸，从内心体验到这种不幸。不要忘记，我们指的是儿童的懒惰。

预防懒惰的最重要条件就是不能游手好闲，虚度光阴。人在某个时期精神生活中不能一事无成。有些成年人专门为儿童成为游手好闲和无所事事的人营造了条件，认为无所事事就是儿童夏季休息日，从各个方面而言这都是很荒谬的状态。休息应是积极的状态，是活动性质的改变。学生们从令人窒息的城市来到乡村，他们在这里的田间和草地上做一些力所能的活动，锻炼自己的能力。

预防懒惰的强大手段就是节制欲望。一个人从童年起通过自身的体验懂得“禁止”“应当”“可以”这样一些概念的实质。儿童需要与父母一道努力，从小培养自我服务的意识。

一个人从小经历磨难，付出体力和紧张的精力去克服这些困难。体力和意志力的结合有助于培养一个人爱劳动、积极向上的品质和坚强的毅力。

如果父母把孩子看作是未来的成年人，想象一下他成年后的样子，想一想，如果孩子将懒惰、懈怠、害怕困难这些缺点带到青年和成年阶段，他将在这个世上如何生活？如果父母这样做，懒惰就不会扎根于儿童的内心。预防懒惰的强大手段就是儿童要操心成年人需要做的事情。如果一个人在进入青春期之前，他还没有亲自体验到人生活的最重要元素，也就是通过自己的双手去为自己挣吃挣穿的话，那么培养真正热爱劳动的品质就无从谈起。

懒惰不仅是指身体上的无所事事，而且还有思想懒惰。当思想是现成的，不需要费劲就能获取时，思想懒惰就会控制人的心灵。毫无顾忌地使用别人创造的物质财富，导致自己不愿意参加体力劳动，反反复复地重复着一些别人的思想，不假思索地接受一切现成的东西，也会滋生思想的懒惰。迫使一个人去获取知识，就是为了预防思想的惰性。

预防懒惰的途径就是丰富精神需求。一个人在童年，尤其在少年阶段，他在内心培养乐于劳动、读书的习惯，他有与他人交往，创造、创作的需求。只有在这种前提下，他才能整治懒惰的习性。教育理论和实践最有趣的问题之一，就是积极培养这些作为个人最重要精神价值的需求。

你们可能会问，如果一个人变成了懒汉，怎么办？这不，五年级学生斯捷潘的妈妈来到学校。她无可奈何地说道："我拿他能怎么办？回家以后，放下书包，吃完饭，一直玩到晚上。"

在这种情形下怎么办？

需要拯救这个孩子。我们建议他的妈妈："如果您培养了小懒汉，那您就要下决心重新对他再教育。强迫他坐下来，在两小时内完成功课。他习惯以后，自己就会体会到完成作业后的快乐。不要吼他，不要惩罚。因为您是为他好，而不是希望他变坏。他做完功课后，再让他用两个小时，去做一些体力活。您叫他五点起床，告诉他，您为全家做早餐，您在劳动，而他去准备功课，也是劳动。您在做这一切时，不要吼叫，不要提醒您的儿子，说他是懒汉。他从五点开始起床，一直到七点都在工作。从那一天起，他就已经不是懒汉了。您要表扬他，告诉他是一个爱劳动的孩子。"

至今为止，我还没有遇到过用这样简单的措施无法改造一个人的情形。但父母的懒惰是再教育懒汉过程中唯一的障碍。

我谈到了家庭中懒汉的再改造问题，这并不是偶然。懒惰首先产生于家庭中，当然也需要在家庭中去根除。如果在家庭中没有热爱劳动的氛围，只靠学校的努力不可能取得积极的效果。我们在父母学校的各个分部研究同一个问题：懒惰源于哪里？通过心理一教育方法，我们分析老少两代人的行为、劳动、学习、相互关系。预防懒惰是家校共同努力的关键点之一。

100. 最后一个建议——保密

我在这本书中提出的所有建议仅供教师知悉，你们的学生不必知道。我们通常认为，如果学生懂得教育，懂得教育中的学问，往往是有害而无益的。问题在于，无意的影响氛围通常是实施教育高效影响力的条件之一。换言之，学生不需要知道，教师在每个具体瞬间如何教育他。教育的意图要隐藏在友好、无拘无束的相互关系气氛中。

为什么一个人不应知道和感受到别人正在对他进行教育？因为真正的

教育就是自我教育。应当在教师和学生之间营造出这样的交际关系，让教师对年轻的智慧和心灵所说的每一句话都能激发学生们的内在精神力量，促使智慧和心灵的内在活动，进而达到自我意识和自我完善的目的。如果一个人在每一步都能体会和意识到别人在教育他，那么自我意识和自我完善的能力就会减弱，他就会产生一种想法，我应成为什么样的人，我应怎样做，成年人会替我考虑这一点。我能做的事情就是等待他们的建议和指示。

著名苏联教育家安·斯·马卡连柯不止一次地说过，不让学生们感觉到，他正在体验着某种专门的教育措施①。我一生都在向我的导师学习这一点，坚信不让学生觉察教师的教育意图，是教育艺术中重要的元素之一。

青年朋友们，必须学会教育儿童、爱戴和尊重儿童，严格要求儿童和与他们交朋友，使这一切成为你们精神生活的本质。

① 这里指的是安·谢·马卡连柯在《教育过程的组织方法》一文中的观点。其中写道："教育者应当清楚地了解下列内容，虽然所有的受教育者都明白，他们在儿童机构学习和接受教育，但他们不喜欢接受专门的教育过程，尤其不喜欢有人无休止地跟他们说教育的益处，对每一点都进行道德说教。所以，教育者的教育立场本质应当隐蔽起来，不让受教育者发现，不要凸显。当然，没完没了，通过专门谈话说教受教育者的教育者，也会让受教育者感到厌烦，甚至引起反作用。"（Макаренко А. С. Собр. соч. М.，Изд-во АПН РСФСР，1951，Т5，С. 92）